Support in Volendam
De kracht van de gemeenschap na een ramp

Aanleiding voor deze uitgave

Als rapporteur van de commissie Financiële afwikkeling nieuwjaarsbrand Volendam maakte de schrijver van dit boek een presentatie mee van het Supportproject. De presentatie maakte indruk op de commissie. Naar aanleiding hiervan ontstond het idee om de ervaringen van het Supportproject niet verloren te laten gaan. Het was een unieke vorm van nazorg na een ramp.

De projectdirecteur Rampen van het ministerie van Volksgezondheid, Welzijn en Sport, mw. dr. R.R.R. Huijsman-Rubingh, maakte zich sterk voor het idee van een casestudy en publicatie en vond partijen die bereid waren een financiële bijdrage te leveren.

Financiering

Stichting Achmea Slachtoffer en Samenleving (SASS)

De stichting bevordert wetenschappelijk en toegepast onderzoek op het terrein van slachtoffers en samenleving.

Achmea Zorg

De rechtsvoorganger van Achmea Zorg, zorgverzekeraar PWZ Achmea, en het Zorgkantoor Zaanstreek/Waterland (aangeduid met PWZ Achmea/ZOK) speelden een actieve rol in de zorg voor de getroffenen na de nieuwjaarsbrand in Volendam. Geïnspireerd door het Zweedse model was PWZ Achmea/ZOK actief in de coördinatie en toewijzing van middelen voor psychosociale zorg. Het door het ministerie van Volksgezondheid, Welzijn en Sport ter beschikking gestelde budget voor de psychosociale nazorg is ook aangewend voor de ondersteuning van de vrijwilligers in het Supportproject.

Stichting Impact, landelijk kenniscentrum psychosociale zorg na rampen

De Stichting Impact bevordert kwalitatief hoogwaardige en adequaat georganiseerde psychosociale zorg na rampen. Tot het takenpakket van Stichting Impact behoren het bundelen van ervaring en wetenschappelijke kennis, het inzichtelijk maken en beschikbaar stellen van deze ervaring en kennis voor uiteenlopende doelgroepen en het bevorderen van samenwerking tussen betrokken partijen.

VSB Fonds Beemster, op verzoek van de Stichting Slachtoffers Nieuwjaarsbrand Volendam (SSNV)

Het VSB-fonds financiert projecten van algemeen maatschappelijk belang op het gebied van zorg en welzijn, natuur en milieu, kunst en cultuur, sport en vrije tijd. Centraal staat daarbij ontplooiing en participatie en het bevorderen van een duurzame samenleving.

De SSNV biedt de breedst mogelijke hulp aan de getroffenen van de nieuwjaarsbrand in Volendam, niet alleen op de korte termijn maar vooral ook op de lange termijn. In de stichting zijn fondswervende, fiscale, juridische, financiële, medische, politieke en verzekeringstechnische kennis aanwezig. De stichting werft financiers voor daadwerkelijke hulp aan de slachtoffers, en daarnaast voor de verzameling van kennis over de nazorg in Volendam.

Begeleiding

Vertegenwoordigers van Achmea Zorg, de SASS, Stichting Impact en de SSNV vormden een stuurgroep om het proces van casestudy en publicatie te begeleiden. De projectdirecteur Rampen van het ministerie van VWS heeft de stuurgroep voorgezeten.

De Wetenschappelijke Adviescommissie Volendam heeft een aantal keren inhoudelijk advies uitgebracht inzake de casestudy en de publicatie.

Een Volendamse klankbordgroep bestaande uit bij het Supportproject betrokken professionals en vrijwilligers heeft meegekeken en meegedacht.

Support in Volendam

De kracht van de gemeenschap na een ramp

Maria Klein Beernink

Bohn Stafleu van Loghum
Houten, 2006

ISBN 90 313 4925 9

NUR 752

Ontwerp omslag: Bottenheft, Marijenkampen
Ontwerp binnenwerk: Studio Bassa, Culemborg
Automatische opmaak: Alfabase, Alphen aan den Rijn

Bohn Stafleu van Loghum
Het Spoor 2
Postbus 246
3990 GA Houten

www.bsl.nl

Distributeur in België:
Standaard Uitgeverij
Mechelsesteenweg 203
2018 Antwerpen

www.standaarduitgeverij.be

Inhoud

Inleiding

Vooraf

In de nacht van oud op nieuw 2001 vatte de kerstversiering in café Het Hemeltje[1] aan de Dijk in Volendam vlam. Het resultaat was een korte maar hevige brand, met ernstige gevolgen voor het grote aantal in het pand aanwezige jongeren. De gevolgen zetten niet alleen het leven van de nabestaanden, de getroffen jongeren en hun families op de kop, maar brachten ook de Volendamse gemeenschap in beroering. Volendam zou Volendam niet zijn als niet onmiddellijk na de brand een groot aantal mensen uit de gemeenschap initiatieven nam om betrokkenen op te vangen, kennis te verspreiden en hulp te organiseren. Zij werden daarbij geholpen door professionals uit verschillende hoeken, die vaak spontaan insprongen. De belangrijkste instanties die formeel verantwoordelijk waren voor de organisatie van de psychosociale opvang na een ramp waren de gemeente en de regionale GGD (Gemeentelijke Geneeskundige Dienst). Zij zorgden direct na de ramp voor de oprichting van een advies- en informatiecentrum. Dit was het centrum waar getroffenen terecht konden voor informatie, waar de registratie van getroffenen plaatsvond en van waaruit de psychosociale nazorg voor de getroffenen gecoördineerd werd.
Een van de spontane initiatieven uit Volendam was het Supportproject. Dit was een netwerk van vrijwilligers dat sociale steun bood, en biedt, aan de getroffenen en betrokkenen[2] van de brand, en kennis

---

1 Café De Hemel werd in de volksmond Het Hemeltje genoemd.

2 In Volendam wordt gesproken over slachtoffers als het gaat om de overleden jongeren, om getroffenen waar het gaat om de jongeren die de brand hebben meegemaakt, en om betrokkenen waar het gaat om alle andere mensen die op de een of andere manier bij de gevolgen van de brand betrokken zijn. Dit boek volgt deze benamingen.

overbracht over de gevolgen die de ramp voor hen kon hebben. Het Supportproject was erop gericht de weerbaarheid van de gemeenschap te vergroten.

In maart 2001 werd besloten om de krachten te bundelen en het advies- en informatiecentrum, de Helpdesk (een ander spontaan initiatief dat met vrijwilligers werkte) en het Supportproject samen te voegen in één organisatie: Het Anker. In Het Anker kwamen de informele initiatieven uit de gemeenschap en de formele verantwoordelijkheid voor de nazorg samen. De financiële middelen die het rijk beschikbaar stelde voor de nazorg, werden niet alleen ingezet voor de professionele hulpverlening maar ook voor de steun die zijn wortels in de gemeenschap had.

Een aantal jaren lang hebben Volendamse vrijwilligers een rol gespeeld in de nazorg, en anno 2006 doen zij dit nog. Op velerlei manieren bieden zij sociale steun. Sociale steun aan getroffenen van een ramp vindt meestal niet in georganiseerd verband plaats. Het Supportproject heeft de sociale steun in Volendam een organisatorisch kader geboden, gestimuleerd en in goede banen geleid. Daarmee is een nieuwe vleugel aan het huis van de psychosociale nazorg na rampen toegevoegd, een huis waarvan Nederland na voorgaande rampen de fundamenten heeft gelegd en dat sindsdien stukjes bij beetjes wordt gebouwd. Het huis van de psychosociale nazorg is tot nog toe een professioneel huis. Volendam ging er echter een gemeenschapsvleugel bij aanbouwen.

De ervaringen in Volendam verdienen aandacht. Een gemeenschap kan en wil blijkbaar een eigen rol spelen na een ramp. Hoe is dat in Volendam gegaan? En welke lessen kunnen daaruit getrokken worden voor eventuele toekomstige rampen? Zijn andere gemeenschappen met minder sociale samenhang dan Volendam ook in staat om een rol in de eigen nazorg te spelen? Hoe verhouden vrijwilligers en professionals zich in dat geval tot elkaar? Hoe kunnen zij samen bouwen aan een gezamenlijk huis voor psychosociale nazorg? En waar moeten zij dan op letten?

Dit boek probeert antwoord op deze vragen te geven door het Supportproject en haar positie in de Volendamse nazorg onder de loep te nemen. Het belicht allerlei aspecten van het Supportproject, en niet in het minst de mensen die daarin zo'n belangrijke rol spelen. Ook voor hen, voor de getroffenen en betrokkenen en andere Volendammers die hierin interesse hebben, is dit boek geschreven. Hopelijk herkennen zij de betrokkenheid van Volendammers bij hun gemeenschap die een centrale rol speelt in dit boek.

> *Als wij ergens trots op zijn in ons leven, is het wat we met het Supportproject hebben gedaan.*

Volendam, een bijzonder dorp

Volendammers zijn heel betrokken bij hun gemeenschap, zoals gezegd een centraal element in dit boek. Wat voor gemeenschap is het waar Volendammers zo betrokken bij zijn? Om de ontwikkelingen in en rond het Supportproject te begrijpen, is het handig daar iets meer over te weten. Hieronder volgt een karakteristiek zoals Volendammers die volgens medewerkers en de denktank van het Supportproject zelf geven van hun dorp.

Volendam is een dorp van ruim 21.000 inwoners waar mensen elkaar kennen. Er heerst veel saamhorigheid en een groot 'wij-gevoel' tegenover de buitenwereld. De buitenwereld begint al in Edam, dat tegen Volendam aan ligt en tot dezelfde gemeente behoort. Mensen zijn erg bij elkaar betrokken. Dat heeft goede kanten, zoals na de ramp bleek uit de vele hulp die direct klaar stond. Dat heeft ook een benauwende kant. De sociale druk om mee te doen in de prestatieslag is groot. Een Volendammer moet hard werken om het goed te hebben, en laat graag met uiterlijke tekenen van welvaart zien dat hem dat gelukt is. Als het dorp het nodig heeft, geeft een Volendammer graag wat van zijn welvaart weg. Legendarisch is de twee miljoen gulden die het dorp in sneltreinvaart bij elkaar bracht voor de restauratie van de Vincentiuskerk.

De saamhorigheid uit zich ook in een groepscultuur. De Volendammer is gewend om bij een groep te horen en met groepen dingen te doen. Volendammers doen veel vrijwilligerswerk. Er is een bloeiend verenigingsleven, maar ook hierin moet gepresteerd worden. 'We gaan voor goud', met veel wilskracht en vechtlust. Volendammers vallen niet gauw uit, of het nu uit school is, uit werk of uit een hobby. Zij houden er ook niet van uit de groep te vallen en voegen zich naar de groepscultuur.

Dat houd je alleen maar vol als je ook uit de band mag springen. Na een week keihard werken mag dat in het weekend. 'Een Volendammer mag geen praatjes of kapsones hebben. Het is belangrijker dat je trouwt met iemand van goed volk dan met iemand met een belangrijke baan. Klassenbewustzijn is er niet. Iedereen is gelijkwaardig en allemaal kunnen we onze eigen broek ophouden. Een Volendammer is trots op zichzelf. Als je kop boven het maaiveld komt, gaat hij eraf maar hij wordt er weer opgezet zodra je weer plaatsneemt tussen de andere Volendammers in het maaiveld.'[3]

Een Volendammer praat niet maar doet. Het dorp kent een echte doe-cultuur. Handen uit de mouwen steken en opschieten. Regel het even. Geen wonder dat in Volendam niet veel plaats is voor het gevoelsleven. De drempel om psychologische steun te zoeken is hoog.

3   Citaat uit een artikel dat de directeur van Het Anker in 2002 in het NIVO schreef.

Dit boek: wat, voor wie, waarom en hoe

Dit hoofdstuk laat u zien wat in dit boek aan de orde komt, en hoe het is ingedeeld. Het boek is voor verschillende groepen geschreven en de indeling is daarop afgestemd. Ook bevat dit hoofdstuk de vragen waarop dit boek een antwoord moet geven, en een verantwoording van de schrijfster.

1.1 Wat: de kracht van de gemeenschap

EEN BRAND IN VOLENDAM
De brand in café Het Hemeltje op de Dijk in Volendam in de nacht van oud op nieuw 2001 had ernstige gevolgen, mede omdat de nooduitgangen gedeeltelijk geblokkeerd waren. In Het Hemeltje waren meer dan 300 jongeren aanwezig die niet snel weg konden komen. Meer dan 200 van hen hadden direct geneeskundige zorg nodig. Onder het café op de eerste verdieping lagen de Wir War Bar en de Blokhut. Daarin bevond zich ook nog eens een groot aantal jongeren dat de brand van nabij meemaakte.
De psychische impact van wat gebeurde was groot, niet alleen voor de getroffen jongeren maar ook voor de velen die op de een of andere manier betrokken waren.

SPONTANE HULP
Tijdens de brand stonden, naast de hulpverleningsorganisaties, veel Volendammers klaar om te helpen waar dat kon. Het was een chaotische nacht waarin veel mensen op zoek gingen naar de kinderen, en Volendammers, vooral omwonenden en horecapersoneel, allerlei noodhulp verleenden.
Na de brand was de bereidheid om te helpen niet minder. Mensen stonden spontaan klaar met allerlei zaken en begonnen snel te organiseren. Zij handelden op eigen initiatief. Op zijn Volendams: zelf bedenken wat je kunt doen, en dat dan ook doen.

Daarbij stonden de Volendammers niet alleen; hulpverleners van buiten Volendam sprongen ook bij. De eerste paar weken deed iedereen dat vooral als betrokken mens, ook professionele hulpverleners meldden zich spontaan.

> In het totaal verleenden wel zo'n 1.100 mensen in die eerste uren hulp: brandweerlieden, politiemensen, artsen, verpleegkundigen, EHBO'ers, bewoners, horecapersoneel en andere Volendammers. Dit aantal is af te leiden uit het aantal uitnodigingen dat is verstuurd voor een Bedankdag begin 2002.

INITIATIEVEN VAN LANGE ADEM
Verschillende Volendamse initiatieven uit die tijd bleken van lange adem te zijn. Vrijwilligers bemensten vanaf de allereerste week een Helpdesk. De Helpdesk richtte zich op praktische en zakelijke vragen, zoals overigens ook het officiële advies- en informatiecentrum. Deze taken bestaan nog als onderdeel van de taken van het Centrum voor Reïntegratie en Nazorg Het Anker (CRN Het Anker), een centrum speciaal voor de nazorg na de ramp opgericht en de opvolger van het advies- en informatiecentrum.
De kerken en de begrafenisondernemers bieden nog steeds steun, vooral aan de ouders van overleden jongeren.
De Stichting Slachtoffers Nieuwjaarsbrand (SSNV) is een particulier initiatief van het eerste uur en volledig afhankelijk van vrijwilligers. De stichting richt zich op de organisatie van zakelijke en financiële steun.
De Belangenvereniging Slachtoffers Nieuwjaarsbrand (BSNV) ten slotte is er voor en door de (ouders van) getroffen. Het bestuur bestaat alleen uit vrijwilligers. Het kent een bestuur van ouders en ook de getroffen jongeren hebben een eigen bestuur, de Jongeren BSNV.

HET SUPPORTPROJECT
Naast de genoemde initiatieven bleek een ander belangrijk Volendams initiatief na de brand de oprichting van het Supportproject te zijn. Heel belangrijk voor mensen die iets ergs meemaken is dat zij begrip en erkenning krijgen en kunnen rekenen op sociale steun uit hun eigen omgeving. Sociale steun na een ramp vindt meestal niet in georganiseerd verband plaats, maar het Supportproject heeft Volendam hiervoor een organisatorisch kader geboden. Het Supportproject heeft veel vrijwilligers verenigd om getroffenen en hun omgeving op

allerlei manieren bij te staan. Professionele hulpverleners ondersteunen hen daarbij. Het Supportproject stamt van februari 2001 en bestaat anno 2006 nog steeds.

Dit Supportproject staat centraal in dit boek. De inzet van zoveel vrijwilligers na een ramp, en de organisatie eromheen, is uitzonderlijk,
vooral het feit dat dit in de psychosociale sfeer gebeurde. Het Supportproject vertegenwoordigde, samen met de andere Volendamse
initiatieven, niet alleen de kracht van de gemeenschap maar mobiliseerde die ook.

> De naam Supportproject is gekozen vanwege zijn dubbele bete-
> kenis. Het begrip support duidt op steun en heeft ook een posi-
> tieve associatie met sport. Supporters moedigen aan, zij geven
> kracht. Het herstellen van een ramp is topsport.

VOLENDAM NA DE BRAND

De optelsom van het particulier initiatief en gemeenschapsinzet na de
brand in Volendam was en is groot. Daaromheen bewogen en bewegen zich ook veel professionals. Zij bieden die extra steun en hulp aan
getroffenen die de eigen omgeving niet kan bieden.[4] Vrijwilligers en
professionals opereerden in een Volendam dat nog lang na de brand
in beroering was.

Een beschrijving van het Supportproject kan niet zonder ook op het
Volendam van na de brand in te gaan, op de omgeving en omstandigheden waarin het Supportproject functioneerde.

1.2   Voor wie: leeswijzer

Dit boek is voor een verscheidenheid van mensen geschreven, maar
niet alles is voor iedereen even interessant. De opzet en indeling van
het boek is ervoor bedoeld om selectief te lezen: haal eruit wat interessant voor u is.

---

4   Voor dit boek komen alleen de professionals in beeld die een bijdrage lever-
    den aan de psychosociale nazorg. De medische nazorg valt buiten het bestek
    van dit boek.

Volendammers

Als eerste zullen de bij het Supportproject betrokkenen geïnteresseerd zijn in een overzichtsfoto van waar zij mee bezig zijn geweest,
en nog zijn. Een stukje geschiedschrijving over de kracht van de gemeenschap dat mogelijk ook voor andere Volendammers interessant
is.

De fototentoonstelling *De Kracht van Volendam*[5] ging over de kracht van
de getroffen jongeren. Dit boek gaat vooral over de kracht van de omgeving van de jongeren, en de vele vrijwilligers die deze kracht hebben gestimuleerd.

Beleidsmakers en hulpverleners die met rampen te maken hebben

Buiten de kring van Volendam is dit boek vooral bedoeld voor mensen die betrokken zijn bij de voorbereiding op rampen en de zorg
erna. Zij lezen hoe de ervaringen in Volendam zijn geweest met de
inzet van vrijwilligers uit de eigen gemeenschap in de psychosociale
nazorg. Wat kunt u leren van Volendam?

Wetenschappers en beleidsmakers in de zorg

Wetenschappers op het gebied van psychosociale zorg na rampen,
geestelijke gezondheidszorg en informele zorg vinden in dit boek
mogelijk materiaal dat hun werk kan voeden. Het gaat om kwalitatief
materiaal, niet om de resultaten van toetsend onderzoek. Wellicht
kan dit materiaal ook beleidsmakers op het terrein van geestelijke
gezondheidszorg en informele zorg inspireren.

INDELING BOEK

Deel I Het Supportproject door de tijd heen

Het eerste deel van dit boek richt zich op een breed publiek. De geschiedschrijving staat centraal. Het geeft in het kort een beschrijving
van het Supportproject in de tijd gezien, en zijn positie in het Volendam na de brand. Voor Volendammers zet dit deel de gebeurtenissen

---

5   Deze tentoonstelling vertoont fotografische portretten met begeleidende uitspraken van een aantal ernstig getroffen jongeren. De foto's zijn gemaakt
door fotografe Susan van de Roemer. Zij is mee geweest op een van de winter-
sportvakanties, waar het idee van de foto's is ontstaan. De expositie is op verschillende plaatsen in Nederland te zien geweest.

nog eens op een rij, vanuit het perspectief van het Supportproject. Het laat zien welke rol Volendamse vrijwilligers hebben gespeeld na de ramp, en nog spelen.

Deel II Het Supportproject als spontaan initiatief van nabije hulp

Het tweede deel is voor diegenen die meer het naadje van de kous willen weten over het Supportproject, maar de voorbeelden in de kadertjes zijn wellicht voor iedereen interessant. In dit deel staat de werking van het Supportproject centraal. Het geeft diepgaander inzicht in hoe het Supportproject eruit zag (en ziet), wat het betekende voor betrokkenen, welke mensen een rol speelden en hoe het organisatorisch was ingebed. Het laat zien wat goed en wat misging. Naast feiten spelen in deze beschrijving ook de belevingen van betrokkenen een belangrijke rol.

Deel III Lessen voor de toekomst

Dit laatste deel richt zich vooral op het publiek dat geïnteresseerd is in de vraag naar een bredere toepasbaarheid van georganiseerde sociale steun. Dit deel kijkt meer evaluatief naar het Supportproject. Centraal staat de vraag wat te leren valt van het Supportproject voor andere rampsituaties. Wat is de rol van een gemeenschap na een ramp? Is georganiseerde sociale steun, zoals het Supportproject geeft, te plaatsen in de psychosociale zorg na rampen? Is het stimuleren en organiseren van sociale steun na een ramp vaker toepasbaar? En wat zijn dan de kansen en gevaren?

De bijlagen ten slotte bevatten een overzicht van bronnen en literatuur, en een lijst met de belangrijkste namen en begrippen.

1.3   Waarom: doel

VRAAGSTELLING

Deze casestudy richt zich op een beschrijving van het Supportproject als vorm van nabije hulp na een ramp. Nabije hulp duidt op hulp vanuit de eigen gemeenschap. De beschrijving in dit boek dient verschillende doelen, en beantwoordt verschillende vragen:

– Zij geeft beknopt inzicht in de rol van de Volendamse gemeenschap na de ramp. Daarmee draagt dit boek bij aan een stukje Volendamse geschiedschrijving.
– Zij geeft inzicht in de werking van het Supportproject, met behulp van het theoretisch kader van de voor-en-doormethode. De voor-

en-doormethode is een noemer voor verschillende vormen van nabije hulp. Dit boek laat zien hoe de nabije hulp in Volendam heeft
gewerkt.
- Zij gaat in op de vraag of de inzet van vrijwilligers uit de eigen gemeenschap alleen in Volendam mogelijk was, of dat ook andere
  gemeenschappen na een ramp profijt van eigen inzet kunnen hebben. Onlosmakelijk is daaraan ook de vraag verbonden hoe professionals een gemeenschap daarbij kunnen helpen. Dit boek laat zien
  wat we van de Volendamse inzet kunnen leren voor andere
  rampsituaties.

HET SUPPORTPROJECT ALS METHODE VAN NABIJE HULP NA EEN RAMP

Na de ramp in Volendam is er niet alleen sprake van onzichtbare sociale steun aan getroffenen en betrokkenen, maar is een deel van de
sociale steun ook zichtbaar door de georganiseerde inzet ervan. Door
deze zichtbaarheid, het feit dat het Supportproject na enkele jaren
nog steeds bestaat, organisatorisch is ingebed en veel heeft gedocu-
menteerd, biedt het Supportproject een goede gelegenheid om de
kracht van de Volendamse gemeenschap op het gebied van sociale
steun na de ramp van dichtbij te bekijken.
Uitgaan van de kracht van de gemeenschap is voor de psychosociale
hulpverlening na een ramp nog geen gemeengoed, maar niet nieuw
voor het psychosociale gedachtegoed. Op het terrein van zorg en welzijn bestaat al langer het besef dat mensen die het moeilijk hebben,
het niet alleen moeten hebben van de professionele hulpverlening
maar ook van hun omgeving (Hendrix, 1997). *Zorg van velen* is de titel
van een rapport dat de Commissie Geestelijke Gezondheidszorg in
2002 heeft uitgebracht op verzoek van de minister van Volksgezondheid Welzijn en Sport. Met de titel geeft de commissie aan dat de zorg
voor de geestelijke volksgezondheid in haar ogen niet alleen een zorg
voor professionals in de geestelijke gezondheidszorg moet zijn, maar
veel breder. De zorg begint bij de eigen omgeving van het individu, bij
de nulde lijn. Professionals kunnen de eigen gemeenschap toerusten
en stimuleren om hulp te bieden aan mensen die dat nodig hebben.
Wat in de nulde lijn geregeld kan worden, moet in de nulde lijn gebeuren.
Daarnaast moet de psychosociale hulp aan mensen ook een zaak zijn
voor allerlei instellingen die dichtbij de mensen staan. Denk aan het
algemeen maatschappelijk werk, onderwijs, buurt- en clubhuiswerk.
Het is niet iets voor professionele hulpverleners in de geestelijke gezondheidszorg alleen. De commissie signaleert dat de geestelijke

gezondheidszorg erg gericht is op geïsoleerde ziektebeelden en niet zozeer op de omgeving waarin iemand functioneert, op de context van de problemen van mensen. De nulde en eerste lijn isoleren in de ogen van de commissie het probleem minder en zien de cliënt meer in het licht van zijn omgeving.

De notie van de commissie sluit aan bij de kerngedachte van de psychosociale hulp na rampen. Na een ramp gaat het om hulp aan mensen in een bepaalde situatie en omgeving, niet om therapie voor een geïsoleerd ziektebeeld. Mensen vertonen normale reacties op een abnormale gebeurtenis. Zij hebben allereerst ondersteuning en betrokkenheid vanuit de eigen omgeving nodig.

> Na een ramp is er meestal geen sprake van acute psychische stoornissen, maar hebben mensen wel veel praktische en sociale behoeften. Daarnaast blijken zij behoefte te hebben aan erkenning van het feit dat zij iets ergs hebben meegemaakt. Zij hebben behoefte aan betrokkenheid en medeleven met name van mensen uit de eigen omgeving.
> Tot slot hebben mensen behoefte aan informatie over het gebeurde en zijn zij, in een iets later stadium, gediend bij informatie over mogelijke reacties op de traumatische gebeurtenis. Dan ook willen zij (veel) praten over het gebeurde.
> Een ramp is traumatiserend voor de hele gemeenschap. Dat vraagt om meer dan psychische hulp, de sociale component is ook van belang. Vandaar dat na een ramp de term psychosociale hulp wordt gebruikt.

Voor hulp gebaseerd op inschakeling van de omgeving, gebruikt de commissie die het rapport *Zorg van velen* heeft geschreven de benaming 'contextuele hulp'. Penninx en Prinsen (2000) spreken over 'nabije hulp' als zij het hebben over steun en hulpverlening aan groepen met behulp van vrijwilligers die uit die groepen zelf afkomstig zijn of dichtbij die groepen staan. Penninx en Prinxen hebben onder de naam 'voor-en-doormethode' projecten van nabije hulp in een samenhangend kader bij elkaar gezet. Het gaat om projecten uit de wereld van zorg en welzijn.

Het Supportproject past in dit kader. Het is een vorm van nabije hulp, door vrijwilligers vanuit de eigen gemeenschap gegeven. Om de werking van het Supportproject toe te lichten, gebruiken wij in deel twee het kader van de voor-en-doormethode.

1.4   Verantwoording

KWALITATIEF MATERIAAL

Gedurende anderhalf jaar heb ik – met tussenpozen – het Supportproject en zijn omgeving in kaart gebracht. Daarvoor heb ik bijeenkomsten van het Supportproject bezocht, het archiefmateriaal van
Het Anker bekeken en veel gesprekken gevoerd. Ik heb gesproken
met getroffenen, mensen uit hun omgeving, supporters, (oud)mede-
werkers van Het Anker en andere Volendamse betrokkenen, professionele hulpverleners, medewerkers van het zorgkantoor/de zorgverzekeraar. In een bijlage vindt u een overzicht van interviews en bronnen.
Ik ben in alle gesprekken alleen maar openheid tegengekomen. Hiervoor dank ik alle betrokkenen hartelijk. Zonder deze openheid had ik
niet het resultaat kunnen bereiken dat voor u ligt.

KWANTITATIEF MATERIAAL

Waar mogelijk heb ik het kwalitatieve materiaal aangevuld met globa-
le cijfermatige gegevens. Deze zijn gebaseerd op de resultaten van een
enquête die het Supportproject in 2001 heeft gehouden onder de supporters van toen, en van een vragenlijst die ik eind 2004 heb verstuurd
naar alle supporters en oud-supporters. De resultaten van deze en-
quêtes hebben niet veel exacte cijfermatige gegevens opgeleverd,
maar hebben een goede functie gehad in het aanvullen van het kwalitatieve beeld.

BRONVERMELDING

Het aantal bronvermeldingen heb ik omwille van de leesbaarheid
beperkt gehouden. Waar ik put uit documenten die niet van Het
Anker zijn en uit literatuur vermeld ik dit. Waar ik gebruik maak van
documentatie van Het Anker, eigen waarnemingen en interviews
meld ik dit niet apart. De illustratieve uitspraken die soms in de kadertjes te vinden zijn, komen uit mijn interviews en waarnemingen.

BEGELEIDING

De verantwoordelijkheid voor de inhoud van dit boek ligt geheel bij
de schrijfster.
De financiers hebben mij in een stuurgroep van adviezen voorzien en
kritisch meegedacht. Dit geldt ook voor de klankbordgroep uit Volendam.
Een groot aantal betrokkenen heeft de tekst voor mij op juistheid
meegelezen, maar het resultaat is voor mijn rekening.

De Wetenschappelijke Adviescommissie Volendam (WAC) heeft ten slotte de stevigheid van mijn werk mede bewaakt. Deze commissie adviseert in de verschillende onderzoeken die naar aanleiding van de nieuwjaarsbrand zijn gehouden. Voor de commissieleden was ik een beetje een vreemde eend in de bijt. De meeste onderzoeken betroffen verzameling van kwantitatieve gegevens. Ik onderzocht een bepaald verschijnsel diepgaand waarbij de beleving van de betrokkenen een belangrijke informatiebron was. Ik ben de diepte ingegaan en de WAC heeft gekeken of ik niet kopje onder ging.

Deel I
Het Supportproject door de tijd heen

In dit deel komen beknopt de fasen die Volendam in de jaren na de brand doorliep aan bod, hoe de gemeenschap reageerde en hoe de psychosociale nazorg zich daarin bewoog. De brand in café Het Hemeltje heeft niet alleen de aanwezige jongeren en hun omgeving getroffen, maar heeft ook grote invloed gehad op heel Volendam. Een ramp brengt veel emoties en chaos met zich mee, een situatie waarop niemand zich heeft kunnen voorbereiden. Die chaos is niet zomaar verdwenen. Ook als het normale leven weer zijn loop neemt, blijft er verwarring bestaan waar het om de gevolgen van de ramp gaat. Die verwarring leidt nog vaak tot heftige commotie en emoties. Periodes van verbondenheid en desillusie wisselen elkaar af, afhankelijk van de gebeurtenissen in de gemeenschap. Die situatie geldt zowel de gemeenschap in zijn geheel, de getroffenen als de hulpverlening.[6] In Volendam is hier nog jarenlang sprake van geweest. Als onderdeel van de gemeenschap én van de psychosociale nazorg krijgt het Supportproject in dit deel bijzondere aandacht. Het Supportproject speelde een belangrijke rol in het organiseren en vasthouden van de kracht van de gemeenschap.

---

6   Mondeling overgebrachte ervaringen uit Zweden zoals in hoofdstuk 8 beschreven.

Volendam door de tijd heen

Volendam maakte na de ramp verschillende periodes mee. De psychosociale nazorg bewoog met de Volendamse gemeenschap mee. Dit hoofdstuk beschrijft dit proces en de opeenvolgende periodes van begin 2001 tot en met 2005.

2.1 De hectiek in verbondenheid: de periode vlak na de brand

De dag na de brand bleek dat 11 jongeren de dood hadden gevonden, direct of vrij snel na de brand in een ziekenhuis. Daar kwamen later nog 3 jongeren bij, waardoor het totaal aantal doden als gevolg van de ramp 14 bedroeg. Hun nabestaanden waren de eerste getroffenen. Van de jongeren die de brand hadden overleefd, lag een groot aantal in verschillende ziekenhuizen in Nederland, en enkele ook in België en Duitsland. Voor 63 jongeren met ernstige brandwonden brak een maandenlang ziekenhuisverblijf aan, waarvan de eerst tijd in (kunstmatig) coma. Anderen hadden medische zorg nodig vanwege relatief lichtere brandwonden. Ook hadden jongeren door de grote rookontwikkeling en een tijdelijk gebrek aan zuurstof inwendig letsel, met name beschadiging van de longen.

Alle aanwezige jongeren hadden in meer of mindere mate de brand van nabij meegemaakt en de verbijstering die daarbij hoorde. Dit had een grote psychische lading, wat ook geldt voor de vele professionele hulpverleners, omwonenden en andere Volendammers die toesnelden of op een andere manier betrokken waren.[7]

Ouders verkeerden veelal lang in onzekerheid over het lot van hun kind. In een enkel geval hoorden zij pas een dag later van de dood ervan. Ook kwamen ouders er soms pas de dag na de brand achter in

---

7 In *Was alles maar weer normaal, over leven na de brand in Volendam* zijn verhalen opgenomen die een indruk geven van de verbijstering en de psychische impact.

welk ziekenhuis hun kind zich bevond. Binnen de getroffen families was de verbijstering groot. De eerste week stond Volendam vooral in het teken van de begrafenissen.

VEEL SPONTANE EERSTE HULP

De eerste periode na de brand kenmerkte zich door een grote spontaniteit in de hulp, zowel van vrijwilligers als van professionele hulpverleners. Met name Volendammers zelf namen allerlei initiatieven. De verbondenheid die toch al sterk was in Volendam, werd nog sterker. Iedereen voelde zich nauw betrokken. Iedereen kende getroffenen. Al tijdens de brand probeerden omwonenden, horecapersoneel, bezorgde familie, toegesnelde Volendammers zoveel mogelijk te helpen; iedereen deed wat hij kon. Mensen vingen jongeren op in hun huis en zetten hen onder de douche.

> Een vader die op zoek was naar zijn zoon en dochter sprong onmiddellijk in de EHBO-rol. Hij hielp mee bepalen wie van de slachtoffers als eerste mee ging met de ambulances. Dat hij daarmee zijn eigen kinderen 'vergat' heeft hem nog lang achtervolgd.

De opvang van gewonde jongeren vond spontaan plaats in het gebouw van het Club- en Buurthuiswerk waar zij als vanzelf naar toe gingen. Familie kon terecht in een andere gelegenheid. Naast Volendammers, politie en brandweer hielpen vrijwilligers van Slachtofferhulp, het Rode Kruis en de EHBO bij de opvang.

Het pastorale werk (door pastoors en begrafenisondernemers) bleek een belangrijke steun, in het bijzonder voor de families van de overleden jongeren. Eerst de hulp en steun bij de vele begrafenissen, daarna de opvang van degenen die waren achtergebleven. De inzet daarbij was ook vooral vrijwilligersinzet.

Buren, familieleden, kerken en vrijwilligers schoten in de weken na de brand de getroffen families te hulp. Vele malen rijden naar het ziekenhuis, hulp in het huishouden, opvang van getroffen families, er was veel te doen. Ouders waren meer in het ziekenhuis dan thuis.

Hulp genoeg, maar als ik 's avonds eindelijk uit het ziekenhuis thuis kwam, liet ik de lichten uit en sloop ik naar boven. Anders

stond zo de telefoon roodgloeiend en kwam iedereen zijn belang-
stelling tonen. Mijn dochter kwam ook boven, en samen gilden we
het dan uit.

In veel huizen van particulieren kwamen groepjes betrokkenen bijeen
om leed te delen en steun bij elkaar te zoeken.

Allerlei Volendamse organisaties, bedrijven, verenigingen organiseerden bijeenkomsten om aandacht aan de ramp te besteden en de gevolgen te bespreken. Hulpverleners waren erbij aanwezig.

PIUS X, het gebouw van het Club- en Buurthuiswerk, had zijn deuren
wekenlang de hele dag en avond openstaan voor de jeugd. Ook het
Don Bosco College stond, zolang de kerstvakantie duurde, open voor
alle jeugd, niet alleen voor de eigen leerlingen. In gemeenschapsge-
bouw de Jozef vonden jongerenbijeenkomsten plaats. Jongeren konden bovendien terecht bij het Jeugd Informatie Punt. Vrijwilligers en
professionals maakten dit allemaal mogelijk.

Scholen organiseerden opvang van hun leerlingen en rouwbijeen-
komsten.

Betrokken Volendammers, voornamelijk uit het bedrijfsleven, richtten de Stichting Slachtoffers Nieuwjaarsbrand (SSNV) op. Zij zagen
direct het belang van zakelijke en financiële ondersteuning in. De
Stichting verenigde veel Volendamse kennis en kunde, en was ook
een zaak van vrijwilligers.

De SSNV richtte al snel een (telefonische) Helpdesk in (ondanks het
feit dat er al snel een formeel advies- en informatiecentrum kwam):
een punt voor informatie en advies over praktische en zakelijke vragen, in het begin volledig bemenst door vrijwilligers.

Een woningbouwvereniging stelde ruimte beschikbaar. Via de
rouwverwerkingsgroep van de kerken werden vrijwilligers op-
getrommeld, en kwam er een telefoon. De buurt kwam al snel
met allerlei spullen voor de inrichting aandragen. De Helpdesk,
met veel telefoontjes en een komen en gaan van mensen, was
een feit. Het motto was: 'we weten alles, en als we het niet
weten, zoeken we het op'.

Hulpverleners uit de eerste lijn zoals huisartsen, eerstelijns psychologen en (pastoraal) maatschappelijk werkers gingen spontaan aan de
slag.

Heel Nederland keek toe en toonde zich solidair. Overal werden acties gehouden, bovenop de vele acties die in Volendam zelf waren
opgezet, en er kwam een grote geldstroom op gang.

HET SUPPORTPROJECT

Een van de spontane initiatieven was het Supportproject. Professionals startten eind januari het Supportproject voor en door de Volendamse gemeenschap. Het waren professionals met een verschillende
achtergrond (buurt- en clubhuiswerk, psychiatrie, eerstelijns psychologen, thuiszorg, maatschappelijk werkers). Zij traden bij de start
vooral op als betrokken vrijwilliger, gemotiveerd door wat zij zelf
gezien of gehoord hadden van de ontreddering na de ramp. Als persoon wilden zij wat doen. Als professional hadden zij de bagage. Zij
kwamen óf uit Volendam óf waren voor de ramp al op de een of andere manier bij Volendam betrokken.
Zij startten op het moment dat een aantal van hen zich afvroeg wat
voor consequenties de omvang van de ramp voor Volendam kon hebben, vooral ook in psychosociaal opzicht. Zij lieten zich inspireren
door wat ze van Zweedse hulpverleners hoorden die verantwoordelijk
waren voor de nazorg na de grote discotheekbrand in Göteborg van
1998.

> De ervaring van de Zweden was, dat getroffenen zich in eerste
> instantie het meest geholpen voelden door steun uit de eigen
> omgeving. Zij vertelden dat het goed zou zijn om informele
> sociale netwerken te stimuleren zodat vrienden, familie, onder-
> wijzers een steunende rol konden spelen.
> Sommige allochtone nabestaanden kwamen in Zweden niet aan
> rouwen toe. Pas toen er stammoeders overgevlogen waren uit
> Afrika konden zij rouwen, op hun eigen manier.

DE PSYCHOSOCIALE NAZORG: INSPELEN OP SPONTANITEIT

De psychosociale opvang direct na de brand kenmerkte zich vooral
door spontaniteit van vrijwilligers en professionals, Volendammers
en niet-Volendammers. Zij werkten naast elkaar. Ieder nam de taak
op zich die hij zag. Soms sloten de taken goed op elkaar aan, soms
was er overlap.
De officiële rampenstaf, met name de wethouder Welzijn en de waar-
nemend directeur van de GGD-Zaanstreek Waterland, stelde direct op

2 januari een advies- en informatiecentrum in. Dit centrum was bedoeld als één loket voor allerhande vragen die met de brand te maken
hadden. Het was het formele informatiepunt over alles wat met de
organisatie van de nazorg, gevolgen van de ramp, lijsten slachtoffers
en hulpverlening te maken had.

Bovendien had het advies- en informatiecentrum tot taak om de psychosociale nazorg te coördineren. Coördinatie was echter moeilijk
gelet op de hoeveelheid initiatieven waarbij vrijwilligers uit de gemeenschap zelf spontaan een rol in de nazorg oppakten, al dan niet
met ondersteuning van eerstelijns hulpverleners. Het advies- en informatiecentrum werd verrast door de inzet van de gemeenschap.

De formele instanties zagen het gebeuren en wisten niet direct hoe in
te spelen op de verschillende initiatieven. De gemeenschap pakte
spontaan taken op waarvan de voor de nazorg verantwoordelijke instellingen dachten dat zij dat moesten regelen (zoals het geven van
voorlichting over de gevolgen van de ramp). Zij hadden voor ogen dat
zij verantwoordelijk waren, zoals dat volgens de documentatie bij een
ramp gangbaar zou zijn. Volendam bleek echter zelf al het voortouw
te nemen, en veel professionals, ook uit de tweede lijn, probeerden zo
goed en zo kwaad als het ging daarop in te spelen.

PIUS X, het gebouw van het Club- en Buurthuiswerk, zat na de
brand dagenlang vol met jongeren die elkaar daar opzochten.
Urenlang wisselden zij ervaringen uit. Beroepskrachten van het
Club- en Buurthuiswerk en vrijwilligers zorgden voor de organisatie en gaven steun. Ook noteerden zij alle namen van overleden en getroffen jongeren. Het advies- en informatiecentrum
mocht de officiële lijst met overledenen pas openbaar maken
als er volledige zekerheid over de juistheid was, maar Volendam
kon daar niet op wachten.

Professionele hulpverleners zorgden ervoor dat zij ook in PIUS X
op de achtergrond aanwezig waren.

Ook de Jongeren Advies Groep, een professionele hulpverle-
ningsorganisatie voor jongeren, had zijn deuren open.

De inspectie voor de geestelijke gezondheidszorg heeft achteraf ge-
concludeerd dat de (psycho)sociale nazorg in deze periode goed heeft
gewerkt (Kingma, 2003), en uit de interviews in deze casestudy is
gebleken hoe hartverwarmend de inzet in Volendam zelf in die tijd
was. Dit was de tijd van grote verbondenheid die een gemeenschap

direct na een ramp ervaart. Die verbondenheid was er ondanks de spanning die ontstond door de afwachtende houding die een groot aantal Volendammers ten aanzien van het advies- en informatiecentrum innam, en de moeite die dit had in de beleving van een groot aantal betrokkenen om hier soepel op in te spelen.

2.2   Tussen hoop en vrees: het eerste jaar

DE WERELD OP ZIJN KOP

Voor veel gezinnen in Volendam stond de wereld op zijn kop. De begrafenissen waren geweest maar de ouders van overleden jongeren hadden nog teveel vragen om te kunnen gaan rouwen.

Voor de gezinnen met gewonde kinderen was het een hectische en spannende tijd. Sommige jongeren lagen enkele maanden in (kunstmatig) coma. Zij hoorden soms pas veel later van alles wat er gebeurd was. Maandenlang heerste er spanning over hoe het met de jongeren met brandwonden zou gaan. Nog zes maanden na de brand overleed het laatste slachtoffer.

Ook was voor sommigen de overplaatsing van het buitenland naar Nederland een frustrerende aangelegenheid, gelet op het strikte beleid in Nederland rond de MRSA-bacterie.

De focus van de gezinnen met gewonde kinderen en hun omgeving lag in het eerste jaar vooral bij de dagelijkse beslommeringen en spanningen, geheel geconcentreerd rond ziekenbezoek en verzorging. Gezinnen waren met niets anders meer bezig. Ook speelden grote praktische zorgen over de nabije toekomst. Er werden veel kosten gemaakt, hoe moest het financieel? Wat hadden de jongeren nodig als ze thuis kwamen?

> In een SBS-uitzending van 'Hart van Nederland' stond de brand centraal. Als reactie hierop kwamen veel aanbiedingen voor financiële en materiële hulp binnen. Een daarvan was een aanbieding van een aircobedrijf. Dat leidde ertoe dat voor de 41 jongeren met zeer ernstige brandwonden thuis een airco werd aangelegd, voor hen een onmisbaar instrument.

Een groot deel van Volendam leefde mee, eerst met de families van overleden jongeren, toen met de families van gewonde jongeren.

Daarnaast was de media-aandacht groot, soms te groot. Er waren Volendammers voor wie het allemaal te veel was.

> *Er waren ook een heleboel mensen die gewoon doorgingen, die wilden niet meer met de brand te maken hebben. Ze konden het niet dragen, sliepen er niet van, of vonden dat ze genoeg hadden aan hun eigen pakje.*

Naast de groep van overleden en ernstig gewonde jongeren was er een grote groep jongeren die minder zichtbare schade had opgelopen. Deze groep was omvangrijk maar kreeg, en vroeg, minder publieke aandacht.

Gestimuleerd door de SSNV werd in april 2001 de Belangenvereniging Slachtoffers Nieuwjaarsbrand Volendam (BSNV) opgericht. De SSNV richtte zich vooral op financiële en materiële hulpverlening, en bemiddelde in de juridische afwikkeling. Zij had onder andere de Helpdesk mee opgericht. De getroffenen hadden echter in een aantal zaken ook een eigen vertegenwoordiging en belangenbehartiging nodig. Daarvoor diende de BSNV. De BSNV oefende direct vanaf haar oprichting een belangrijke invloed uit op de nazorg voor getroffenen.

DE ROL VAN DE GEMEENSCHAP

De SSNV, Helpdesk, Supportproject en BSNV bleken blijvende initiatieven uit de Volendamse gemeenschap, naast de inzet van de kerken en de begrafenisondernemers. Ook Volendamse professionals uit de gezondheids- en maatschappelijke sector bleven zich binnen en buiten hun beroep lange tijd inzetten voor getroffenen. De Volendamse gemeenschap wilde als het ware zelf een deel van de touwtjes in handen hebben waar het om de nazorg voor de getroffenen ging.

Alle genoemde initiatieven hadden hun wortels in Volendam. Samen opereerden zij heel dicht tegen de gemeenschap aan. Zij konden snel inspelen op de vraag vanuit de gemeenschap. SSNV en Helpdesk namen de praktische informatie en organisatie van hulp voor hun rekening. De BSNV was de directe stem van de getroffenen. De kerken verzorgden de pastorale nazorg, en vingen samen met de begrafenisondernemers de ouders van overleden jongeren op.

De pastoor en begrafenisondernemers vingen samen lange tijd de ouders van overleden jongeren op, nadat zij beroepshalve het

> eerst met het leed van deze families in aanraking waren
> gekomen.

Het Supportproject richtte zich meer op de sociale behoeften van getroffenen. Het speelde op tal van zaken in. Supporters hielpen op
allerlei fronten: activiteiten voor getroffenen, voorlichtingsbijeenkomsten over de gevolgen van de brand, lotgenotenbijeenkomsten,
herdenkingen. Daarnaast boden zij individuele getroffenen ondersteuning in de vorm van praktische hulp en morele steun.
Een belangrijke doelstelling van het Supportproject was ook om de
emoties een plek te geven in het leven van de Volendammers, een
dorp waarvan de inwoners niet erg gewend waren emoties te uiten.
Een belangrijk uitgangspunt voor het Supportproject was dat mensen
die de brand hadden meegemaakt, normale reacties vertoonden op
abnormale gebeurtenissen. Met andere woorden: die mensen waren
niet ziek maar hadden normale emoties. Daarbij keek het Supportproject uitdrukkelijk naar de grote groep van mensen die op de een of
andere manier getroffen waren: niet alleen de ernstig getroffen jongeren maar ook hun families, de niet zichtbaar getroffen jongeren en
hun families en alle mensen die op de een of andere manier gevolgen
van de ramp ondervonden.
Het Supportproject probeerde in de Volendamse gemeenschap begrip
te kweken voor de positie van getroffenen door, mede met behulp van
de vrijwilligers, kennis en informatie over de gevolgen van de ramp te
verspreiden.

DE PSYCHOSOCIALE NAZORG: IMPROVISEREN
Direct vanaf het begin was het voor de professionele instellingen een
zoektocht hoe zij Volendam moesten helpen. Zij hadden geen ervaringen met rampen en geen ervaring met de actieve rol die de Volendamse gemeenschap speelde. Dat gold ook voor het advies- en informatiecentrum dat de psychosociale nazorg moest coördineren.
Het Supportproject was voor de formele instanties een vreemde eend
in de bijt, net als de particuliere Helpdesk. De instanties wisten niet
goed wat zij met deze spontane initiatieven aan moesten. De Volendamse gemeenschap bleek op haar beurt voor een deel argwanend
tegenover het advies- en informatiecentrum en een aantal instellingen
voor geestelijke gezondheidszorg, met name uit de tweede lijn.
In de loop van 2001 kreeg de psychosociale nazorg desondanks langzaam maar zeker meer vorm. Het door de gemeente ingestelde ad-

vies- en informatiecentrum vormde samen met de Volendamse Helpdesk en het Supportproject het Advies- en Informatiecentrum Het
Anker. Ook de professionele hulpverlening kreeg meer structuur, en
vormde een nazorgteam dat bij Het Anker was gehuisvest. In Het
Anker kwamen de activiteiten van de Volendamse vrijwilligers en de
Volendamse en niet-Volendamse professionals samen, en in Het
Anker kwamen alle emoties samen. Zoals de gemeenschap door elkaar was geschud door de ramp, waren dat ook de vrijwillige en professionele hulpverleners en de hulpverlenende instellingen.
Het was een tijd van veel improviseren, improviseren om de nazorg in
goede banen te leiden, en improviseren om de emoties te kanaliseren.

> De Helpdesk was begonnen in een pand van de woningbouw-
> vereniging. De sfeer onder de vrijwilligers was altijd uitstekend,
> een van grote saamhorigheid en kracht. Dit pand was een be-
> kend aanlooppunt geworden.
> Het Supportproject had een onderkomen in de sporthal. De
> supportersgroepen vergaderden overal en nergens.
> Toen de noodpolikliniek van het Waterlandziekenhuis klaar
> was, in juni 2001, werd Het Anker daar ondergebracht. De
> GGD-medewerkers en de vrijwilligers van de Helpdesk kwamen
> onder één dak, een situatie waar beide partijen erg aan moesten
> wennen. Het Supportproject kreeg een portocabine tegenover
> Het Anker. 's Avonds moest men met de laarzen door de mod-
> der om het aggregaat aan te doen.

2.3   Een onzekere tijd: 2002 - 2004

GETROFFENEN
Nadat ook de zwaarst gewonde jongeren weer thuis waren gekomen
en de belangrijkste praktische en medische zaken geregeld waren,
kregen mensen ruimte om zich om andere dingen zorgen te gaan
maken. Hoe zou de toekomst van de jongeren eruit gaan zien? Hoe
zou het gaan met school, werk, wonen, relaties? De BSNV maakte zich
sterk voor een goede begeleiding van de jongeren en hun families.
Nu ook kwam er langzaam wat meer ruimte voor de groep getroffen
jongeren die geen zichtbare schade had. Zij kwamen meer in beeld.
Voor een deel van hen bleek dat er nog veel te verwerken was.

Voor de ouders van overleden jongeren was het moeilijk dat zoveel aandacht uitging naar de getroffen jongeren. Zij voelden zich vergeten.

Er braken jaren aan waarin de jongeren zich langzaam maar zeker herstelden en de draad van hun leven weer oppakten. Hun familie had het vaak nog zwaar.

Het waren kwetsbare jaren. Bij elke nieuwe gebeurtenis hoorden weer nieuwe emoties. De getroffenen kregen geen kans om de ramp af te sluiten.

BELANGRIJKE KWESTIES

Drie belangrijke kwesties hielden het afsluiten van de ramp tegen. Zij hielden de gemoederen danig bezig. Dat waren de vraag naar financiële genoegdoening, de juridische afwikkeling en de bestemming van het pand van Het Hemeltje. Die kwesties beroerden niet alleen de getroffenen en hun omgeving maar heel Volendam.

In 2002 verscheen het advies van de Commissie financiële afwikkeling nieuwjaarsbrand Volendam (in het vervolg Commissie financiële afwikkeling genoemd). Deze commissie adviseerde de regering over tegemoetkomingen aan getroffen jongeren, en over de toekomst van de nazorg. Het advies werd in spanning afgewacht.

Het advies leverde de getroffen jongeren meer uitzicht op een toekomst op. De commissie adviseerde de regering fysiek en psychisch getroffen jongeren financieel tegemoet te komen in de te verwachten extra kosten waar zij in de toekomst voor zouden komen te staan, afhankelijk van de mate van functionele invaliditeit. Bij de ouders van overleden jongeren leidde het advies tot frustratie. Er was geen sprake van compensatie van leed maar van een tegemoetkoming in kosten. De ouders van overleden jongeren, die zich al niet erkend voelden in hun leed, voelden zich nu volledig afgewezen. Het feit dat zij wel in aanmerking kwamen voor een onkostenvergoeding en zij van de SSNV een bijdrage kregen, deed hier voor hen niets aan af.

Het jaar 2003 was een hectisch jaar. Het advies van de Commissie financiële afwikkeling leidde ertoe dat alle jongeren die in aanmerking wilden komen voor een financiële tegemoetkoming in 2003 gekeurd werden. De uitslagen werden ook weer in spanning afgewacht en veroorzaakten nogal wat discussie in Volendam, ook al waren de uitslagen formeel geheim. Er was geld mee gemoeid en dat lag gevoelig.

> De emoties laaiden hoog op toen de uitslagen van de keuringen
> voor de functionele invaliditeit bekend werden, en de daarbij
> behorende uitkeringen. Geld is emotie, zeker in Volendam. Het
> leek er soms op dat mensen die niet getroffen waren jaloers
> waren, maar vaak was het genoeg om te vragen of zij soms wil-
> den ruilen. Dat zette de meeste van hen wel weer met beide
> benen op de grond.

In dat jaar speelde ook de strafzaak tegen de eigenaar van Het Hemeltje, met getuigenverhoren eraan voorafgaand. Ook dit ging met veel
emoties gepaard, niet alleen bij de getroffen jongeren maar in heel
Volendam. En de pers zat er weer bovenop.
In het jaar 2004 slaagden SSNV en BSNV erin om met de eigenaar van
Het Hemeltje en de gemeente tot een overeenkomst te komen. Het
was het hele jaar spannend of het zou gaan lukken, en er werd veel
over gepraat. Maar eind 2004 hadden alle betrokkenen ingestemd. Nu
werd het mogelijk om het juridische hoofdstuk af te sluiten.

DE LANGE ADEM VAN DE GEMEENSCHAP

De initiatieven van het eerste uur bleken een lange adem te hebben.
De SSNV speelde een belangrijke rol in de afwikkeling van de adviezen
van de Commissie financiële afwikkeling, met name in de communicatie daarover met de getroffenen. Ook speelde zij een uitermate belangrijke rol in de juridische kwesties, naast allerlei andere bemoeie-
nissen. Zij werkte hierbij nauw samen met de BSNV. In de Helpdesk
bleven nog tot 1 januari 2003 vrijwilligers actief, naast drie krachten
die inmiddels door het Anker betaald werden. De Helpdesk speelde
onder andere een belangrijke rol in de afwikkeling van de landelijke
hulpacties en de organisatie van activiteiten die daaruit voortvloeiden.
Per 1 januari 2003 werd de Helpdesk helemaal opgenomen in de
taken van CRN Het Anker en werd de informatie- en adviestaak volledig door beroepskrachten uitgevoerd.
De kerken en begrafenisondernemers bleven de ouders van overleden
jongeren bijstaan, ook toen zij zich vergeten voelden.
Het Supportproject had van het begin af aan erop gehamerd dat supporters een lange adem moesten hebben. Per 2002 was er een groep
vaste supporters ontstaan die het project jarenlang trouw bleef. Sommigen van hen zaten dichtbij de getroffen. Zij merkten het elke
keer als de spanningen toenamen, en hadden een belangrijke sig-
naalfunctie naar Het Anker toe. Andere supporters stonden wat meer

op afstand van de getroffenen, maar hadden een belangrijke ambassadeursfunctie naar de Volendamse gemeenschap. Zij konden informatie overbrengen over de werkelijke stand van zaken en begrip vragen voor de getroffenen.

> Supporters kregen informatie over de uitkeringen. Zij wisten dan hoe het precies zat, en konden dit vertellen als het gesprek over de uitkeringen ging. Zij leerden ook met de negatieve reacties om te gaan: niet er tegenin gaan maar nuanceren. De reacties raakten overigens evengoed de getroffenen hard.

DE PSYCHOSOCIALE NAZORG: ORGANISEREN EN LAVEREN

Net zoals de Volendamse gemeenschap na een jaar probeerde de draad van het leven weer op te pakken, brak voor de psychosociale nazorg na het eerste jaar van improviseren de tijd aan om zich meer te gaan organiseren.

Het Anker ging zorgplannen maken en professionaliseerde zich. In de loop van de periode werd Het Anker bovendien omgevormd tot Centrum voor Reïntegratie en Nazorg Het Anker.

PWZ Achmea/ZOK sprong als zorgverzekeraar/zorgkantoor in een hiaat en nam achter de schermen de coördinerende rol op zich, geïnspireerd door de coördinator van de zorg na de discotheekbrand in Göteborg. PWZ Achmea/ZOK deed het ministerie van VWS in 2001 het voorstel de middelen voor de psychosociale zorg na de ramp in de vorm van één budget beschikbaar te stellen in plaats van in de vorm van een budget per instelling en per hulpverlener. Het ministerie ging akkoord met dit verzoek. Er kwam een zogeheten regiobudget voor psychosociale nazorg. De professionele instellingen sloten een samenwerkingsconvenant. Dit proces ging overigens niet altijd even gemakkelijk. Evenals in het eerste jaar bleef Het Anker de instelling waar alle emoties samen kwamen. De onzekerheid van deze periode in Volendam had zijn weerslag op het gehele veld van psychosociale nazorg. De vrijwilligers van het Supportproject werden soms danig op de proef gesteld.

De onzekerheid in de nazorg betrof vooral de zorg om de gevolgen van de ramp en hoe getroffenen en betrokkenen daarmee omgingen. En zij betrof de vraag wat de werkelijke behoeften van getroffenen en betrokkenen waren. Ervaring met andere rampen had geleerd dat veel getroffenen en betrokkenen met behulp van steun uit de eigen omgeving en onderlinge contacten vaak zelf de gevolgen van een ramp kunnen verwerken, maar dat een deel van de getroffenen en betrokkenen hulp nodig heeft. Die hulp is nodig om normale reacties als angst, slapeloosheid, depressie op den duur weer kwijt te raken. Naar verhouding kwamen er echter in Volendam weinig vragen om hulp, en de professionals vroegen zich af of dat wel klopte. Misschien stopten teveel Volendammers nog hun emoties weg.

Een opgeruimde verlieskast
Mensen bergen hun leed op als kledingstukken in een innerlijke kast, netjes geordend als zij het leed verwerkt hebben. Zo lang zij het nog niet verwerkt hebben, is het een chaos in die kast en kiert de deur steeds weer open. Dan vallen er weer herinneringen en emoties uit. Daar krijgen zij last van totdat zij die weer in de kast proppen. Maar de kast blijft maar opengaan door de chaos daarbinnen. Pas als zij die chaos hebben opgeruimd en de kledingstukken stuk voor een stuk een plek hebben gegeven, blijft de kast dicht. De inhoud van de kast verdwijnt niet, maar geeft geen last meer.
Een hulpverlener kan helpen om de kast op te ruimen door alle zaken erin langs te lopen en te ordenen, ook om hem te openen als hij last veroorzaakt maar niet meer open wil.

De term verlieskast wordt in de verlieskunde gebruikt. Bovenstaande was de strekking van een column die een lid van het nazorgteam schreef voor de NIVO.

Ondanks het feit dat het Supportproject zijn wortels had in de Volendamse samenleving, kampte ook het Supportproject met de vraag hoe het met name de getroffen jongeren kon bereiken en kon steunen in de gevolgen die zij ondervonden. De meeste jongeren probeerden zo snel mogelijk de draad van hun leven weer op te pakken.
De vrijwilligers uit het Supportproject vormden nog de beste informatiebron waar het ging om het signaleren van behoeften, zowel voor het Supportproject als voor de professionele hulpverlening.

2.4   Doorgaan: 2005 en verder

VOLENDAM

Met de afwikkeling van de financiële tegemoetkomingen en de juridische overeenkomst kwam er relatieve rust in Volendam. Het afhandelen van de juridische aangelegenheden zorgde ervoor dat mensen de balans konden opmaken. Voor sommige mensen was het mogelijk de ramp af te sluiten. Voor anderen gaf het juist de tijd om eens aan zichzelf te gaan denken, en begon de verwerking pas.

De relatieve rust maakte het voor de SSNV en BSNV mogelijk om zich op de verdere toekomst te richten. De ouders van overleden jongeren organiseerden zich in een aparte stichting. De emoties bleven, maar samen nemen zij deel aan het overleg over de inrichting en bestemming van het pand van Het Hemeltje. Dit pand was door de gemeente opgekocht.

Supporters bleven, en blijven in het Supportproject op verschillende manieren getroffenen en betrokkenen tot steun. Zij willen dat er ruimte blijft voor de behoeften en emoties van die getroffenen en betrokkenen die ook nog na jaren de gevolgen van de ramp ondervinden. En wat het Supportproject betreft, mogen ook andere Volendammers die behoefte hebben aan steun van het Supportproject profiteren.

> Een paar supporters geven al steun aan de zogenaamde Moedige moeders. Dat zijn moeders van drugsverslaafde jongeren. Zij hebben zich verenigd in een stichting die steun biedt aan de families van deze jongeren, en aan jongeren die willen afkicken.

DE PSYCHOSOCIALE NAZORG: STABILISEREN

Hoewel de relatieve rust is teruggekeerd in Volendam is voor veel mensen anno 2006 de ramp nog niet afgesloten. Vrijwilligers en professionals werken gestaag door om deze mensen te ondersteunen. Hun onderlinge samenwerking is steeds beter geworden, en zij willen dat graag zo houden. Zij willen ervoor zorgen dat getroffen ook in de toekomst niet alleen staan. Dat willen zij ook als de nazorg in de toekomst niet meer vanuit een aparte instelling, Het Anker, geregeld wordt maar wordt ingebed in een reguliere organisatie.

Het Supportproject vindt dat het nog genoeg eigenheid heeft om te blijven bestaan als Het Anker is opgeheven. Het ziet in de praktijk dat Volendam nog steeds hulp kan gebruiken om de gevolgen van de

ramp te verwerken. Het wil sociale steun blijven mobiliseren, inzetten
en begeleiden, en een schakel blijven tussen de getroffenen en de
Volendamse samenleving.

De conclusie van een discussie in 2005 hierover was dat het Supportproject zelf graag wil blijven bestaan als een vrijwilligersorganisatie
met een eigen (Volendamse) identiteit en informeel karakter, maar
ook met professionele coördinatie en begeleiding. Het liefst zou het
Supportproject daarvoor aangehaakt worden bij een organisatie als
het Club- en Buurthuiswerk dat met zijn accommodatie kan dienen
als een laagdrempelige sociale ontmoetingsplek en uitvalbasis voor
activiteiten. Het Supportproject stelt daarnaast samenwerking met
allerlei andere organisaties voorop.

In het vorige hoofdstuk is het Supportproject als onderdeel van het proces van psychosociale nazorg in Volendam aan de orde geweest. Dit hoofdstuk beschrijft meer in het bijzonder het ontstaan en het verloop van het Supportproject.

3.1 Spontaan ontstaan

INSPIRATIE UIT ZWEDEN

De zaal van hotel Spaander zat twee weken na de ramp vol met professionele hulpverleners en andere betrokkenen, toen Zweedse gasten het verhaal deden over de opvang na een grote discotheekbrand in Göteborg. Deze brand had 63 dodelijke slachtoffers geëist en 213 gewonden. Het ging voornamelijk om allochtone jongeren uit heel Göteborg. De psychosociale opvang werd door één persoon gecoördineerd, en het totale budget door hem beheerd.

Het bleek in Göteborg moeilijk om de getroffen jongeren te bereiken, en al snel besloot de coördinator om te zien wat professionals uit allerlei maatschappelijke geledingen voor de getroffen jongeren konden betekenen. Betrokken werden professionals die dichtbij de getroffen jongeren stonden: leraren, wijkagenten, brandweerlieden, huisartsen. Zij organiseerden opvangmogelijkheden voor de jongeren, als brandwondenkampen. Zij konden de jongeren gemakkelijker bereiken en steunen en de weg wijzen als er hulp nodig was.

Nadat vanuit de psychologenpraktijk het SPEL contact was gezocht met de Zweden, meldden deze zich spontaan in Volendam om over hun ervaringen te vertellen. En zo zaten zij in hotel Spaander in Volendam, met een zaal vol hulpverleners of anderszins bij de ramp betrokkenen.

Het verhaal van de Zweden, het belang van steun uit de eigen gemeenschap, sloot voor enkele Volendammers en betrokken hulpverleners aan bij wat zij dachten dat Volendam nodig had. Volendam-

mers hadden het gevoel dat zij zelf wat wilden doen, maar wisten niet
goed wát zij konden doen. Zij wilden hun onmacht opheffen en aan
de slag gaan. Daarnaast maakte een aantal betrokken hulpverleners
zich zorgen over de psychosociale gevolgen voor getroffenen en de
Volendamse gemeenschap.

Voor een aantal hulpverleners van buiten was het niet direct een verhaal dat aansloot op hun ideeën. Zij waren meer georiënteerd op de
ervaringen bij de ramp in Enschede. In Enschede ging het om een
gemeenschap die uit elkaar was geslagen. Buren konden niet zoveel
meer voor elkaar betekenen. Mensen waren vooral afhankelijk van
familie. Het advies- en informatiecentrum was in Enschede hét punt
om naar toe te gaan, waardoor mensen gemakkelijk doorverwezen
werden naar de professionele hulpverlening. De coördinatie van de
hulpverlening verliep daar redelijk soepel.

DE EERSTE AVOND

Een paar mensen uit de zaal zouden snel met elkaar aan de slag gaan
om het Zweedse model te vertalen naar Volendam. Het waren mensen
die beroepshalve en persoonlijk de weg wisten in Volendam en elkaar
aanvulden. De Volendamse directeur van het Club- en Buurthuiswerk
wist hoe je een vrijwilligersproject van de grond krijgt en dit aan de
man brengt. De psychiater van ziekenhuis de Heel, tevens adviseur
van de eerstelijns psychologenpraktijk het SPEL, had naast inhoudelijke kennis ook kennis van de Volendamse gemeenschap en ideeën
over het belang van kennisoverdracht in Volendam. De psychologen
van het SPEL hadden Volendamse klanten, zij boden inhoudelijke ondersteuning.

Andere professionals van binnen en buiten Volendam sloten zich bij
het idee aan: maatschappelijk werkers, psychologen, thuiszorgmede-
werkers, pastoraal werkers.

> Mensen uit verschillende beroepsgroepen die in hun maat-
> schappelijk gericht werk voor Volendammers bezig waren vere-
> nigden zich. Zij bekommerden zich er nog niet om of zij er geld
> voor zouden krijgen of niet. Als persoon waren zij gegrepen
> door wat de brand teweeg had gebracht, en zij wilden wat doen.
> Zij organiseerden de eerste avond van het Supportproject.

Al deze professionals waren er op de eerste informatieavond over het
Supportproject Volendamse stijl op 24 januari 2001. En zij waren er

samen met onverwacht veel Volendammers. In het totaal waren er die avond bijna 270 mensen aanwezig. Alle bekende Volendamse informatiekanalen waren benut om bekendheid te geven aan het idee. De directeur van het Club- en Buurthuiswerk wist de weg. En vele Volendammers waren blij dat zij misschien iets konden doen.

> *Ik was al heel veel in de weer om mijn zus met haar getroffen kinderen te helpen, maar meer informatie, bijvoorbeeld over brandwonden, leek mij heel nuttig.*
> *Er was een algemene paniek, een roes, als in een film. Je voelde de zwaarte. Je liep in een zwarte wolk. Al die getroffenen om ons heen. Elke week moesten we even naar het strand om lucht te happen. We voelden ons onmachtig. Toen kwam het Supportproject. Dit bood een mogelijkheid om wat te doen.*

Van de 270 aanwezigen gaven 225 zich in de pauze op. Degenen onder hen die al te maken hadden met getroffenen in hun omgeving, gingen als eersten aan de slag. Zij hadden direct al veel behoefte aan kennis en voorlichting. Voor de rest werd in april een tweede avond gehouden.

De supporters vormden op die avonden groepen rondom de professionals. De organisatoren probeerden enig onderscheid aan te brengen tussen supporters die individuele steun zouden geven en supporters die groepsactiviteiten zouden begeleiden, maar de groepsvorming werd vooral aan de aanwezigen over gelaten.

WAT EN WIE

Doelen

De doelen van het Supportproject kregen in de eerste weken gaandeweg vorm:

1 getroffenen en hun omgeving steun geven bij hun normale reacties op een abnormale gebeurtenis; centraal stond het idee dat mensen die de brand hadden meegemaakt geen patiënten waren, maar gewoon mensen die iets ergs hadden meegemaakt;
2 kennis verspreiden in Volendam over de gevolgen die getroffenen en hun omgeving van de brand konden ondervinden;
3 een brug slaan naar de professionele hulpverlening.

Steun uit de eigen omgeving betekende voor getroffenen praktische hulp, een luisterend oor, gelegenheid om lotgenoten te

ontmoeten. Kennis krijgen betekende op de hoogte zijn van wat
de gevolgen konden zijn, emoties de ruimte geven en begrip
krijgen voor de omstandigheden van de getroffenen. Een brug
slaan naar de professionele hulpverlening wilde zeggen de
angst wegnemen bij getroffenen om professionele hulp te vragen als hen dat goed zou doen.

Supporters en supportersgroepen

Voor het realiseren van de doelen werden supporters ingezet. Supporters waren gewone Volendammers, en enkele Edammers, die iets
wilden doen voor de getroffenen. Ook kwamen een paar supporters
van buiten de gemeente. Het waren niet zoals in Zweden mensen van
bepaalde beroepsgroepen (hoewel er ook wel onderwijzers, ondernemers, brandweerlieden onder de Volendamse supporters zaten).
Samen kregen en krijgen zij voorlichting over allerlei zaken, bijvoorbeeld over brandwonden en (normale) psychische reacties. Zij kregen
ook training in bijvoorbeeld gesprekken voeren op een open manier,
benaderen van getroffenen. De opgedane kennis werd in kleinere
groep besproken, onder leiding van een coach, en tegen de praktijk
afgezet. De supportersgroepen wisselden veel informatie uit, en
waren een belangrijke bron van steun.
De groepen bleken een schot in de roos. Zij gaven de supporters niet
alleen de gelegenheid om van de coach maar ook om van elkaar te
leren, en om ervaringen uit te wisselen. Ook konden supporters in de
groep hun eigen verhaal kwijt over de brand; uiteraard waren er veel
emoties. Er waren supporters die heel dichtbij getroffenen stonden,
en er waren supporters wat meer op afstand. Maar allen voelden zich
zeer betrokken.

Supporters ontmoetten elkaar in supportersgroepen. Deze sloegen zo aan omdat Volendam een echte groepscultuur heeft.
Volendammers zijn gewend in groepen te werken. De supportersgroepen waren voor hen heel vanzelfsprekend. De groepen
bleken de supporters zelf heel veel steun te geven.

Coaches

De groepen werden begeleid door een professionele coach met een
hulpverleningsachtergrond. De eerste coaches waren de professio-

nals die op eigen initiatief die eerste avond in Spaander aanwezig waren. Zij startten op vrijwillige basis met de groepen. Voor de tweede groep supporters die in april startte stelden de genoemde instellingen nog meer coaches beschikbaar.

> De coaches van de supportersgroepen waren maatschappelijk werkers en psychologen van de Stichting Maatschappelijke Dienstverlening (SMD), de praktijk van eerstelijns psychologen het SPEL, en de instelling voor verslavingszorg de Brijderstichting. De coaches vormden een belangrijke steunpilaar van de groep, wezen de supporters de weg en bewaakten hun grenzen.

De instellingen wisten begin 2001 niet of dit werk wel vergoed zou worden, maar dat was van later zorg. Het SPEL heeft bijvoorbeeld nog maanden moeten wachten op de eerste betaling van de uren die de bij haar aangesloten psychologen in het coachen staken. Toen de rol van PWZ Achmea/ZOK halverwege 2001 werd erkend, kwam een einde aan de onzekerheid over het feit of er ruimte was voor financiering van de zorg die met de ramp te maken had.

Zorgmakelaars

Naast de coaches kende het Supportproject de zogenaamde zorgmakelaars. Zij hadden de belangrijke taak om in de kring van getroffenen bekendheid te geven aan het Supportproject. Zij moesten de vraag in beeld krijgen: wat konden de vrijwilligers doen, waar hadden getroffenen en hun omgeving behoefte aan?

Als zorgmakelaars waren Volendammers gevraagd met een professionele achtergrond in de zorgsector of met voldoende ervaring. Hun Volendamse achtergrond moest ervoor zorgen dat de drempel voor getroffenen om vragen te komen stellen zo laag mogelijk was. De coördinator mantelzorg van de Thuiszorg was bereid gevonden haar ervaring in te brengen als hoofd van de zorgmakelaars.

Niemand wist overigens nog of de financiering van het Supportproject rond zou komen, hoewel vanaf het begin voor ogen stond dat het niet om werk op vrijwillige basis kon gaan.

> Zorgmakelaars vormden de schakel naar de getroffenen en betrokkenen. De eerste zorgmakelaars waren mensen die Volendam goed kenden, en een of andere sociale functie in de ge-

> meenschap hadden. De coördinator mantelzorg van de Thuis-
> zorg coördineerde hun werk. Zij had ervaring met het koppelen
> van vraag en aanbod in vrijwilligersprojecten van de Thuiszorg.

Getroffenen en betrokkenen

Het Supportproject wilde er voor iedereen zijn die op de een of andere
manier de gevolgen van de brand ondervond. De organisatoren waren
zich ervan bewust dat niet alleen direct getroffenen steun nodig zouden hebben, maar ook de mensen in hun directe omgeving, en mensen die op een andere manier met de gevolgen van de ramp te maken
zouden krijgen. Die mensen worden betrokkenen genoemd.

> Het Supportproject had al snel de slogan 'Wij willen niemand
> missen', een slogan die later door Het Anker werd overgeno-
> men. Het Supportproject en Het Anker stonden open voor alle
> mensen die op de een of andere manier gevolgen van de ramp
> ondervonden, getroffenen en betrokkenen.

Een coördinator

Het Supportproject nam direct een grote vlucht, waardoor de coördinatie veel tijd ging vragen. Half maart versterkte een coördinator het
Supportproject. Zij had een achtergrond in de psychiatrie en
opvoedingsondersteuning.
De coördinator moest ervoor zorgen dat de vrijwilligers de nodige
kennis en informatie kregen. Bovendien bewaakte zij de samenhang
en de samenwerking tussen de verschillende onderdelen in het Supportproject.

3.2   Improviseren: het eerste jaar

ACTIVITEITEN
Het Supportproject ondernam verschillende activiteiten. Het bood
individuele steun. Het begeleidde groepsactiviteiten en organiseerde
deze (samen met anderen). Het informeerde de Volendamse gemeenschap over wat de brand voor getroffenen werkelijk teweegbracht.
Belangrijke hulpmiddelen om de supporters voor te bereiden waren
de gezamenlijke kennisbijeenkomsten en de bijeenkomsten van de
verschillende supportersgroepen.

Individuele steun

Het Supportproject zorgde ervoor dat voor individuele getroffenen of betrokkenen die dat wilden een supporter klaar stond. Deze supporter bood individuele steun in de vorm van praktische hulp en emotionele ondersteuning.

Het heette dat een supporter gekoppeld werd aan een getroffene. Dat kon formeel gebeuren op verzoek van een getroffene, maar in de praktijk bleek dat heel veel supporters al *informeel* banden hadden met een of meer getroffenen in hun directe omgeving. Het Supportproject zorgde ervoor dat zij voldoende ondersteuning en kennis kregen om daar wat goeds mee te kunnen doen.

Veel supporters hadden getroffenen en betrokkenen in hun familie of nabije omgeving.

Ik vond het een heel mooi moment toen ik aan mijn neef en nicht vroeg of ik hun supporter mocht zijn, en zij ja zeiden.

Andere supporters vroegen het niet, maar functioneerden wel als supporter in hun vele contacten met getroffenen. Weer andere getroffenen en betrokkenen kwamen dagelijks in contact met supporters zonder dat deze dat wisten. Zoals de onderwijzeres die veel gesprekken voerde met ouders.

De zorgmakelaars moesten voor de *formele* koppelingen van supporters zorgen. Het uitgangspunt van het Supportproject was vraaggericht werken. De zorgmakelaars moesten ervoor zorgen dat de vragen op tafel kwamen. Zij waren actief in de benadering van getroffenen. Zij belden hen om te kijken of en welke ondersteuning er nodig was. Was steun nodig in de vorm van een supporter, dan legde de zorgmakelaar uit wat een supporter kon betekenen.

De eerste aandacht van getroffenen en betrokkenen ging uit naar de vraag hoe het dagelijks leven eruit moest zien. Dat was het eerste onderwerp van gesprek met de zorgmakelaars. Vervolgens bleken sommige getroffenen wel oren te hebben naar ondersteuning van een supporter, maar dat waren er niet direct heel veel.

Een moeder van een getroffen jongere liep het over de oren, en wilde wel hulp in huis. Daar kon een supporter voor gevonden worden. Al gauw was haar luisterend oor belangrijker dan de schoonmaak.

Hulp bij activiteiten en lotgenotencontacten

Het Supportproject pikte, net als de SSNV en de Helpdesk, veel signalen uit de Volendamse samenleving op doordat de supporters hier middenin stonden. De Volendamse gemeenschap kende in de eerste helft van 2001 veel spontane initiatieven. Het Supportproject wilde de psychosociale steunkant van alle activiteiten met elkaar verbinden en op elkaar afstemmen. En het Supportproject had in één klap de beschikking over een groot aantal vrijwilligers die het kon inzetten. Vrijwilligers werden vanaf het begin voor veel activiteiten ingezet: ontmoetingsactiviteiten voor getroffenen, lotgenotencontacten waaronder de komst van getroffen Zweedse jongeren, lotgenotengroepen, herdenkingsbijeenkomsten. Het Supportproject werkte daarbij samen met veel instanties, vooral met de SSNV en de Helpdesk. De Helpdesk moest daar even aan wennen, want zag de supporters eerst alleen als vrijwilligers die emotionele ondersteuning boden door te luisteren, niet door dingen te doen.
De tv-uitzending Hart van Nederland zorgde voor een groot aanbod van activiteiten voor de getroffenen. De Helpdesk en de Jongeren Advies Groep (JAG) gaven aan voor welke van deze activiteiten supporters nodig waren.
De coördinator van het Supportproject werkte bovendien in de organisatie van voorlichtingsbijeenkomsten voor getroffenen en betrokkenen veel samen met de preventiemedewerker van de Riagg, na 2001 met de preventiewerkgroep. Alle partijen konden een beroep doen op het Supportproject, en met allen werkte het Supportproject samen: gemeente, SSNV, BSNV, Het Anker, de kerken, de professionele nazorg, het Club- en Buurthuiswerk.

Voor de organisatie van groepsactiviteiten zette het Supportproject vooral de zogenaamde groepssupporters in.

Groepssupporters organiseerden in de zomer van 2001 vakantieactiviteiten voor die jongeren die niet op vakantie konden, op Slobbeland. Hier kwamen veel getroffen jongeren op af. Het

> waren vooral jongere supporters die mee organiseerden. Zij
> spraken dezelfde taal als de deelnemers. De jongeren maakten
> gemakkelijk een praatje met hen.

Ambassadeursfunctie

De meeste supporters hadden zich aangemeld met het idee dat zij iets
wilden betekenen voor de individuele getroffenen. Er ontstond al snel
het idee dat een supporter iemand was die formeel gekoppeld was.
Maar in de loop van 2001 bleek dat het aanbod van supporters groter
was dan de formele vraag naar individueel support. Dat betekende dat
een groep supporters zich tegen de zomer afvroeg of zij nog wel ingezet zou worden en of zij nog wel zou blijven deelnemen.

Het Supportproject had echter ook als doelstelling om kennis te verspreiden in Volendam over de gevolgen die getroffenen en hun omgeving van de brand konden ondervinden. De leiding van het Supportproject had er daarom belang bij deze supporters betrokken te houden. Zij spraken over de ambassadeursfunctie van de supporters. De
ambassadeursfunctie bleek echter minder te leven, bij de coaches en
bij de supporters. Een evaluatie maakte duidelijk dat in de groepen
toch vooral het deelnemen aan individuele of groepsactiviteiten als
support werd gezien.

Leiding en coaches hebben in de tweede helft van 2001 veel aandacht
besteed aan de ambassadeursfunctie van de supporters en het belang
daarvan voor de getroffenen. Zij slaagden erin om een grote groep
supporters gemotiveerd te houden.

> Vooral voor de supporters die wat verder van de getroffenen en
> betrokkenen af stonden, was het moeilijk om gemotiveerd te
> blijven toen zij niet voor concrete hulp werden ingezet. Dat een
> groot aantal van hen als ambassadeur bleef, kwam door de
> hechtheid van de groep en de verbondenheid met wat was ge-
> beurd. Daar hoorden zij in de groep veel over. Ook de coaches
> speelden hier een belangrijke rol in. Die droegen bij aan de mo-
> tivatie van supporters.
>
> Een aantal supporters nam afscheid. Eén van hen was boos dat
> zijn achtergrond niet benut werd.
>
> De ambassadeursdoelstelling bleek overigens wel belangrijk.

> *Ik wilde betrokken zijn en me niet als een buitenstaander opstellen die steeds maar naar de getroffenen zat te kijken. Ik wilde ook anderen wel bewust maken, niet overdreven maar een beetje. In het begin hadden vele Volendammers hun oordeel en commentaar klaar. Dat Anker kostte maar geld. Er moest een hoop worden uitgelegd.*

Kennisoverdracht

De initiatiefnemers van het Supportproject wilden graag bewerkstelligen dat er niet alleen op de korte termijn, maar ook op de lange termijn ruimte zou zijn voor de gemoedsgesteldheid en problemen van getroffenen en betrokkenen. Zij wisten dat de ramp lange tijd zou doorwerken. Volendam had kennis nodig om zich dit te realiseren. De coördinator van het Supportproject organiseerde het eerste jaar veel gezamenlijke bijeenkomsten voor supporters waar deskundigen een thema op psychosociaal terrein toelichtten of voorlichting gaven over medische gevolgen van brandwonden. Het bleek dat ook de omgeving van getroffenen, met name ouders, behoefte had aan dit soort voorlichting. Professionele hulpverlening en Supportproject sprongen daar beide op in.

> Een psycholoog van de Brandwondenstichting wist supporters en later ook getroffenen en hun familie een heleboel dingen te vertellen, niet alleen over lichamelijke reacties maar ook over de beleving hiervan door het slachtoffer en over zijn psychische reacties.

Supporters leerden ook dingen die hun persoonlijke effectiviteit ten goede kwamen en die ze als supporter nodig hadden. Bijvoorbeeld vaardigheden als leren luisteren en uitnodigen tot gesprek.

> *Ik heb geleerd niet over getroffenen te oordelen. Door te zeggen: 'Ben je er nu nog niet overheen?' help je iemand niet. Vraag liever op de man af: 'Waar zit je mee of kan ik je ergens mee van dienst zijn?' Het leren om niet te oordelen is ook voor mij een proces met veel valkuilen.*

Supportersgroepen

De supportersgroepen hadden een belangrijke functie. Veel groepen kwamen vaak bij elkaar. Zij bleken niet alleen een middel om supporters toe te rusten, maar waren ook zelf een steun voor supporters die veel meemaakten als gevolg van de brand. Er was een groep supporters die heel dichtbij getroffenen stond.

> Supporters die veel getroffenen in hun omgeving hadden, konden stoom afblazen in de groep, en ervaringen uitwisselen. En bij de coach konden ze hun hart luchten.

Ook voor supporters die iets verder van getroffenen af stonden, was de groep een belangrijk hulpmiddel om de gebeurtenissen in Volendam een plaats te kunnen geven. Niet voor alle supporters gold dat overigens. Er waren er ook die na enkele weken of maanden vonden dat ze genoeg gepraat hadden.

Supporters en coaches stopten veel tijd in de supportersgroepen. Er ontstonden hechte banden. Naast de onderlinge uitwisseling had Het Anker een aanbod van onderwerpen die de groepen bezighield.

ORGANISATIE

Het Supportproject groeide snel uit tot een factor van betekenis in de nazorg, ook al stond een aantal professionele instellingen huiverig tegenover het idee van supporters. Het Supportproject kon de logistieke steun van een organisatie goed gebruiken. Na de ramp bleken logistieke zaken veel tijd te kosten. De organisatie hiervan ging ten koste van de inhoudelijke kant van het werk.[8]

Advies- en informatiecentrum Het Anker

Toen de eerste hectiek na de brand voorbij was, kwam het voorstel op tafel om de Helpdesk en het Supportproject samen te laten gaan met het advies- en informatiecentrum dat door gemeente en GGD was opgericht. De SSNV was een grote stimulator van dat idee. Op die manier werden de krachten gebundeld en werd professionele ondersteuning van de vrijwilligers ingebed. De financiering hiervan door de overheid werd gemakkelijker te realiseren door de koppeling aan andere nazorgtaken. Er was echter enige tijd nodig om een structuur te vinden die op maat gesneden was voor Volendam.

8   Ervaring van de Volendamse mededirecteur van Het Anker in 2001.

Per half mei 2001 was Het Anker statutair een feit en ging het Supportproject formeel over. De Helpdesk was al eerder overgegaan. Professionals en vrijwilligers behoorden toen tot één organisatie, met
twee directeuren. Naast de GGD-directeur kwam een Volendamse
directeur te staan, de directeur van het Club- en Buurthuiswerk.
De initiatiefnemers van het Supportproject waren akkoord gegaan
met onderbrenging bij Het Anker mits het eigen karakter en de Volendamse wortels behouden zouden blijven. De aanstelling van de
directeur van het Club- en Buurthuiswerk als mededirecteur van Het
Anker moest daar garant voor staan.
Het bestaande advies- en informatiecentrum haalde met het samengaan met het Supportproject en de Helpdesk uitvoerende taken in
huis. Dit was in de oorspronkelijke opzet niet de bedoeling geweest.
Het centrum zou eigenlijk alleen de psychosociale nazorg coördineren en niet zelf uitvoeren. Nu het centrum ze voor een deel wel zelf
ging uitvoeren, was de GGD-directeur bang voor onduidelijkheid voor
de professionele hulpverlenende instanties, die immers een rol speelden in de uitvoering van professionele hulpverleningstaken (Jaarverslag 2001 Het Anker).

> Met de komst van de Helpdesk en het Supportproject adviseer-
> de en registreerde het advies- en informatiecentrum niet meer
> alleen, maar organiseerde Het Anker ook zelf lotgenotenactivi-
> teiten en bood het individuele steun van supporters aan.

De drie poten binnen Het Anker, het oude advies- en informatiecentrum van de GGD, de Helpdesk en het Supportproject, bleven vooral-
nog apart herkenbaar.
Zij werkten het eerste jaar nog veel naast elkaar en minder met elkaar.
In Het Anker kwamen de wereld van de vrijwilligers en de wereld van
de professionals bij elkaar. Ook kwamen de beelden over elkaar bij
elkaar: aan de ene kant de Volendamse argwaan tegenover de zogenaamde afstandelijke hulpverleners, en aan de andere kant vanuit
professionele hoek de zorg over en het onbegrip voor die Volendammers die te sterk betrokken waren en het zelf wilden oplossen. Volendam en de GGD wilden beide een regierol. De samenwerking was niet
direct even gemakkelijk.

Professionals binnen het Supportproject

De leiding van het Supportproject was al snel tot de conclusie gekomen dat in het Supportproject professionele begeleiding van vrijwilligers en professionele contacten met getroffenen nodig waren. Dat
was ook één van de redenen om bij Het Anker aan te haken.
Vanuit het Supportproject stonden op de loonlijst van Het Anker: de
coördinator, de medewerkster Thuiszorg als hoofd van de zorgmakelaars en de Volendamse zorgmakelaars. De coaches kregen van hun
eigen instelling uren voor hun werk in het Supportproject. De
coaching werd door PWZ Achmea/ZOK betaald, vanaf 2002 uit het
regiobudget voor psychosociale nazorg.

Zorgmakelaars en GGD-verpleegkundigen

De zorgmakelaars hadden vanuit het Supportproject de opdracht om
als eerste de groep getroffenen met ernstige brandwonden te benaderen. Binnen het advies- en informatiecentrum van de GGD hadden
verpleegkundigen onder andere tot taak om bij de getroffenen en de
gezinnen op huisbezoek te gaan. Duidelijk moest worden welke hulp
mensen nodig hadden, niet alleen op medisch gebied maar ook op
psychosociaal gebied.
In de eerste helft van 2001 werkten beiden nog veelal gescheiden,
maar in de loop van het jaar gingen zij vanuit Het Anker steeds meer
samen op pad.

Eigen gezicht

Het Supportproject behield ook na de overgang naar Het Anker een
eigen Volendams gezicht. De initiatiefnemers bewaakten dit. Zij
waren bang dat zonder hun invloed Het Anker teveel van de brede
groep van Volendamse getroffenen en betrokkenen af zou komen te
staan. Zij wilden niet dat het werk zich vooral zou richten op de groep
lichamelijk ernstig getroffenen, dat de missie van niemand missen
langzaam maar zeker van tafel zou verdwijnen. Ook waren zij bang
dat het werk van de supporters als minder belangrijk zou worden
beschouwd dan het werk van de professionals.
De initiatiefnemers, waaronder de mededirecteur van Het Anker, vervulden samen met de professionele krachten binnen het Supportproject, een belangrijke rol in de sturing van het Supportproject. In het
najaar van 2001 vormden zij formeel de denktank, een centraal overleg binnen het Supportproject dat de lijnen voor het Supportproject
uitzette.

De initiatiefnemers moesten samen met de professionals in het Supportproject veel zelf uitvinden. Er was geen blauwdruk beschikbaar.
Het jaar 2001 was ook voor het Supportproject vooral een jaar van
improviseren.

3.3   Organiseren en laveren: 2002 - 2004

LAVEREN

Karakter Supportproject

In de volgende jaren wist het Supportproject zijn eigen karakter en
zijn Volendams gezicht te behouden. Dit lukte ondanks het feit dat de
directeur van het Club- en Buurthuiswerk eind 2001 terugtrad als mededirecteur van Het Anker, dat de zorgmakelaars verder van het Supportproject af kwamen te staan en Volendam nog steeds enige afstand voelde ten opzichte van Het Anker en de professionele hulpverlening.

Spanningen

Elke keer als er in deze jaren weer wat spannends gebeurde rond de
keuringen of de juridische afwikkeling, merkten supporters dat de
spankracht bij getroffenen en hun omgeving tijdelijk afnam. Dan
traden ook spanningen in de Volendamse gemeenschap op, want niet
iedereen keek op dezelfde manier naar de gebeurtenissen.
Gevolg was ook dat er in Volendam openlijke discussies kwamen over
de ernst van wat groepen getroffenen hadden meegemaakt, en hun
recht om zich getroffene te voelen. Groepen werden als het ware op
een 'ladder van leed' (leedhiërarchie) geplaatst. Dit leverde ook weer
de nodige spanningen op.

De spanningen rond leedhiërarchie begonnen al in 2001. Voor
de jongeren die niet zichtbaar getroffen waren, was het moeilijk
om aandacht te vragen en te krijgen. Dit leidde zelfs tot anonie-
me beschuldigingen op de internetsite aan een niet zichtbaar
getroffene die meedeed aan een muzikaal optreden van getroffenen. In latere jaren stak de leedhiërarchie steeds weer de kop
op, met name toen de uitkeringen die de jongeren kregen bekend werden.
Volendam is hier geen uitzondering in. Leedhiërarchie is een
normaal verschijnsel na een ramp.

Die spanningen waren ook in Het Anker voelbaar. In Het Anker kwamen als het ware alle spanningen van buiten samen. Bovendien toonde Volendam zich kritisch over de nazorg.

Het Supportproject laveerde tussen de klippen door. De coördinator, coaches en denktank slaagden erin om het doel waaraan gewerkt werd, goed voor ogen te houden en supporters te stimuleren hieraan te blijven werken. Dat was niet altijd even gemakkelijk, want supporters raakten wel eens ontmoedigd door de spanningen. Niet alleen door de spanningen in de Volendamse gemeenschap, maar ook door de interne spanningen in Het Anker.

Activiteiten

Het Supportproject bleef heel actief. Het werkte samen met anderen binnen en buiten Het Anker aan veel activiteiten voor getroffenen, lotgenotencontacten en -groepen, voorlichtingsbijeenkomsten. Supporters deden bijvoorbeeld mee aan sportieve en culturele activiteiten voor getroffenen, begeleidden lotgenotengroepen voor ouders, grootouders en broers en zussen van overleden jongeren, waren paraat bij de herdenkingsbijeenkomsten, gaven bijlessen.

De jaarlijkse wintersport werd een belangrijk evenement, door betrokken ondernemers mogelijk gemaakt. De BSNV vroeg zich wel eens af er niet teveel nadruk lag op ontspannende activiteiten. Maar juist de activiteiten met een groot sportief karakter trokken de jongeren het meeste aan. En tijdens deze vakanties bleek steeds weer hoe waardevol de onderlinge contacten in een groep, op een andere locatie en in een andere sfeer, waren.

Behalve dat supporters bij activiteiten aanwezig waren, begeleidden zij ook getroffenen bij de getuigenverhoren tijdens de rechtszaak in 2003. Dat waren spannende momenten voor de getroffenen.

Supporters bleven een belangrijke aangever van wat er speelde in Volendam. Zij waren een belangrijke informatiebron, omdat er moeilijk zicht te krijgen bleek op de behoeften van de getroffen jongeren. Het Supportproject veronderstelde, net als de professionele hulpverlening, dat er een verborgen vraag naar steun en hulp was, maar kon hier niet echt de vinger achter krijgen. Het Supportproject speelde daarom in op de signalen die het uit de Volendamse samenleving kreeg.

Supporters kregen extra voorlichting en training om tegenwicht te geven aan de negatieve reacties op bijvoorbeeld de financiële tegemoetkomingen. Ook bleven supporters aandacht vragen voor de grote groep getroffenen, waaronder ook de psychisch getroffenen en indirect getroffenen. De noodzaak van de ambassadeursfunctie bleek in de praktijk.

In november 2001 kregen getroffenen zonder zichtbare schade het gevoel aan de kant gezet te zijn. Het Anker plaatste een stukje in het NIVO (Nieuw Volendam) onder de titel *Met mij valt het best wel mee*. Doel was om jongeren zonder zichtbare schade te bereiken.

> **Met mij valt het best wel mee**
>
> *Ik ben geen brandwondenslachtoffer. Mijn kind is niet verbrand, dus wat zou ik zeuren, met mij valt het best wel mee. Ik, ja ik heb wel wat brandwonden, maar kijk eens naar die anderen, die zijn toch veel erger verbrand, hun littekens zijn veel zichtbaarder dan de mijne. Wat dacht je wel niet van die ouders die hun kind verloren hebben, die zijn pas echt getroffen.*
>
> *Alleen hierdoor is jouw pijn, boosheid, verdriet, onzekerheid voor de toekomst niet minder ingrijpend. Ook jij kunt 's nachts nachtmerries hebben, bezweet wakker worden, alcohol drinken om maar te vergeten, last hebben van hoofdpijn, slecht eten, hyperventilatie en ga zo maar door.*

Veel van de individuele steuncontacten die er waren, bleven lange tijd bestaan. Daarnaast kwamen er steeds nieuwe koppelingen tussen betrokkenen en supporters bij.

Supporters

Van het grote aantal supporters dat in 2001 gestart was, stopte een kleine groep halverwege het jaar. De meeste supporters stopten omdat de grootste drukte rond de ramp voorbij was, zij niet gekoppeld waren, andere dingen te doen hadden (vaak ook nog rond de ramp) en vonden dat ze zelf verder konden met de opgedane kennis.

> Bij de supporters van het eerste uur behoorden ook mensen die beroepshalve met getroffenen te maken hadden en al veel kennis hadden. Ook voor hen gold direct na de ramp dat aansluiting bij het supportproject een mogelijkheid was om gelijk mee te doen en meer specifiek kennis over gevolgen van een ramp op te doen.

Per 2002 bleef een grote groep supporters over die het project jarenlang trouw bleef.

> De Zweden hadden al gewaarschuwd dat de gevolgen van de ramp jarenlang zouden kunnen doorwerken. Het Supportproject heeft er vanaf het begin op gehamerd dat supporters een lange adem nodig zouden hebben.

Een groot aantal supporters gaf individuele steun, al dan niet via formele bemiddeling door de zorgmakelaars. Anderen zetten zich vooral in voor groepsactiviteiten. Daarnaast bleef er een groep supporters die niet kon worden ingezet op sociale steunactiviteiten, maar wel belangrijk was voor de ambassadeursfunctie.

Ook in 2002 werden opnieuw geluiden gehoord van supporters die zich afvroegen of zij wel moesten blijven deelnemen als zij niet werden ingezet voor een koppeling of activiteiten, maar alleen ambassadeur waren. Supporters bleven dit moeilijk vinden.

Het Supportproject speelde hierop in door het in 2002 mogelijk te maken dat mensen stille supporter werden. Een stille supporter was iemand die niet meer aan een supportersgroep deelnam, maar nog wel betrokken was bij het Supportproject. Een aantal supporters is in de loop van de jaren, met name naar 2004 toe, 'stil' geworden. Opvallend is dat een groot aantal van de supporters die alleen ambassadeur waren toch lange tijd lid van een supportersgroep is gebleven.

Kennisoverdracht

De overdracht van kennis werd langzamerhand in de vorm van workshops georganiseerd. Supporters hadden in 2001 en begin 2002 veel basiskennis opgedaan. De gezamenlijke kennisbijeenkomsten hadden in een behoefte voorzien. Nu werd via workshops gekozen voor de mogelijkheid tot verdieping. Supporters konden inschrijven al naar gelang hun behoefte.

> Voorbeelden van workshops waren Communiceren met (lastige) pubers, Lichaamssignalen en grenzen, Draagkracht en draaglast, Alcohol en drugs, Leedhiërarchie, Hoe ga je om met verdriet in je omgeving, ook op langere termijn.

Daarnaast bleven sommige onderwerpen zich lenen voor een gezamenlijke bijeenkomst, en werden deze bijeenkomsten ook gebruikt om het Supportproject zelf onder de loep te nemen. Dat gebeurde regelmatig.

> Een Zweedse brandweerman kwam begin 2004 naar Volendam, nadat hij bij het bezoek vanuit Volendam aan Zweden veel indruk had gemaakt. Hij was in 1981 zelf slachtoffer van een brand. Hij vertelde hoe hij tot het inzicht was gekomen dat hij voor zichzelf moest opkomen en zelf invulling aan zijn leven moest geven. Centraal stond voor hem hoe hij weer een vrij mens kon worden. Hij wilde de vrijheid terug die hem als brandwondenslachtoffer was ontnomen. Hoe leer ik weer als vrij mens over straat te gaan? Hoe word ik van prins die wordt verzorgd weer een mens die zijn eigen plan kan trekken en zelf verantwoordelijkheid neemt?

Supportersgroepen

De bijeenkomsten van de supportersgroepen namen in de loop van de tijd in frequentie af, en sommige groepen zetten er een punt achter. De meeste groepen bleven echter bestaan en bij elkaar komen. De band alleen al die groepsleden onderling en met hun coach hadden gekregen maakte dat zij bleven komen. Maar dat was niet het enige. De groepsbijeenkomsten boden ook een platform om met elkaar de gebeurtenissen in Volendam die de ramp betroffen te bespreken.

> De zelfmoord van een jongere in 2004 maakte weer veel emoties los. De supportersgroepen besteedden aandacht aan het

vraagstuk van suïcide en hoe om te gaan met jongeren die dit bezig hield. Ook gingen de groepen in op de vraag wat voor reacties verwacht konden worden en hoe daarop in te spelen.

Projectgroepen

Langzamerhand ontstonden naast de supportersgroepen ook project-groepen van supporters. Hierin zaten – en zitten – de groepssupporters die samen met zorgbegeleiders lotgenotenactiviteiten en lotgenotengroepen voorbereiden. Met het verminderen van de intensiteit van de supportersgroepen werden de projectgroepen ook belangrijker voor de begeleiding van de groepssupporters.

ORGANISEREN

Zorgmakelaars

De oorspronkelijke gedachte in het Supportproject was dat zorgmakelaars de grote groep van getroffenen en hun omgeving moesten zien te bereiken om te zien of het Supportproject iets voor hen kon betekenen. Daarnaast moesten de zorgmakelaars bemiddelen bij individuele koppelingen tussen een getroffene en een supporter en moesten zij de informatieschakel tussen Het Anker en het Supportproject vervullen.

De zorgmakelaars dienden echter in Het Anker niet alleen het Supportproject, maar hadden ook een taak in het in kaart brengen van de behoeften van de jongeren met ernstige brandwonden. Daar ging de meeste Volendamse aandacht naar uit, en daar drong de BSNV op aan. Daar lag een belangrijk accent van de werkzaamheden van Het Anker. Om die reden was in 2001 een start gemaakt met het opstellen van zorgplannen voor deze groep. Dit zette zich in 2002 door met de introductie van de functie van zorgbegeleider.

Zorgmakelaars werden in Het Anker zorgbegeleiders. Zij hadden het zogenaamde casemanagement, het volgen van getroffenen in hun behoeften, als eerste taak. Het Anker legde met elke getroffen jongere, en vaak zijn of haar familie, contact. Het was de bedoeling om voor elke getroffene een zorgplan te maken.

Van de zorgmakelaars van het eerste uur waren er twee in 2001 ge-
stopt. De GGD-medewerksters die zich bezighielden met zorgplannen, verdwenen in 2002, en eind 2002 ging ook het hoofd van de
zorgmakelaars terug naar haar thuisbasis de Thuiszorg. Enkele nieuwe zorgbegeleiders werden aangetrokken. De functie van zorgmakelaar vloeide vanzelf over in die van zorgbegeleider.

Het Supportproject voorzag dat door deze ontwikkelingen de zorgbegeleiders op een grotere afstand kwamen te staan van het Supportproject, hetgeen ook het geval bleek te zijn. Dit had vooral gevolgen
voor de informatiestroom tussen de supportersgroepen en Het
Anker. Het was de bedoeling dat de zorgmakelaars contact hielden
met de supportersgroepen om over en weer informatie uit te wisselen. De supporters hadden de informatie van Het Anker nodig. Van
het begin af aan bleek dat een kwetsbaar punt, omdat er meer supportersgroepen waren dan zorgmakelaars. Toen de zorgmakelaars
zorgbegeleiders werden, bleek het nog moeilijker voor hen om tijd
vrij te maken voor deze informatiefunctie.

Organisatie

De integratie van de drie poten van Het Anker werd in de loop van
2002 steviger, maar de emoties van binnen en buiten bleven geregeld
hun invloed uitoefenen. Begin 2002 trad een nieuwe Volendamse
directeur aan. Hij kreeg de opdracht goed aan te sluiten bij de Volendamse gemeenschap, en bij de noden en wensen van de getroffenen.
Daarbij waren de jongeren met ernstige brandwonden als eerste in
beeld. Er werd hard gewerkt aan ondersteuning van de getroffen jongeren, en aan het opstellen van zorgplannen. Maar dit kostte veel tijd.
De Commissie financiële afwikkeling adviseerde in juli 2002 de regering over tegemoetkomingen aan getroffenen. Het gaf bovendien het
advies om Het Anker om te vormen tot een Centrum voor Reïntegratie
en Nazorg. In de tweede helft van 2002 bereidde Het Anker de nieuwe
organisatie voor en zette het op verdere professionalisering in.

> Per 1 januari 2003 was de formele start van het Centrum voor
> Reïntegratie en Nazorg (CRN) Het Anker. Dit centrum moest de
> getroffen jongeren een aantal jaren helpen een eigen toekomst
> op te bouwen. Ook moest het openstaan voor alle betrokkenen.
> CRN Het Anker was daarmee een natuurlijke voortzetting van
> Het Anker zoals het al bestond.

De taken van de Helpdesk werden daarna uitgevoerd door de professionele informatie- en adviespoot. De taken van het Supportproject werden een meer geïntegreerd onderdeel van Het Anker, maar verdwenen in het bedrijfsplan ook een beetje onder tafel. Op papier verdween het eigen gezicht van het Supportproject. In de praktijk bleef het Supportproject zijn eigen werkwijze volgen en bleef het eigen gezicht wel bestaan.

Financiering

De financiering van Het Anker liep via de gemeente, dat daarvoor subsidie kreeg van het ministerie van Binnenlandse Zaken en Koninkrijksrelaties (BZK) en van het ministerie van Volksgezondheid, Welzijn en Sport (VWS). Die subsidie was bestemd voor de coördinatie van de nazorg en de informatie- en adviestaak. Hieruit werden alle medewerkers van Het Anker betaald, ook de coördinator van het Supportproject en de zorgmakelaars.

PWZ Achmea/ZOK was al vanaf begin 2001 informeel betrokken bij de nasleep van de ramp en kreeg van het ministerie van VWS halverwege 2001 een formele rol. Het ministerie verzocht PWZ Achmea/ZOK om de begrotingen van zorgaanbieders voor zorg die met de ramp te maken had te beoordelen. Na gesprekken met de zorgaanbieders stelde PWZ Achmea/ZOK het ministerie voor om één totaalbudget, een integraal budget, beschikbaar te stellen. Dit regiobudget voor psychosociale nazorg moest het mogelijk maken om optimaal in te kunnen spelen op de vraag naar steun en zorg, wachtlijsten en wachttijden te voorkomen, en gefaseerde zorg en zorg op maat te kunnen leveren. Bovendien prikkelde dit budget aanbieders met een verschillende achtergrond, die met verschillende financierings- en bekostigingssystemen te maken hadden, tot samenwerking. Een integraal budget was voor het ministerie niet gangbaar, maar het stemde wel met het voorstel in. PWZ Achmea/ZOK kreeg het verzoek de middelen uit het regiobudget voor psychosociale nazorg toe te wijzen op basis van de gepresenteerde visie.

PWZ Achmea/ZOK sprong hiermee in het gat dat was ontstaan. Het zorgde voor een low profile coördinerende rol in de psychosociale zorg, gericht op zorg op maat vanuit een eenduidige visie. PWZ Achmea/ZOK werkte daarbij nauw samen met Het Anker, die het als partner/zaakwaarnemer van Volendam beschouwde.

In de visie op de zorg kreeg de informele steun een vooraanstaande rol. De professionele zorg werd als aanvullend gezien. Uit het regio-

budget voor psychosociale nazorg betaalde PWZ Achmea/ZOK de
coaching van vrijwilligers, de preventie, de voorlichting en de zorg.

Voor PWZ Achmea/ZOK was het van het begin af aan duidelijk
dat de psychosociale nazorg niet alleen hulp door professionele
hulpverleners betrof, maar ook steun en hulp uit de Volendamse gemeenschap zelf. De zogenaamde nulde lijn (de eigen
omgeving) kreeg een volwaardige plaats in de visie en de praktijk van steun en zorg.
Ook speelde PWZ Achmea/ZOK in op minder gangbare behoeften aan steun en hulp waarvoor getroffenen een minder hoge
drempel voelden. Zo kregen getroffenen bijvoorbeeld de gelegenheid om te 'werken aan verwerking' met behulp van om-
gang met paarden (Animal Assisted Therapy).

3.4   Stabiliseren en doorgaan: 2005 en verder

STABILISEREN

Eén coach, minder groepen
Het Supportproject heeft in de tweede helft van 2004 een wijziging
ondergaan. De coaches van de supportersgroepen hebben zich terug-
getrokken. Na vier jaar zat hun taak erop. Zij vonden dat hun bijdrage
aan de groep anders was geworden. Sommigen hadden meer een
vriendschappelijke rol gekregen omdat aan de functie van de groep
voldaan was, en de groep meer een gezelligheidskarakter kreeg.
Een aantal supportersgroepen heeft zich bij het vertrek van de coach
opgeheven. Sommige supporters zijn oud-supporter geworden, andere stille supporter.
Andere supportersgroepen wilden bij elkaar blijven komen. Zij worden nu begeleid door één coach, net als de eerdere coaches een professional. In tegenstelling tot de eerdere coaches is hij in dienst van
Het Anker. Hij begeleidt alle groepen.

Activiteiten
De activiteiten van het Supportproject gaan door, hoewel de frequentie van sommige activiteiten in de loop van de tijd is afgenomen. De
lotgenotengroepen zijn nog steeds belangrijk. De jaarlijkse wintersport bestaat nog naast andere lotgenotencontacten, hoewel het aan-

tal jongeren dat deelneemt minder is geworden. Een aantal individuele koppelingen bestaat nog, en er komen er ook nog steeds enkele bij.

> Een nieuwe activiteit waar supporters een rol in spelen is de interactieve psychosociale ondersteuning. Deze activiteit hebben het Supportproject en de preventiewerkgroep samen opgezet. Getroffenen en betrokkenen kunnen nu via de mail steuncontact krijgen met een supporter die daarvoor is opgeleid. Ook kunnen zij interactief professioneel advies en informatie krijgen.

Deskundigheidsbevordering
De workshops en plenaire bijeenkomsten zijn in aantal afgenomen, maar regelmatig komen onderwerpen op tafel die in Volendam spelen of waarover supporters meer willen weten. Daar speelt het Supportproject op in met een themabijeenkomst of nieuwe workshop.

> Individualiteit versus groepsdruk was in 2005 een centraal onderwerp van een lezing en twee workshops. Een belangrijk thema voor een dorp waar de groepsdruk groot is.

> Ook kwamen in een later stadium mensen met psychische klachten aan het woord die zijdelings bij de ramp betrokken waren en zich niet hadden laten registreren bij Het Anker. Zij hadden niet eerder het verband gelegd tussen hun klachten en de ramp.

Moedige moeders
In 2004 heeft een aantal moeders van jongeren met drugsproblemen zich georganiseerd en gevraagd of zij ook ondersteuning door supporters konden krijgen. Dit leidde ertoe dat twee van hen een individuele supportrelatie kregen.
Dat deze groep moeders hun leed durfden te benoemen en de moed hadden om zich te organiseren, was mede te danken aan het feit dat Volendam het verschijnsel van lotgenotengroepen had leren kennen.

Verdere verbreding

Naar aanleiding van de Moedige moeders heeft het Supportproject een discussie gevoerd over een mogelijke verbreding van de doelgroep van het Supportproject naar andere mensen uit de gemeente die problemen hebben.

Management en bestuur van Het Anker waren hierin voorzichtig, omdat de financiering van Het Anker op de gevolgen van de ramp is gericht. Supporters konden ingezet worden voor andere mensen met problemen dan getroffenen, maar dat werd niet naar buiten toe uitgedragen. In 2005 trokken zij formeel de scheidslijn weer strak. Het Anker was er voor brandgerelateerde problemen.

Het Supportproject zelf houdt open dat het in de toekomst ook andere doelgroepen tot haar werkterrein gaat rekenen. Sociale betrokkenheid is de basiskracht van het Supportproject, en dat kan ook in andere situaties werken.

DOORGAAN

De organisatie

Het Anker kon zich net als het Supportproject stabiliseren maar bleef een tijdelijke instelling. In 2006 bepalen de opdrachtgevers, het ministerie van BZK en VWS, of Het Anker doorgaat of dat de zorg voor getroffenen van de brand aan de reguliere hulpverlening wordt overgedragen. Een evaluatieonderzoek dat in 2004 is gestart moet uitwijzen wat mogelijk en wenselijk is.

Het Supportproject wil zich niet afhankelijk van dit besluit opstellen en heeft een discussie met de supporters gevoerd of het een eigen toekomstige rol ziet.

Blijvende betrokkenheid

Een grote groep supporters is nog niet van plan te stoppen met de werkzaamheden. Supporters, Volendammers uit de omgeving van getroffenen, geloven niet dat de gevolgen van de brand voor Volendam over zijn. Er zullen zich weer ontwikkelingen voordoen die commotie veroorzaken. Er zullen weer nieuwe problemen opduiken. Ook zien zij het als hun taak om op langere termijn begrip te blijven vragen voor de (gevolgen van de) ramp. Vrijwilligers vinden overigens dat professionele coördinatie en ondersteuning daarbij een voorwaarde is.

In de ogen van vele supporters is het belangrijk dat er een organisatie blijft met een lage drempel, waar getroffenen gemakkelijk aankloppen en nog lange tijd op sociale steun kunnen rekenen. Supporters willen daar een rol in spelen.

Deel II
Het Supportproject als vorm van nabije hulp na een ramp

Slachtoffers van een ramp hebben veel aan sociale steun, aan steun van mensen uit hun omgeving (Zie o.a. Van der Velden e.a. 2002). De ervaringen die de Zweden kwamen vertellen, sluiten hierop aan. Ook de families uit Dublin die steun kregen van de eigen familie en vrienden deden het beter dan mensen zonder die steun (Fetherstonhaugh, 2001). Ook willen zij als slachtoffer erkend worden en hebben zij behoefte aan compassie en betrokkenheid. Dit geldt in het algemeen voor mensen die iets ergs meemaken (Buijssen, 2002). Kleber maakt op basis van diverse onderzoeken melding van het feit dat het ontbreken van sociale steun en erkenning vanuit het eigen sociaal netwerk en de maatschappij, een risicofactor vormt voor het ontwikkelen van een posttraumatische stress stoornis (Kleber, 1999).[9] Mensen uit de eigen omgeving staan de slachtoffers bij, helpen hen om de gevolgen te verwerken en weer op eigen kracht verder te kunnen. Sociale steun bestaat niet alleen uit materiële maar ook uit emotionele steun. Sociale steun kan, in hulpverleningstermen, beschouwd worden als een vorm van alledaagse hulp door de 'nulde lijn'. Na een ramp staan hulpverlenende instellingen klaar voor de eerste opvang en de nazorg daarna. In Nederland bestaan inmiddels per regio afspraken en draaiboeken voor de organisatie hiervan, en is er een handreiking voor de opzet van een advies- en informatiecentrum dat de psychosociale nazorg moet coördineren. In deze documenten speelt de eigen omgeving, de nulde lijn, nog geen echte rol. Wel is Slachtofferhulp op dit moment een rol toebedeeld in de acute fase na een ingrijpende gebeurtenis of ramp. Vrijwilligers van Slachtofferhulp kunnen mensen opvangen, hen geruststellen, voorlichten over de normaliteit van hun reacties en de mensen laten praten. Wat Slachtofferhulp in feite doet is even, direct na de ramp, zorgen voor sociale steun door

---

9 De inspectie voor de Volksgezondheid noemt in haar rapport *Waakzaamheid blijft geboden* ook dat sociale steun van preventieve waarde is.

'gewone' mensen[10], zolang de eigen omgeving nog in verwarring verkeert over het gebeurde. Maar de eigen omgeving zou dat weer over moeten nemen, zodra dat kan. In
Volendam heeft de eigen gemeenschap, de nulde lijn, een
belangrijke rol gespeeld, direct na de brand en ook later in
de nazorg. Het Supportproject ondersteunde en stimuleerde de nulde lijn, en bood deze bovendien een organisatorisch kader. Het Supportproject is daarmee een voorbeeld
van een vorm van georganiseerde nabije hulp waarin vrijwilligers en professionals uit of dichtbij de gemeenschap
samenwerken om die sociale steun te geven die past bij de
gemeenschap. Deze samenwerking ontstond spontaan,
maar werd ook op de langere termijn mogelijk doordat de
professionals van het Supportproject uit het nazorgbudget
betaald konden worden. Dit tweede deel gaat in op de de-
tails van het Supportproject. Om de werking van het
Supportproject beter te begrijpen wordt het Supportproject
bekeken door de bril van de voor-en-doormethode. Dit is
een verzamelnaam voor systematische, informele zorg-
systemen waarbij een vertegenwoordiger uit een doelgroep
anderen uit die groep helpt (Penninx en Prinsen, 2000). Op
basis van de beschrijving in dit deel kunnen in het volgende
deel conclusies getrokken worden over eventuele toepasbaarheid elders. De hoofdstukken in dit deel belichten
steeds een ander aspect van het Supportproject. Elk aspect
wordt zoveel mogelijk geconcretiseerd met behulp van
voorbeelden uit de praktijk.

10 De oorspronkelijke filosofie van Slachtofferhulp, met name opgericht voor
   opvang van slachtoffers van geweldmisdrijven en verkeersongevallen, is: als
   iemand je iets aandoet is het goed te merken dat iemand anders uit de samenleving er voor je is om je er weer bovenop te helpen.

Nabije hulp

Dit hoofdstuk laat zien wat het Supportproject als een vorm van nabije hulp na een ramp wilde bereiken, welke vormen deze hulp had,
en wat het daarvoor richting supporters, Volendam en Het Anker
deed. Tot slot komt het eigen karakter van het Supportproject aan de
orde, en de manier waarop dit overeind is gebleven gedurende de
afgelopen jaren. Het gaat om een informeel en betrokken karakter dat
past bij nabije hulp, bij een vorm van voor-en-doormethode.

4.1   Wat wilde het Supportproject bereiken?

OVERWEGINGEN

De initiatiefnemers van het Supportproject wilden het Volendamse
systeem van sociale steun zo versterken dat getroffenen en betrokkenen zich met hun emoties niet alleen voelden staan. Zij wilden de
Volendamse gemeenschap voorlichten over de te verwachten gevolgen van de ramp en hoe daarmee om te gaan. Normaal gesproken
zou Volendam snel weer over willen gaan tot de orde van de dag,
maar dat leek na zo'n gebeurtenis volstrekt onverantwoord. Er zou in
hun ogen ruimte moeten zijn voor het verwerken van de gevolgen.
De initiatiefnemers wisten bovendien dat Volendammers graag wat
wilden doen. Zij wilden hen daar de gelegenheid voor geven zodat het
gevoel van onmacht kon verdwijnen. Volendam is een sterke gemeenschap en het lag erg voor de hand dat de gemeenschap als eerste zichzelf te hulp zou komen. Een Volendammer houdt zijn eigen broek op.
Vanuit deze overwegingen werden de drie doelstellingen geboren:
sociale steun geven aan een brede groep, kennis verspreiden in
Volendam, en een brug slaan naar de professionele hulpverlening.

DOELSTELLINGEN

Deze doelstellingen zijn die van de voor-en-doormethode. Door sociale steun te geven wilde het Supportproject de getroffenen in staat

stellen zoveel mogelijk de *regie over hun eigen leven te behouden* (een doelstelling uit de voor-en-doormethode). Door kennis te verspreiden in
Volendam wilde het Supportproject zoveel mogelijk *begrip kweken voor
en mensen betrokken houden* bij de getroffenen. Door een brug te slaan
naar de professionele hulpverlening wilde het eraan bijdragen dat de
hulpverlening *zoveel mogelijk mensen zou bereiken* die dat nodig hadden.
Voorbeelden van de voor-en-doormethode gaan vaak over emotioneel
belastende onderwerpen, en verwerking van ingrijpende gebeurtenissen. De methode is gestoeld op medemenselijke betrokkenheid, en is
persoonlijk. Dit zijn elementen die ook voor het Supportproject golden. Penninx en Prinsen (2000) signaleren dat als zich belangrijke
levensgebeurtenissen voordoen, mensen niet alleen zitten te springen
om hulp, advies of voorlichting maar vooral behoefte hebben aan
steun en ervaringskennis. Dat sluit aan bij wat over de zorg na rampen bekend is.

4.2   Welke instrumenten zette het Supportproject in?

INDIVIDUELE SOCIALE STEUN
Hoewel niet alle supporters voor concrete steunactiviteiten zijn ingezet, gold dat wel voor een grote groep supporters. Zij gaven individuele steun, ofwel informeel in hun eigen natuurlijke omgeving,
ofwel doordat zij formeel door een zorgmakelaar gekoppeld werden
aan een (indirect) getroffene. Ook waren er verschillende supporters
die beide soorten koppelingen, formeel en informeel, hadden.
Er was niet direct een hele grote behoefte aan formele koppelingen.
In mei 2001 waren er tien formele koppelingen tot stand gebracht. In
het totaal gaat het om ongeveer 45 formele koppelingen door de tijd
heen. Veel hiervan waren van lange duur, of bestaan nog steeds.
Aangenomen mag worden dat in ieder geval ongeveer 150 mensen
geprofiteerd hebben van individuele steuncontacten, dat wil zeggen
inclusief de informele koppelingen. Onder hen zijn veel getroffen
jongeren die informeel steun ontvingen van een supporter in hun
omgeving en veel familieleden die vaker dan de jongeren een formele
koppeling hadden. Daarnaast was er een kleinere groep overige betrokkenen die individuele steun ontving.
De individuele steun van supporters bestond vooral uit praktische en
emotionele steun. Daarnaast beschikten supporters over informatie

over de gevolgen van de ramp en de reacties van mensen hierop. Zij konden hierdoor tips geven aan getroffenen of vertellen over iets wat ze gehoord hadden.

> Elke supporter kreeg het boekje *Ik ben er kapot van* (Mittendorf & Muller, 2000). Dat ging hele families rond.

Praktische steun

In de eerste crisistijd was het vooral de eigen familie en buurt die praktische hulp aan getroffen families gaf. Tot die kring behoorden ook supporters.

> *Wij waren heel veel in het ziekenhuis. De familie hielp met alles. Ik voelde me gedragen in die tijd, zowel praktisch als emotioneel. Ik had het nooit alleen aangekund. Mijn zus was mijn eerste supporter, die was dat ook geweest zonder Supportproject.*

Sommige getroffenen vroegen de Helpdesk, of iemand die zij kenden uit de buurt van Het Anker, om hulp. Daarnaast kregen ook de zorgmakelaars vragen om praktische hulp, of konden zij zelf de suggestie doen aan mensen om praktische hulp te aanvaarden. Ook konden andere organisaties zoals de scholen om hulp vragen.

Vrijwilligers werden ingezet om het probleem op te lossen; soms was dat een vrijwilliger uit het Supportproject.

Praktische hulp van supporters aan anderen dan mensen in hun directe omgeving was bijvoorbeeld: vervoer naar het ziekenhuis, klusjes, huishoudelijke taken, bijlessen aan jongeren, ondersteuning bij financiën of andere zakelijke dingen. Ook tijdens praktische hulp was het luisterend oor overigens vaak belangrijk.

> Een supporter gaf via de school bijles aan een getroffene. Het was in een warm gezin dat niet veel kennis had over mogelijke gevolgen van de brand. Ze wilden niets over professionele hulp weten.
> De supporter ging gewoon lekker samen huiswerk maken, maar ondertussen stelde ze vragen. Het meisje had bijvoorbeeld nachtmerries maar legde geen directe relatie met de brand. Ze

was ook wel eens agressief. De supporter kon wat kennis overbrengen. Het werden waardevolle avonden. Het gezin zat later
echt op haar te wachten.

Een supporter hielp een moeder om haar ervaringen op te
schrijven. Op die manier hoopte de moeder deze los te kunnen
laten. Nadat ze vond dat ze genoeg geschreven had, bleef de
supporter. Ze gingen andere dingen samen doen.

Er waren ook enkele supporters die getroffenen hielpen met verzorging als, voetreflexmassage, gewone massage, mondverzorging. De
massage(les) was vooral gericht op het helpen ontspannen en het
opnieuw leren aanraken, niet op een geneeskundig doel. Daarom
paste dat nog in het karakter van het Supportproject. De coach keek
mee of het karakter zuiver bleef.

De supporter gaf voor de brand al massages. Na de brand werd
ze extra gemotiveerd door wat een Zweedse therapeute had ver-
teld die veel met de brandslachtoffers uit Göteborg had gewerkt: lichamelijk contact was belangrijk. Op de scholen in
Zweden werd massage aangeboden.
Moeders schrokken ervoor terug om hun kinderen aan te raken
en de kinderen om aangeraakt te worden. Massage hielp de
drempel te overwinnen.

> *Allemaal ernstige gevallen om mij heen. De verbrande meisjes
> komen bij mij thuis. De ziekenhuisverhalen zijn zwaar, ze zijn zo
> verbrand. Ik ga ze masseren, ik moet het doen, ik wil ze aanraken
> en vasthouden. Ik weet dat ik het kan en dat het werkt. Zij vertel-
> len hun verhaal. Zij zijn voor een tijdje ontspannen. Ook de moe-
> ders hebben het zo hard nodig.*

Uit een verslag dat de betreffende supporter geschreven heeft
voor de Nieuwsbrief van het Supportproject.

Emotionele steun
De belangrijkste rol van de supporter was die van luisterend oor.
Bijna alle supporters noemden dat als belangrijkste aspect van hun

werk. Ook als de supporter praktische hulp verleende was het luisterend oor meestal heel belangrijk. De supporter deed vaak dingen
samen met degene aan wie hij gekoppeld was, zoals wandelen, win-
kelen, sporten, bezoeken van een graf of monument, naar de bio-
scoop gaan. Tijdens dat samendoen, of gewoon samen op de bank
zitten, kwamen de verhalen. Ook in de voor-en-doormethode is het
bieden van een luisterend oor een belangrijke component van de geboden hulp.

> Een van de grootmoeders viel naar eigen zeggen in een zwart
> gat. Terwijl ze anders een vrolijke natuur had, zat ze nu diep in
> de put. Alle grote en kleine rampen uit haar leven – ze had veel
> meegemaakt – kwamen naar boven.
> Toen ze een supporter kreeg, kon ze voor het eerst van haar
> leven haar verhaal echt kwijt en hierover haar emoties uiten. Zij
> heeft hierover een interview afgegeven voor het NIVO, een Vo-
> lendams nieuwsblad. Ze wilde anderen duidelijk maken hoeveel
> ze aan een supporter konden hebben. Het was alsof ze een jas
> van verdriet had uitgetrokken.

Steun in het dagelijks leven

Een vorm van emotionele steun krijgen getroffenen en betrokkenen
ook als zij supporters tegenkomen op het werk, op school, in de winkel, in de kroeg, in de vereniging. Het kan dan gaan om kortdurende
contacten maar wel contacten waar getroffenen en betrokkenen wat
aan hebben. Zij hebben dan iemand tegenover zich die begrijpt wat er
speelt en die even tijd voor hen heeft. En vaak ook meer dan even, als
het gesprek uitloopt.
Ook zonder woorden kunnen mensen echter emotionele steun geven.
Kleine dingen kunnen vaak heel belangrijk zijn.

> Een winkelierster kreeg veel moeders van getroffen jongeren in
> de winkel. Zij gaf hen altijd extra aandacht, vroeg hoe het ging.
> De moeders bleken vaak behoefte te hebben aan extra aandacht
> en tijd.
>
> Jongeren konden altijd op een luisterend oor van een barkeeper
> rekenen. Hij hield in de gaten of er iemand soms een praatje
> nodig had.

> Een jongen met brandwonden zat in de sporthal op de tribune, alleen. Niemand kwam naast hem zitten totdat een andere bezoeker (een supporter) bij hem aanschoof. Ze raakten in gesprek. Iemand die dit was opgevallen vroeg de supporter ernaar. Deze vertelde dat hij had gezien dat de jongen alleen zat en zich wel bekeken zou voelen.

Het kon ook gaan om het feit dat mensen rekening hielden met de situatie van getroffenen. Dat konden alle Volendammers in zich hebben, maar supporters hadden hierover nagedacht.

> Een supporter die dichtbij de getroffen jongens staat en werkgever is van een aantal van hen, helpt de jongens door hen te ontzien in het werk, maar hen aan te spreken als zij in de verleiding komen om misbruik te maken van hun situatie.

Duur

Het individuele support was in de tijd gezien de moeite waard. Vaak ging het om langduriger steun die regelmatig gegeven werd. De meerderheid van de koppelingen uit 2001 bestond eind 2004 nog, en dat gold ook voor de door Het Anker gelegde koppelingen. Er ontstond vaak een goede band tussen supporter en getroffene die niet zomaar verbroken werd.

SOCIALE STEUN VIA GROEPSACTIVITEITEN: LOTGENOTENCONTACTEN

Spontane acties

Van het begin af aan werden in Volendam allerlei activiteiten voor de jongeren georganiseerd. In de beginperiode hadden bijvoorbeeld, naast particulieren, het Club- en Buurthuiswerk, de Jongeren Advies Groep en de scholen hun deuren opengesteld. Vrijwilligers en professionals hierin werkten naast elkaar.

De oprichting van het Supportproject eind januari gaf in één klap de beschikking over een heleboel vrijwilligers om in te zetten.

Hulp en steun bij gelegenheden, projecten en praktische zaken

De lijst met vrijwilligers die graag wat wilden doen leidde er ook toe dat het Supportproject mee kon doen met de organisatie van allerlei aangelegenheden rondom de brand. Ook bood het Supportproject hulp bij formele gelegenheden, of sprongen supporters in bij Het Anker. Het hielp andere Volendamse partijen als de gemeente, de SSNV, de BSNV en werkte met hen samen.

Voorbeelden van inzet van supporters hierbij zijn:

- herdenkingsbijeenkomsten;
- bedankdag;
- presentatie rapport Alders;
- bezoek koningin;
- ergotherapieproject Technische School;
- werkgroep ziekenbezoek/verliesverwerking kerken;
- hulp aan getroffenen bij het invullen van formulieren op Het Anker;
- hulp aan Het Anker bij mailings, notuleren, open dag;
- spreekuur sociaal raadsliedenwerk op Het Anker;
- spreekuur zorgverzekeringszaken;
- bezetting galerie Wir War (in de ruimte onder het voormalige Hemeltje).

> Heel speciaal was de reis naar Lourdes, in mei 2002. Ook supporters gingen mee.

Begeleiding bij en organisatie van lotgenotenactiviteiten voor jongeren

In de loop van 2001 kwamen allerlei activiteiten voor jongeren van de grond. Praatbijeenkomsten voorzagen een poosje in een behoefte maar liepen in de loop van de tijd af.

> De Jozef organiseerde in de loop van 2001 jongerenbijeenkomsten. Zij vormden een combinatie van praten en voorlichting. In de eerste bijeenkomst kregen de jongeren veel informatie, maar de jongeren wilden meer tijd voor elkaar. Het was de tijd dat de jongeren met ernstige brandwonden nog in het ziekenhuis lagen. De minder ernstig gewonde en niet zichtbaar getroffen jongeren bleken in deze periode veel behoefte aan praten te

hebben, vooral met elkaar. In het begin was er een grote op-
komst. Na enkele maanden kwamen de jongeren met ernstige
brandwonden uit de ziekenhuizen naar huis. Zij voegden zich
bij de bijeenkomsten. Er vormden zich nieuwe groepen. Het
was een toer om een programma te maken dat aansloot. De
jongeren wisten zelf niet goed wat ze wilden.
In de tweede helft van 2001 werd de intensiteit van de bijeenkomsten minder en liep de belangstelling langzaam af. Groepssupporters waren bij de bijeenkomsten aanwezig.

Er volgden in de loop van 2001, en ook de jaren erna, nog een scala
aan activiteiten. Sommigen waren op Volendams initiatief of op initiatief van de nazorg. Een aantal was mogelijk door de nationale hul-
pactie die door Hart van Nederland op gang kwam. Vanuit de hulpac-
tie werden activiteiten aangeboden of gefinancierd.
Het waren geen activiteiten gericht op praten. De activiteiten boden
de jongeren afleiding. De concerten bijvoorbeeld waren erg in trek.
Dat was de manier om de jongeren te trekken. Belangrijk was echter
dat de activiteiten gelegenheid boden aan de jongeren om elkaar te
ontmoeten en informeel ervaringen uit te wisselen.

Voorbeelden van de georganiseerde activiteiten zijn:

- komst van de Zweedse jongeren naar Volendam in 2001;
- diverse sportieve activiteiten als zwemmen, survivaltocht;
- fitnessgroep;
- brandwondenactiviteiten Brandwondenstichting;
- rondleiding KLM;
- bezoek Mediapark Aalsmeer;
- BZN in de Jozef;
- weekje Villa Pardoes voor 13 ernstig getroffenen en hun ouders,
  met openstelling van de Efteling;
- vakantieactiviteiten op Slobbeland;
- sportproject Medico Vision;
- kalligraferen;
- fototentoonstelling *De Kracht van Volendam* ;
- concert Akda en de Munnik;
- vliegtocht vanaf Lelystad;
- Daviscup;
- kookcursus.

Bij alle activiteiten waren supporters behulpzaam in de organisatie en/of ondersteunend aanwezig, als praktische hulp en als luisterend oor. Ook ondernamen supporters soms zelf initiatieven, waarbij het Supportproject probeerde het initiatief te ondersteunen en in goede banen te leiden. Getroffenen leerden langzamerhand het verschijnsel van de aanwezige supporter kennen. Zij wisten dat het mensen waren die begrip hadden en bij wie zij met een praatje terecht konden. Soms ontstond er een band, soms ging het om tijdelijke contacten.

> In april 2003 waaiden elf getroffenen en drie supporters uit op Texel. De deelname ging niet helemaal spontaan, er moest enig speurwerk gedaan worden. Maar het bleek zeer geslaagd. Er volgde een barbecue en op eigen initiatief en eigen kosten ging dezelfde groep later nog weer een weekendje weg.

Het Anker schat dat het ongeveer 120 jongeren met activiteiten heeft bereikt. Een deel daarvan vormt een vaste kern van jongeren die vaak bij activiteiten te zien waren, en gedeeltelijk nog zijn.

Wintersport

Een belangrijk voorbeeld is ook de wintersport. Een eenmalige aanbieding van een echtpaar uit Wassenaar leidde tot een jaarlijks terugkerend evenement waarbij getroffen jongeren op wintersport gingen en supporters en de zorgbegeleiders van Het Anker meegingen als begeleiding. Tijdens de eerste wintersport in de winter van 2001 op 2002 bleek hoe waardevol deze gebeurtenis was voor de betrokken jongeren. Met name de confrontatie met elkaars beperkingen en elkaars moed maakte dit tot een bijzondere happening. De wintersport bleek, net als andere activiteiten, goed te zijn voor lotgenotencontact. De ondersteuning door supporters was bovenal praktisch gericht. Zij hielpen bijvoorbeeld veters strikken als dat niet wilde met verbrande vingers, maar zij wisten ook te luisteren als het nodig was.
De wintersport werd voorafgegaan door een aantal trainingen. Supporters hadden geregeld dat de deelnemers deze tegen gereduceerd tarief konden volgen en zorgden voor vervoer en begeleiding.

> Als dank voor de wintersport hebben de jongeren die in 2003 mee waren geweest een boottocht aangeboden aan de familie

die de wintersport mogelijk maakte. Twintig jongeren en de familie, plus een aantal supporters, deden mee aan de Pieper-race.

Ook later werkte de wintersport nog, en leverde hij contacten op. Het gaf een veilig gevoel om samen te zijn en te weten dat mensen je achtergrond kennen. Een psychisch getroffene praatte een halve nacht met een jongen die eindelijk zijn verhaal vertelde.

Diverse vormen van groepssteun en individuele steun

Groepssteun loopt vaak over in individuele steun. Activiteiten met de jongeren zijn manieren om met hen in contact te komen. Supporters hebben geleerd hoe dat op een goede, gewone manier te doen. Niet teveel doorvragen, maar openstaan en de grenzen van de jongeren accepteren.
Jongeren staan over het algemeen niet zo open voor gesprek. Zij doen liever dingen. Maar des te belangrijker is de steun van de supporter met wie zij graag dingen samen doen.

Een supporter kende heel veel getroffen en betrokken jongeren. Speciaal voor een stuk of zeven van hen voelde hij zich de bewaker van de pijn en het verdriet van de groep. Hij voerde vaak gesprekken met hen. Hij worstelde met zijn betrokkenheid. De coach sprak meermalen met hem. Gaandeweg kon hij meer afstand nemen. Hij ontdekte dat 'gewoon er zijn' erg op prijs werd gesteld, en dat de gesprekken dan een spontaner karakter hadden. Samen gingen ze vissen, een oplossing die ze zelf bedacht hadden.

Een zakelijker voorbeeld was de ondersteuning door supporters van Volendam United. Door de Johan Cruyff Foundation is een stichting in het leven geroepen die twee getroffen jongeren werkervaring biedt.

Deze jongeren organiseren zelfstandig activiteiten in Volendam waar getroffenen bij betrokken zijn. Een straatvoetbaltorrnooi bijvoorbeeld.

> Supporters signaleerden dat de jongeren van Volendam United morele steun en zakelijke adviezen konden gebruiken. Dat hadden zij wel nodig, want het was niet niks om zomaar ineens een eigen 'bedrijfje' te runnen en hiervoor verantwoordelijk te zijn.

Voor sommige groepssupporters geldt dat zij zo nauw verbonden zijn aan de jongeren dat zij ook de rol van oudere broer of zus kunnen aannemen.

> De meeste groepssupporters zijn zelf redelijk jong. Zij kennen nog de belevingswereld van de jongeren, hetgeen belangrijk is voor een goed contact. Een aantal van hen steunt de jongeren niet alleen door te luisteren, maar ook door hen af en toe op hun donder te geven en hen te coachen.
>
> Een supporter werd ingeseind dat een escalatie dreigde in een bar tussen getroffenen uit eenzelfde ziekenhuis. Hij kon de escalatie voorkomen.
>
> In de bar komen ze op hem af. Meiden leggen snel alles op tafel. Jongens beginnen met een geintje over een lichamelijke klacht. Ze waarderen het als je daarnaar vraagt. Emoties komen na de borrel.
>
> De jongen die aan de alcohol en drugs dreigde te raken, heeft hij in de kraag gegrepen: trainen! Als de jongeren niet komen, belt hij ze op.

LOTGENOTENGROEPEN

Naast activiteiten met een lotgenotenkarakter, ontstonden ook lotgenotengroepen. Het verschil was dat lotgenotengroepen bewust bij elkaar kwamen om lotgenoten met elkaar te laten praten en ervaringen te laten uitwisselen.

Ongeveer 125 betrokkenen namen deel aan lotgenotengroepen, en doen dat grotendeels nog steeds. Vooral de betrokken familieleden als ouders en grootouders, en dan met name van de fysiek ernstig getroffen jongeren, bleken behoefte te hebben aan lotgenotengroepen, meer dan de getroffen jongeren zelf. De ernstig getroffen jongeren vonden dat ze elkaar al op alle mogelijke manieren tegenkwamen.

Volendam is net één groot brandwondenkamp.

Naast het één op één contact hebben ook lotgenotengroepen en lotgenotencontacten een uitdrukkelijke plek in de voor-en-doormethode. Het gaat om contact tussen mensen die in een overeenkomstige situatie verkeren en vergelijkbare en gemeenschappelijke ervaringen hebben.

De initiatieven tot lotgenotengroepen kwamen van verschillende kanten. Zij waren een combinatie van eigen initiatief, ideeën van supporters, medewerkers van de Helpdesk, de preventiemedewerker van de Riagg (later samengegaan met andere instellingen tot Dijk en Duin), zorgbegeleiders en al dan niet Volendamse hulpverleners. Ze ontstonden en supporters speelden er een rol in.

De pastoor en begrafenisondernemers begeleidden de lotgenotengroep van ouders van overleden jongeren, niet aan Het Anker verbonden.

De moeders die elkaar in de bus naar het revalidatiecentrum Heliomare in Beverwijk ontmoetten, elke dag weer, merkten hoeveel ze aan elkaar hadden. Ze bespraken heel wat met elkaar. Een belangrijk onderwerp van gesprek was het verschil in manier van behandelen tussen de verschillende ziekenhuizen, met name tussen die in België en Nederland. Ook de kwestie van de wenselijkheid van drukpakken (een behandelwijze waarbij na huidtransplantatie druk wordt uitgeoefend op de huid rond en in de littekens) werd veel besproken. Ziekenhuizen en doktoren bleken lang niet altijd hetzelfde te vinden. Goede ervaringen van de een namen de anderen mee naar hún doktoren. Toen de busritjes naar Beverwijk niet meer nodig waren, vormden deze moeders spontaan een van de eerste lotgenotengroepen. Zij vroegen het Supportproject om voor hen bijeenkomsten te organiseren en te begeleiden.

Ouders

Van de ouders kwamen als eerste de moeders die naar Heliomare gingen in beeld. Dezelfde moeders zijn overigens ook een tijdje bij elkaar gekomen onder professionele begeleiding, zij vormden een zogenaamde contactgroep bij de Brandwondenstichting. Die contactgroep was echter voor een beperkte periode bedoeld.

Daarnaast kwamen ook de noden van de andere moeders in beeld. Binnen Het Anker kwamen, in samenwerking met de preventieafdeling van de Riagg, twee moedergroepen van de grond, een voor moeders van kinderen met zichtbare schade (brandwonden), en daarna ook een voor moeders van kinderen met onzichtbare schade (longproblemen en psychische problemen). De eerste groep liep als een trein. De tweede groep werd al snel kleiner en kleiner. Sommige moeders hieruit gaven als reden voor hun afhaken op dat zij het moeilijk vonden om aandacht voor hun problemen te vragen. Het leed van de andere moeders moest wel groter zijn.

Supporters begeleidden deze groepen samen met een zorgbegeleider.

De moeders maakten zich zorgen over hun mannen. In de groep kwam de vraag op tafel of er niet ook een bijeenkomst voor mannen kon komen. Een praktische vraag over onderwijszaken gaf de gelegenheid vaders uit te nodigen. In die bijeenkomst beviel het de vaders zo goed om met elkaar van gedachten te wisselen dat ze vaker bij elkaar kwamen. Dat was revolutionair voor Volendam waar absoluut geen praatcultuur bestaat, en zeker niet voor mannen. Maar er bleek grote behoefte te zijn, en de vadergroep komt in 2006 nog steeds graag bij elkaar.

Ook in de vadergroep bleken vaders van jongeren met niet zichtbare schade zich overigens minder op hun plaats te voelen.

In de lotgenotengroepen vonden ouders steun bij elkaar in hun zorgen over hun kind. Zij wisselden ervaringen uit over het gedrag van hun kinderen. De jongeren met brandwonden staken veel energie in het functioneren in het werk of op school. Zij wilden niet onderdoen voor de rest. Dat moesten ze thuis wel eens bezuren.

Deze lotgenotengroepen nodigen af en toe deskundigen uit.

De moeders hebben bijvoorbeeld een gast gehad die sprak over onverklaarbare lichamelijke klachten bij vrouwen.
De vaders hebben verschillende malen een psycholoog met verstand van brandwonden op bezoek gehad. Van hem wilden ze bijvoorbeeld horen hoe de kinderen er over een jaar of tien op medisch, sociaal en praktisch gebied voor zouden staan, en hoe zij er zelf en de relaties in hun gezin voor zouden staan. Ook hebben zij een deskundige uitgenodigd over regelgeving bij arbeid en uitkeringen.

De groepen ondernemen ook af en toe activiteiten als fietstochtjes (moeders), kanoën (vaders) kookcursussen (beide). Op deze activiteiten komen vaak meer moeders, en soms ook meer vaders, af. Soms sluiten deze zich daarna aan bij de groep.

Grootouders
In de zomer van 2001 ontstonden er groepen voor grootouders. Zij leken bijna vergeten in hun verdriet. Zij zaten thuis bij de telefoon te wachten op nieuws, maar de kinderen hadden geen tijd want die waren erg druk met hun getroffen kinderen en met hun eigen verdriet. Dat is althans het beeld dat voor sommigen geldt.
Er kwamen groepen voor grootouders waarin zij hun verhaal konden doen. Hieraan namen zowel grootmoeders als grootvaders deel, met de grootmoeders in de meerderheid. Voor deze generatie bleek het te heftig om alleen maar te praten. Er werd gezocht naar een combinatie van ontspannende activiteiten en praten in een informele sfeer. Dat bleek de juiste formule, want de geformeerde groep grootouders komt op deze wijze in 2006 nog steeds bij elkaar, met slechts enkele wisselingen in samenstelling.

De grootouders spraken elkaar onder de bingo, een boottocht of een maaltijd. Dat was wat zij gewend waren. Maar nu was het wel gemakkelijker om het tussendoor ook over eigen ervaringen rond de brand, en losgekomen leed van vroeger te hebben.

Ook hebben zij bijvoorbeeld een gast gehad van de Brandwondenstichting. Deze sprak over de herkenbaarheid in het gedrag van de kleinkinderen.

Broers en zussen van overleden jongeren

Een aantal van de broers en zussen van overleden jongeren heeft zelf aandacht voor hun problemen gevraagd, daarin gesteund door bij Het Anker betrokken mensen. Zij vroegen om een gelegenheid om elkaar te ontmoeten. Dat heeft ertoe geleid dat zij zelf ontmoetingsbijeenkomsten organiseerden, met ontspannende activiteiten. Supporters hielpen daarbij. Deze groep heeft een heel eigen informeel karakter. Ook daarin staat praten niet centraal.

De supporters waren als vanzelf beschikbaar. Zij hadden al veel contact met de groep jongeren. Het Supportproject bood hen een kader voor ondersteuning en begeleiding.

De broers en zussen van overleden jongeren vinden binnen de groep begrip en (h)erkenning. Zij kunnen bij vrienden moeilijker terecht met hun herinneringen, ervaringen en emoties. Zij willen niet praten op vaste tijden, of met vaste thema's, maar zij willen met elkaar dingen doen. Het praten gaat vanzelf, dat moet niet verplicht zijn.

Het is gewoon goed voor me.

Broers en zussen van getroffenen hadden geen lotgenotengroep. Zij maakten zich onzichtbaar, want hen was niets overkomen en de aandacht ging uit naar hun getroffen broer of zus. Het Anker heeft tot tweemaal toe gepoogd een groep van de grond te krijgen maar had geen succes. Er was geen draagvlak voor, of de jongeren durfden niet.

KENNISOVERDRACHT

Het Supportproject heeft veel gedaan aan de overdracht van kennis. Dit had twee doelen:

1 Supporters toerusten voor het contact met getroffenen en betrok-

kenen. Van de Volendamse supporters kon niet zomaar verwacht worden dat zij in deze situatie altijd precies wisten hoe ze het beste steun konden verlenen.

2 In Volendam begrip voor de situatie van getroffenen te kweken.

Kennisoverdracht aan supporters

De coördinator van het Supportproject organiseerde in het begin veel gezamenlijke bijeenkomsten voor supporters. Hierin lichtten deskundigen een of ander thema op psychosociaal terrein toe. Het ging bijvoorbeeld over normale stressreacties of over de ontwikkeling en herkenning van traumaverschijnselen. Ook gaven deskundigen voorlichting over lichamelijke zaken als brandwonden en hun gevolgen.

Voorbeelden zijn:

- Een schokkende gebeurtenis, en dan?
- Verschijnselen van traumatisering.
- Gevolgen van brandwonden (lezingen en films) door de Brandwondenstichting en ervaringsdeskundigen.
- Film over twee werknemers van Rijkswaterstaat die er niet in slagen na een trauma het werk weer op te pakken.
- Signaleren van verkeerde verwerking bij getroffenen, aan de hand van een checklist met zeven items (BASI ID); wanneer met de coach bespreken?
- Te verwachten reacties getroffenen en hoe hiermee om te gaan.
- Middelengebruik.
- Trauma en verslaving.
- Opstandigheid van jongeren.
- Omgaan met (lastige) pubers.
- Rouwverwerking.
- Communicatie in het gezin.
- Veranderingen in gezinsrelaties.
- Hoe om te gaan met verdriet in je omgeving, ook op langere termijn.
- Brandwonden op langere termijn, hersteloperaties, psychotrauma; wat (niet) te doen.
- Gespreksvoering met getroffenen; hoe krijg je toegang tot iemand?
- Verschillen tussen mannen/jongens en vrouwen/meisjes in omgaan met en verwerken van rouw/verlies en trauma.

Als derde kwam bij de overdracht van kennis, in gezamenlijke bijeenkomsten en in de eigen groep, de persoonlijke ontwikkeling van de supporter aan de orde. Supporters leerden gesprekstechnieken, zij leerden luisteren en uitnodigen tot gesprek; zij hadden het over persoonlijke effectiviteit.

In de voor-en-doormethode is training van deelgenoten een belangrijk aspect. Training leert deelgenoten afstand te houden waardoor problemen bespreekbaar blijven, als familie en vrienden het spreken erover al niet meer op kunnen brengen (zoals ook in trainingen in het buddywerk voor mensen met hiv en aids, Galesloot, 1999). Ook het stellen van grenzen is een onderwerp van training in de voor-en-doormethode. Vaak ook leren deelgenoten niets te doen, niet te oordelen maar vooral te luisteren.

Voorbeelden zijn:

- basishouding;
- steunende gesprekken en technieken;
- motiverende gespreksvoering;
- communicatietraining;
- normen en waarden;
- counselinggesprek;
- eigen emoties, waarden en normen; stellen van grenzen;
- grenzen van supporters;
- secundaire traumatisering (zelf last krijgen van wat je hoort en ziet);
- via creatieve therapie thema's onderzoeken als samenwerking/ ruimte nemen voor jezelf/naar buiten treden.

Na verloop van tijd werden de plenaire bijeenkomsten minder en bood het Supportproject vooral workshops aan. De supporters konden hierin naar keuze de basiskennis verdiepen, afhankelijk van wat zij nodig hadden en wat hen aansprak.

Voorbeelden hiervan zijn:

- communiceren met pubers;
- stress en psychosomatische klachten;
- verliesverwerking;
- lichaamssignalen en grenzen;
- één op één gesprek;
- Volendamse jongeren en de toekomst;

- supporten van grootouders;
- draagkracht en draaglast;
- gesprekstechnieken (inhoud geven aan een ontmoeting, omgaan met spanningen in een contact, omgaan met waardering en kritiek);
- ontspanningsworkshops;
- hoofdmassagecursus door een supporter (op verzoek aantal supporters);
- opfriscursus: hoe verwerk je een schokkende gebeurtenis;
- leedhiërarchie;
- omgaan met agressie;
- dementie en depressie (i.v.m. de grootouders);
- uitkeringen aan getroffenen.

Daarnaast bespraken de coaches deze of andere onderwerpen ook in hun groep. Soms nodigde een groep zelf ook een deskundige uit over een of ander onderwerp dat in de groep speelde. Supporters leerden ook dat praten goed was. Zij leerden dat alledaagse problemen waar getroffenen/betrokkenen mee kwamen, niet gebagatelliseerd moesten worden.

In de eerste periode vond na het geven van de basiskennis, eens in de zes weken een plenaire bijeenkomst plaats voor kennisoverdracht, en eens in de twee weken (in sommige gevallen eerst nog meer) een groepsbijeenkomst.
Supporters namen over het algemeen veel deel aan de gezamenlijke bijeenkomsten gericht op kennis en vaardigheden. Er was grote behoefte aan kennis. Een aanzienlijke kern van supporters volgde bijna alle bijeenkomsten vanaf het begin. Opvallend is dat de leraren en onderwijzers onder de supporters minder vaak deelnamen. Zij hadden het idee dat hun opleiding al veel bagage had meegegeven. Andere leerkrachten namen wel deel omdat het geleerde in de opleiding niet over trauma ging.
Toen Het Anker in 2002 het gebouw aan de Julianaweg betrok, hield het Supportproject daar de plenaire bijeenkomsten. Dit gebouw bood alle nodige voorzieningen. Daarvoor vonden de bijeenkomsten plaats in verschillende gebouwen in Volendam.

Psycho-educatie aan getroffenen/betrokkenen
Er bleken onderdelen aan supporters aangeboden te worden die ook heel geschikt waren om aan getroffenen of betrokkenen aan te bieden. De moeder- of vadergroepen die hiervan hoorden, vroegen hier

om. De coördinator van het Supportproject speelde daarop in, samen
met de na het eerste jaar gevormde preventiewerkgroep waar zij deel
van uitmaakte. Zij verzorgden samen een scala aan voorlichtende activiteiten.

Voorbeelden hiervan zijn:

- **longproblematiek;**
- **(psychosociale) gevolgen van brandwonden;**
- **hoe ga je als jongeren om met je ouders;**
- **invloed op familie en vriendschapsbanden;**
- **lichamelijke gevolgen van brandwonden op langere termijn;**
- **communicatie in het gezin;**
- **hoe kom je als ouder door de puberteit;**
- **in en uit balans;**
- **slaapproblemen;**
- **leren leven met littekens;**
- **veranderde relaties in het gezin.**

BEÏNVLOEDING VAN DE VOLENDAMSE GEMEENSCHAP
Veel supporters gebruikten naar eigen zeggen de opgedane kennis
ook op andere wijze dan via hun supportcontacten. Zij droegen ook in
hun eigen omgeving kennis uit, en droegen daarmee bij aan de ambassadeursdoelstelling van het Supportproject. Over het effect daarvan verschillen de meningen, afhankelijk van wat een supporter tevo-
ren verwachtte. Supporters die gedacht hadden dat de Volendamse
cultuur volledig zou veranderen, zijn teleurgesteld. Anderen nemen
wel een verandering in houding en 'emancipatie' van problemen
waar, maar dat lijkt ervan afhankelijk naar welke kring je kijkt.

In de kringen rondom getroffenen is het meer geaccepteerd dan
voorheen dat mensen iets met hun gevoelens doen, hoewel het
ook daar niet altijd meer gewenst is dat getroffenen het nog
over de ramp hebben. Maar een vadergroep was vóór de ramp,
volgens velen, ondenkbaar geweest. En de Moedige Moeders
zijn niet voor niets ontstaan na de ramp.

Buiten de kringen rondom de getroffenen is er nog steeds een
groep Volendammers die vindt dat er teveel aandacht is geweest
voor de getroffenen van de ramp. Sommige mensen kunnen

> jaloers spreken over de woningen die sommige getroffenen
> gedeeltelijk van hun uitkering hebben kunnen kopen.
> Anno 2005 was het op dit front rustiger geworden.

Een vorm van de voor-en-doormethode is die van het geven van voorlichting aan een doelgroep. Deze vorm is gedeeltelijk te vergelijken
met de ambassadeursfunctie van de supporters. Supporters gaven
ongevraagd en vaak ook ongemerkt voorlichting. De voor-en-doormethode gaat ervan uit dat het om geplande voorlichting gaat aan een
welomschreven doelgroep. De doelgroep van de Volendamse gemeenschap was weliswaar welomschreven, maar nogal groot om
bereikt te kunnen worden door de supporters, en de voorlichting
vond ongemerkt plaats op ongeplande momenten. Maar mede daarom was het van belang dat supporters uit de Volendamse gemeenschap kwamen. Zij konden op ongeplande momenten als ambassadeur optreden, en hun informatie werd geaccepteerd.
Dat voorlichting belangrijk is om de stemming in een gemeenschap
te beïnvloeden is wel gebleken in de tijd dat de uitkeringen van de
Commissie financiële afwikkeling bekend werden.

> In Volendam, en met name in de omgeving van de BSNV, ont-
> stond onbegrip over de wijze waarop de uitkeringen voor ge-
> troffenen tot stand kwamen. De SSNV gebruikte voor haar uitke-
> ringen dezelfde systematiek. Vertegenwoordigers van de SSNV
> hebben voorlichting gegeven aan de leden van de BSNV, en ook
> op de lokale televisie aan heel Volendam. Daar hadden ze ook
> een bij de keuringen betrokken arts bij uitgenodigd die uitleg
> kon geven over de systematiek. Deze voorlichting verminderde
> de onrust en zorgde voor meer begrip.
>
> Supporters leerden om, op verjaardagen en andere gelegenhe-
> den, niet dwars tegen negatieve uitingen in te gaan, maar deze
> te nuanceren.

Supporters vervulden deze ambassadeursrol veelal zonder dat hun
omgeving wist dat zij supporter waren. Supporters werden in het
begin immers geconfronteerd met de scepsis die een deel van de Volendamse bevolking tegenover Het Anker had, en soms zelfs geïdenti-

ficeerd met Het Anker. Sommige supporters waren daarom in het begin terughoudend om over hun supporterschap te vertellen. Getroffen jongeren realiseerden zich vaak niet dat zij met supporters te maken hadden. Het gevolg van deze voorzichtigheid was dat de naamsbekendheid van het Supportproject niet direct heel erg groot was buiten de kring van direct betrokkenen, ondanks regelmatige publiciteit in het NIVO. Vanaf 2002 nam de voorzichtigheid af, en de bekendheid van het Supportproject toe. Anno 2006 is naar de mening van veel betrokkenen de naamsbekendheid van het Supportproject sterk toegenomen, en de beeldvorming over Het Anker verbeterd. Daar heeft het Supportproject een belangrijke bijdrage aan geleverd.

4.3   Karakter Supportproject

IN DE BREEDTE

Het Supportproject hield zich met veel aspecten van de psychosociale nazorg bezig. Het richtte zich met zijn kennisoverdracht en lotgenotengroepen ook op het terrein van de psycho-educatie. Dit was een terrein waarop de professionele instellingen een rol hadden. Door zo in de breedte te werken, heeft het Supportproject bijgedragen aan de acceptatie van de psychosociale nazorg in Volendam. Het Supportproject heeft de drempel naar de professionele hulpverlening helpen verlagen.

Een aspect van de voor-en-doormethode is dat deze bijdraagt aan de acceptatie van programma's van zorg en welzijn in de gemeenschap.

HET INFORMELE GEZICHT

Behoud eigen gezicht

Het Supportproject had een informeel karakter, wat een succesfactor is in de voor-en-doormethode. Het is een factor die voor veel vrijwilligersorganisaties geldt. Informeel wil zeggen dat het Supportproject niet vast zat aan een strakke lijn, maar er een constante wisselwerking was tussen de wensen en motieven van de doelgroep, de supporters en de visie van de organisatie. In de Volendamse cultuur van eigen ondernemerschap kon dat ook bijna niet anders. Flexibiliteit was een belangrijke eigenschap van het Supportproject. Bovendien vormde betrokkenheid bij elkaar een drijvende kracht voor het Supportproject, waardoor het ook een echte voor-en-doormethode was. Het Supportproject was een project met een uitdrukkelijk Volendams gezicht, een brede doelgroep en een lage drempel.

Initiatiefnemers en deelnemers bewaakten jarenlang de eigen identiteit van het Supportproject. Zij bewaakten de centrale elementen van betrokkenheid en het informele karakter. Zonder die elementen zou het Supportproject verdwenen zijn. De Volendamse supporters zouden zich immers niet gemakkelijk in een ander, meer formeel organisatorisch kader hebben laten persen. Zoals de bureaumanager van Het Anker, vanaf het begin aan het Supportproject verbonden, het uitdrukte: de supporters lieten zich exploiteren maar niet beheersen. De supporters bleven in beweging, Het Anker had nooit alle touwtjes in handen.

De organisatorische verwikkelingen en het krachtenveld in de nazorg maakten het overigens niet gemakkelijk om de eigen identiteit vast te houden.

Vraaggericht: met vallen en opstaan

Het informele karakter werd versterkt door het feit dat het moeilijk was om inzicht te krijgen in wat de getroffenen en betrokkenen aan behoeften hadden. Vanuit Zweden was duidelijk geworden dat getroffenen vooral steun aan elkaar konden hebben, maar alleen op een informele manier. Het Supportproject wilde daarom informele activiteiten voor hen organiseren. Het wilde de gelegenheid bieden voor informeel lotgenotencontact, zonder dat het de behoeften van de getroffenen precies kende. De doelgroep wist zelf vaak niet te formuleren of zij behoefte ergens aan had. Het Supportproject was vooral afhankelijk van de signalen van de zorgmakelaars/zorgbegeleiders en de supporters. Het reageerde op die signalen zonder altijd te weten of er genoeg draagvlak was voor de reactie. Het was vaak een kwestie van kijken of iets aansloeg. Met dit outreachende karakter sloot het Supportproject aan op de ervaringen in Zweden.

Hier zat ook een nadeel aan. Het gevolg was dat activiteiten niet altijd helemaal goed doordacht werden, soms te weinig deelnemers hadden, teveel of te weinig supporters of te weinig structuur.

Ook konden een heleboel mensen druk zijn met iets dat uiteindelijk niet tot resultaat leidde. De werkelijkheid van alledag haalde hen in.

De deelname van groepssupporters bij de jongerenbijeenkomsten in de Jozef werd steeds afgestemd op de praktijk. Toen er in het begin veel jongeren kwamen, was er een geselecteerde groep van twintig supporters die hierbij konden zijn. Na enige tijd kon dit ertoe leiden dat er teveel supporters waren. De Jozef stelde een maximum van acht. Eerst konden supporters in-

schrijven, maar dit leidde ertoe dat groepssupporters met de beste banden met de jongeren niet meer aanwezig waren. Het Supportproject ging met de groepssupporters om de tafel, en zij spraken af dat de supporters met de meeste jongerencontacten er in het vervolg bij zouden zijn.
In één supportersgroep leidde dit wel even tot demotivatie, omdat er van deze groep een aantal niet meer naar de Jozef konden.

Bij het concert van Krezip werden de getroffenen 'overstelpt' met supporters.

Toen de Zweedse jongeren er waren, zou er een gezellig avondje zijn voor de jongeren onderling. Twee supporters werden uitgenodigd. Verder was er geen leiding.
Het bleek dat de Zweedse jongeren een zware film wilden laten zien. De supporters voelden zich geconfronteerd met een te grote verantwoordelijkheid. Ze deden er een aantal uren over om de jongeren weer op te krikken. Doordat ze maar met z'n tweeën waren, hadden ze er geen zicht op wie sip naar huis ging.
Achteraf trok het Supportproject de conclusie dat supporters vooraf meer informatie moesten krijgen en moesten weten wie verder (ook professioneel) aanwezig waren, of wie gebeld kon worden.

Deze omstandigheden maakten dat het informele handelen wel eens chaotisch handelen werd. Plannen werden gemaakt en ook weer afgeblazen. Dingen werden in gang gezet maar niet goed afgemaakt. Afspraken werden gemaakt maar er werd niet altijd naar gehandeld. Supporters raakten daar soms wel gedemotiveerd van.

De procedureafspraken over de wijze waarop supporters aangezocht zouden worden, als een zorgmakelaar een vraag voor een formele koppeling had, veranderden meermalen omdat ze niet gevolgd werden. In de praktijk bleek het moeilijk te zijn een vlotte procedure te volgen.

Voor een groepje meisjes was het mogelijk gemaakt om alleen te zwemmen, zonder anderen erbij. Er was een supporter bij. Ze deed niet veel meer dan erbij zijn, maar de meisjes vonden dat wel prettig. Door het zwemmen konden zij gemakkelijker onderling hun problemen bespreken. Toen de supporter er om privéredenen mee op moest houden, hield het zwemmen op. Er was geen begeleiding vanuit Het Anker, er was geen plan en de mevrouw van het zwembad die vrijwillig meewerkte, wist ook van niets.

MEEBEWEGEN

Behoud motivatie

Het feit dat het Supportproject haar eigen gezicht wist te houden, heeft vooral te maken met het feit dat de mensen die vanaf het begin bij het Supportproject betrokken waren, jaren lang zeer betrokken bleven. Niet alleen de vrijwilligers waren zeer betrokken maar ook de professionele krachten. Zij vormden een continue motiverende factor in een hectische omgeving en bleven hun doelstellingen trouw. Zij hadden elkaar ook gevonden op die doelstellingen, waardoor de interne discussie binnen het Supportproject gemakkelijker was. Denktank en supportteam slaagden er samen in de missie hoog te houden, zonder statisch te zijn. Zij volgden de ontwikkelingen binnen het Supportproject, binnen Het Anker en binnen Volendam. Zij bewogen hierin mee en stuurden bij. Binnen Het Anker bewaakten zij de eigen invalshoek en erbuiten stimuleerden zij, samen met de coaches, de vrijwilligers om het doel voor ogen te houden.

Zoals in de voor-en-door-methode gebruikelijk, was sturing op het proces daarbij vaak veel belangrijker dan sturing op de inhoud. Inhoudelijk was het niet zo moeilijk om de supporters gemotiveerd te houden. Het doel bleef aanspreken. In het proces gedurende de jaren deden zich echter ontwikkelingen voor die de motivatie van de supporters beïnvloedden. Dat waren Volendamse ontwikkelingen als het ontstaan van leedhiërarchie en het rumoer rond de uitkeringen, en organisatorische ontwikkelingen rond Het Anker, zoals de verschillende directeurswisselingen.

Beleving supporters

Er was één inhoudelijk punt dat enkele keren de motivatie van de supporters dreigde te ondermijnen. Bij de start van het Supportproject hadden de supporters vooral voor ogen dat zij concrete steun zouden geven aan getroffenen. Daarbij hadden zij bovendien het beeld dat zij pas een echte supporter waren als zij formeel aan een getroffene gekoppeld waren, terwijl veel mensen al getroffenen in hun omgeving bleken te hebben die zij informeel steunden. De leiding van het Supportproject probeerde het beeld van de supporters bij te stellen.

– Ook mensen die in hun eigen omgeving sociale steun verleenden, waren supporters. Zij waren supporters van nature.
– Ook mensen die niet op steunactiviteiten werden ingezet maar alleen bijdroegen aan het verspreiden van kennis in Volendam en het kweken van begrip, waren echte supporters. Zij hadden een ambassadeursfunctie.

In 2001 stuurde het Supportproject een vragenlijst naar alle supporters. Er was inzicht nodig in de activiteiten, niet alleen voor een eerste verslag over het Supportproject maar ook om de financiering in de toekomst veilig te stellen. De enquête was ook een manier om de supporters er nog eens op te wijzen dat iemand ook supporter was als hij informeel steun verleende of ambassadeur was.

Bij deze peiling bleek dat ongeveer eenderde van de supporters nog niet voor concrete activiteiten was ingezet, en een deel alleen was ingezet op eenmalige activiteiten. Het aantal beschikbare supporters was groter dan nodig was voor concrete (steun)activiteiten, en supporters dreigden gedemotiveerd te raken. Dit speelde in verschillende groepen, maar de coaches, medegroepsleden, de sfeer in het Supportproject en de kennis die supporters opdeden, wisten de nog niet ingezette supporters binnenboord te houden.

In 2002 heeft de denktank het Supportproject samen met de supporters en professionals geëvalueerd. Daaruit kwam naar voren dat supporters over het algemeen hun werk als zeer waardevol ervoeren. Afvallen van supporters had meestal externe oorzaken. Wel bleek dat supporters nog steeds meer waarde hechtten aan – het op basis van een koppeling – individueel ondersteunen van een getroffene, dan aan de ondersteuning van groepsactiviteiten of het verlenen van (incidentele) praktische hulp aan getroffenen. De verwachting waarmee supporters zich hadden aangemeld speelde nog steeds een rol.

In samenspraak met de supporters is in 2002 daarom het aantal manieren waarop een supporter zijn werk kon doen uitgebreid. Uitdrukkelijker dan voorheen werd vastgesteld dat een supporter niet alleen op basis van een koppeling individuele steun gaf of groepsactiviteiten ondersteunde of ontwikkelde, maar ook zijn werk kon doen door op

ad hoc basis praktische steun te geven. Daarnaast stelde het Supportproject uitdrukkelijk vast dat het ook wilde participeren in andere
nazorgactiviteiten. Negen supporters werden vervolgens aangehaakt
bij de mantelzorg van de Thuiszorg en supporters gingen bijles
geven. Bovendien werd nog eens uitdrukkelijk genoemd dat een supporter ook als 'stille supporter/ambassadeur' een belangrijke verbinding legde tussen de Volendamse gemeenschap en de nazorg. Als
stille supporter konden supporters zich terugtrekken uit de supportersgroep, niet ingezet zijn en toch betrokken blijven.

Het heeft enige tijd geduurd voordat supporters meegingen in het
bijgestelde beeld van de ambassadeursfunctie, maar dat is wel gelukt.
Supporters waren zich ervan bewust hoe belangrijk het was dat er
mensen waren in Volendam die de getroffenen en hun omgeving niet
zouden vergeten. Zij merkten ook dat ze veel hadden geleerd en hun
kennis konden gebruiken als de ramp ter sprake kwam, bijvoorbeeld
op het werk of op verjaardagen.
Het Supportproject bewoog mee met de ongeplande ontwikkeling die
het doormaakte en met de beleving van de supporters. Voor een voor-
en-doormethode is dat een belangrijke eigenschap: deze houdt rekening met de motieven en zienswijzen van alle betrokken partijen. De
partijen in de voor-en-doormethode zijn Deelnemers (in het Supportproject getroffenen en betrokkenen), Deelgenoten (supporters) en
Organisatie (leiding Supportproject en Het Anker). Niet alleen flexibel en creatief inspelen op de behoeften van de getroffenen, maar ook
rekening houden met de motivatie van de supporters vergroot de kans
op succes. (Galesloot (1999) beschrijft dat het belang van de deelgenoten soms ook te centraal kan komen te staan. In haar ogen is dat
gebeurd in het buddywerk voor mensen die met hiv/aids zijn besmet.
Dit werk slaagde er daardoor onvoldoende in om tijdig in te spelen op
het feit dat de doelgroep aan het veranderen was.)

Signalen uit Volendam
In 2003 vormden signalen van supporters over wat er speelde in
Volendam een reden om hieraan in de deskundigheidsbevordering
veel aandacht te besteden. Signalen als tekenen van leedhiërarchie,
onrust vanwege de tegemoetkomingen aan getroffenen, problemen
binnen gezinnen, de afnemende interesse voor getroffenen en hun
problemen, en drugsgebruik van jongeren werden besproken. Supporters leerden hoe zij hierop konden reageren.
Ook werd in 2003 duidelijk dat de overgang naar de nieuwe organisatie en het nieuwe gebouw onrust veroorzaakte. Het Centrum voor

Reïntegratie en Nazorg Het Anker had voor zowel getroffenen als supporters een hogere drempel dan de eerdere polikliniek. De leiding van het Supportproject moest energie steken in het hooghouden van de missie.

Hetzelfde was het geval na het vertrek van de interim directeur in 2004. Hij droeg het Supportproject een warm hart toe, en supporters gingen twijfelen aan de motivatie van het bestuur van Het Anker voor het Supportproject.

De leiding van het Supportproject organiseerde steeds weer bij dit soort aangelegenheden aparte bijeenkomsten met de supporters, om ruimte te geven aan hun gevoelens en hun mening te horen over de koers van het Supportproject. De deelgenoten waren een volwaardige partij in het geheel.

Waardering

Ondanks het feit dat het Supportproject bij aanvang niet door iedereen direct warm werd onthaald, en er punten van kritiek waren, mocht het in de loop van de tijd wel op brede waardering rekenen. Alle informanten uit de casestudy, ook de informanten uit kritische hoek, hebben waardering voor het feit dat de Volendamse gemeenschap sociale steun heeft georganiseerd. Zij zijn het eens over het belang van sociale steun uit de nulde lijn.

Zonder getroffenen en betrokkenen was er geen Supportproject nodig geweest. Het Anker maakt onderscheid tussen verschillende doel-groepen getroffenen en betrokkenen. Dit hoofdstuk laat zien hoe het Supportproject tegenover de verschillende groepen stond. Het onder-scheid in doelgroepen van Het Anker sluit aan bij de visie van het Supportproject dat niet alleen de jongeren uit het brandende pand getroffen waren, maar ook alle andere betrokkenen.

5.1 Doelgroepen van het Supportproject

Het Anker heeft in januari 2001 een regiovisie voor nazorg laten op-stellen. Hierin is geprobeerd de verwachte omvang van de hulpvraag te schatten. De regiovisie maakte onderscheid in zes doelgroepen. Het Anker heeft sindsdien deze doelgroepen onderscheiden in zijn werk, en gebruikt bij het monitoren van de getroffenen.

1 Familie en nabestaanden van overleden slachtoffers.
2 Jongeren met ernstige brandwonden, mutilaties en littekens, en hun ouders en familie.
3 Jongeren die in het pand waren maar aan de brand ontsnapt zijn, en hun ouders en familie.
4 Hulpverleners en omstanders van het eerste uur, en hun ouders en familie.
5 Intermediairen/sleutelfiguren gericht op de hulpverlening na de ramp.
6 Overige/alle inwoners van Volendam.

Het Supportproject wilde voor de brede doelgroep, alle getroffenen en betrokkenen, voorkomen dat zij zich alleen voelden staan. De voor-en-doormethode wordt nog wel eens ingezet om te voorkomen dat een groep wordt uitgesloten. Ook helpt de voor-en-doormethode om beoogde gebruikers daadwerkelijk te bereiken. Het Supportpro-

ject sloeg een brug tussen Het Anker en de Volendamse gemeenschap. Zonder het Supportproject zou het voor Het Anker moeilijker
zijn geweest om deze doelgroep te bereiken.

In de voor-en-doormethode heeft de doelgroep een gemeenschappelijke achtergrond. Die gemeenschappelijkheid wordt vooral bepaald
door de situatie waarin men zich bevindt en het soort onderwerp dat
de deelnemers bindt. In Volendam vormde de brand de band tussen
mensen uit de brede doelgroep van het Supportproject. Dit was weliswaar een sterke band, maar de verschillende groepen getroffenen en
betrokkenen zochten toch vooral elkaar op. Zij hadden de meest gemeenschappelijke ervaringen. De vorming van de verschillende sub-
groepen en de manier waarop het Supportproject daarmee omging,
was een natuurlijk proces dat in de praktijk vorm kreeg. De doelgroepen hadden zelf een belangrijke inbreng, zoals blijkt uit het feit dat
lotgenotengroepen veelal door inbreng van de doelgroep zelf werden
gevormd.

Ook de ouders van overleden jongeren zochten elkaar op.

De drie partijen uit de voor-en-doormethode (deelgenoten, deelnemers en organisatie) hebben alledrie inbreng in de vraag hoe steun
wordt geboden, en wat voor steun. De uitvoering kan alleen succesvol
zijn als de afstand tussen de drie partijen niet te groot is en zij zich
met elkaar verstaan. Als de sociale afstand tussen twee van de drie, of
alledrie, te groot is, werkt het beoogde proces van nabije hulp niet
effectief. Men moet het gevoel hebben op de een of andere manier tot
dezelfde groep of hetzelfde netwerk te behoren.

5.2   Familie overleden jongeren

OUDERS OVERLEDEN JONGEREN

Het waren vooral de begrafenisondernemers en pastoors/pastorale
medewerkers die het eerst met de nabestaanden in contact kwamen.
Zij realiseerden zich hoe zwaar de nabestaanden het hadden en boden
hen steun waar zij dat konden. (Pastoor Berkhout heeft beschreven
hoe hij het proces na de ramp beleefd heeft. Berkhout, 2003.) Zij
boden de ouders van overleden jongeren gelegenheid om bij elkaar te
komen om hun verdriet te delen. Zij waren in feite supporters avant la
lettre.

Anno 2005 was dit contact uitgegroeid tot een eigen stichting die de
belangen van de nabestaanden behartigde. De achtergrond hiervan

was onder andere dat de ouders van overleden jongeren zich een vergeten groep hebben gevoeld in de Volendamse nazorg. Dat gevoel
was al snel na de ramp ontstaan.

Sommige ouders hadden slechte ervaringen met instanties met wie zij
na de ramp te maken hadden. Zij hadden bijvoorbeeld weinig invoe-
lingsvermogen van de politie ondervonden, of verweten de instanties
dat zij te weinig voorbereid hadden rondom de terugkeer van de jongeren uit buitenlandse ziekenhuizen. Vanuit Het Anker legden de
GGD-verpleegkundigen contacten met de ouders, maar de medewerk-
sters konden niet aan de verwachtingen van de ouders voldoen.

De ouders van de overleden jongeren beleefden bovendien de sfeer
van Het Anker, en van het Supportproject, als met name gericht op
hulp aan gewonde getroffenen. De bijeenkomsten gingen meer over
die groep dan over hen. Dat wil niet zeggen dat de ouders individueel
niets gehad hebben aan het Supportproject. Er zijn supporters die
contacten hebben met ouders van overleden jongeren.

Het slechte gevoel dat de groep ouders van overleden jongeren direct
na de ramp kreeg, bleek in de praktijk niet meer goed te kunnen
komen. Er waren allerlei pogingen om de ouders tegemoet te komen,
maar daar tegenover stonden ook weer nieuwe gebeurtenissen die de
groep en de mensen om hen heen als negatief ervoeren. Vooral de
collectieve emoties liepen in de loop der jaren soms hoog op. Individueel echter lagen de relaties soms genuanceerder.

BROERS EN ZUSSEN OVERLEDEN JONGEREN

Behalve de ouders waren ook de broers en zussen van de overleden
jongeren zwaar getroffen. Deze groep is echter de eerste maanden na
de ramp buiten beeld gebleven. De aandacht ging in Volendam vooral
uit naar hun ouders en naar de gewonde getroffenen. De broers en
zussen van overleden jongeren kregen, net als andere getroffenen,
wel individuele aandacht als zij hulp nodig hadden.

Toch was het Supportproject er ook voor hen. Ook zij hebben supporters in de omgeving, en enkele broers of zussen hebben een individuele supporter. In het najaar van 2001 organiseerden zij zelf hun
lotgenotengroep, met steun van supporters.

5.3   Getroffen jongeren

JONGEREN MET ERNSTIGE BRANDWONDEN

Lichamelijk herstel

Een aantal van 63 ernstig getroffen jongeren is groot voor een dorps-
gemeenschap van ruim 21.000 inwoners waarin veel mensen elkaar
kennen. Ernstig getroffen betekent in veel gevallen zichtbare littekens
en functionele beperkingen. Voor deze jongeren geldt dat zij heel veel
moeite hebben moeten doen om weer lichamelijk te kunnen functioneren. Daar ging alle energie naar toe. En de meeste van hen deden
dat ook geweldig. Het herstelvermogen bleek groot te zijn.
De eerste paar jaar zijn zij bezig geweest met voortdurende lichamelijke zorg en (herstel)operaties. Daarnaast wilden zij ook weer gewoon
naar school of aan het werk. Zij waren en zijn het liefst maar zo weinig mogelijk getroffene, en zoveel mogelijk gewone Volendammer.

Support

Dat wil niet zeggen dat er onder hen geen getroffenen zijn die individuele hulp nodig hadden en hebben. Dit is de groep die het eerste
door Het Anker benaderd is, en waarmee Het Anker contact onderhoudt. Een aantal van hen heeft of had psychologische hulp. En Het
Anker gaat er op basis van deskundig oordeel van uit dat van anderen
de vraag naar hulp ook in een later stadium nog kan komen.
Daarnaast heeft een grote groep jongeren supporters in zijn omgeving. Supporters noemen de individuele banden die zij met hen hadden koppelingen, maar de meeste getroffen jongeren zouden die
term niet in de mond nemen. Voor hen ging en gaat het vooral om
natuurlijke sociale steun van mensen uit hun omgeving.
Tot slot nam een deel van deze jongeren deel aan de speciale jonge-
renactiviteiten, afhankelijk van het soort activiteit. Lotgenotenactiviteiten bleken de beste manier te zijn om jongeren te bereiken. Voor
een lotgenotengroep gericht op praten, zoals hieronder beschreven,
is niet veel belangstelling.

> Jongeren worden bereikt door iets samen te doen, en worden
> vooral aangetrokken door activiteiten die een beroep op hun
> kracht doen. De wintersport is daar een voorbeeld van, maar zij
> voelden zich ook uitgedaagd door een indoortraining in de Uit-
> hof in Den Haag.

> **De jongeren tekenen in op de hoop.**

Zelfs toen de jongeren elkaar spontaan opzochten, bleek het niet aan te slaan dat verder te organiseren.

> Een aantal jongeren sprak elkaar geregeld in of voor de polikli-niek. Ze bleven hangen voor een praatje met elkaar. Op een ge-geven moment werden ze daar weggestuurd. Enkele supporters hebben daarna gezorgd voor een ruimte waarin de jongeren elkaar weer konden opzoeken, maar de lol was er al af.

In Volendam krijgen jongeren ook via hun vriendengroepen sociale steun. Een jongere in Volendam behoort tot een vriendengroep, en blijft bij die groep horen. Getroffenen ontmoeten elkaar in die groe-pen. De vriendengroepen gaan uit in Volendam en komen elkaar daar tegen. Aan de bar kunnen veel dingen op een informele manier be-sproken worden.
Na de brand zijn er enkele wijzigingen in de groepen opgetreden. Er zijn nu groepen waarin meer jongeren met zichtbare schade zitten, en groepen waarin meer jongeren met onzichtbare schade zitten. Die wijzigingen zijn het resultaat van een proces waarin jongeren hun leed met dat van anderen vergeleken en lotgenoten opzochten. Ze merkten wel dat lotgenoten beter weten waar je het over hebt dan andere vrienden.

NIET ZICHTBAAR GETROFFEN JONGEREN

Verschillende soorten letsel
Er is een grote groep jongeren die in het pand van de brand aanwezig was maar minder ernstig letsel heeft opgelopen dan de 63 jongeren met zware brandwonden. Uiterlijk letsel als lichtere brandwonden is veelal min of meer hersteld, maar beschadiging van de longen heeft bij sommigen tot blijvende schade binnen het lichaam geleid. Daarnaast geldt voor de hele groep dat de gebeurtenis een grote psy-chische impact heeft gehad. De meeste jongeren hebben heel wat meegemaakt voordat zij buiten het pand aan de Dijk opgevangen kon-den worden, en ook buiten was de schok van alles wat gebeurde met hen en hun vrienden bijzonder groot.

De mate waarin de jongeren in het pand met de gevolgen van de
brand te maken hadden, hing sterk af van de plek waar zij zich bevonden en de snelheid waarmee zij het pand konden verlaten. Maar ook
buiten het pand kregen zij te maken met de gevolgen van de brand.

Support

Voor de niet zichtbaar getroffen jongeren stond Het Anker altijd al
open, maar in 2002 zijn de medewerkers van Het Anker deze jongeren actief gaan benaderen. In het jaar 2002 waren er naast de 63 ernstig gewonde jongeren 273 jongeren bij Het Anker geregistreerd. Een
aantal van hen had eerder al de weg naar Het Anker gevonden en
vooral vragen gesteld over lichamelijke gevolgen van het inhaleren
van rook. In 2002 heeft Het Anker met de meeste van hen contact
gelegd. Slechts een heel klein aantal gaf aan geen gebruik te willen
maken van de diensten van Het Anker. De overigen stelden het op
prijs dat zij geregistreerd waren en een contactpersoon hadden.
Ook onder deze jongeren is er een, naar verhouding kleinere, groep
met wie supporters regelmatig contact hadden. Enkele supporters
zijn formeel gekoppeld aan een van deze jongeren.
De jongeren uit deze groep zijn door de nazorg niet vergeten, maar
altijd bij de nazorg en het Supportproject in beeld geweest. Het was
alleen lastig te beoordelen hoe moeilijk zij het hadden. Voor een
groot aantal van henzelf is het moeilijk geweest om te erkennen dat
zij problemen konden hebben. Als zij deze wel erkenden, was het
binnen Volendam moeilijk om erover te praten. De eerste aandacht
ging uit naar de getroffenen met ernstige brandwonden. Veel mensen
konden niet begrijpen dat de rest van de jongeren niet alleen maar blij
konden zijn met het feit dat zij de brand relatief goed hadden overleefd.

> De coördinator van de psychosociale opvang in Göteborg hield
> in een bijeenkomst supporters voor dat deze jongeren soms wel
> dubbel getraumatiseerd konden raken:
> – aanwezig in het pand: trauma geboren;
> – niet erkend als slachtoffer: een ernstiger trauma is geboren;
> – anderen ervan moeten overtuigen dat je slachtoffer bent: het
>   trauma wordt nog erger.

Met name de Volendamse hulpverleners die middenin Volendam
stonden en veel om zich heen hoorden en zagen, vingen signalen op

die aangaven dat het met sommige jongeren niet zo goed ging. Zo signaleerden zij in 2002 dat er een groep jongeren zonder zichtbare schade was voor wie de verwerking niet goed liep. Er is voor hen tijdelijk een dagopvang in de vorm van een cursus geregeld waarin zij een grote eigen inbreng op het programma hadden.

Een deel van de niet-zichtbaar getroffen jongeren heeft wel regelmatig meegedaan aan de activiteiten die voor jongeren georganiseerd werden. De drempel om daaraan mee te doen was lager omdat de activiteit centraal stond en niet het getroffen zijn.

De meeste jongeren redden zichzelf. Een van deze jongeren die jaren later hulp zocht toen zijn broer overleed, vertelde toen in de krant over de tijd na de ramp.

Die bewuste avond is er een hoop gebeurd, dingen die nog een hele tijd blijven hangen, maar waarbij je op dat moment niet de juiste mensen om je heen hebt om erover te praten. Je probeert er dan voor jezelf uit te komen, niet alleen hoe het leven in elkaar steekt, maar ook hoe je dat in je eentje zou kunnen doen. Niets was goed, toen, dat weet ik. Ik was anders. M'n moeder zei steeds dat ik hulp moest zoeken, maar dat wilde ik toen nog niet. Ik volgde mijn gevoel en ik denk dat ik het uiteindelijk goed heb gedaan.

(Artikel in de NIVO van 13 augustus 2003)

5.4   Familie getroffen jongeren

INDIRECT GETROFFENEN

De doelgroepen van Het Anker zijn getroffenen 'en hun familie'. Getroffenen en familie worden in één adem genoemd. De familie is nadrukkelijk benoemd als groep die ook getroffen is. De contacten die Het Anker onderhoudt met de getroffenen zijn, als de zorgbegeleiders de kans krijgen, veelal ook gericht op het hele gezin en niet alleen op de getroffene. Gezinsleden kunnen ook een eigen zorgbegeleider krijgen als zij daaraan behoefte hebben. Dat betekent overigens niet dat de zorgbegeleiders van Het Anker de gezinnen van alle getroffenen in het vizier hebben. Sommige getroffenen komen alleen naar Het Anker, dan is contact met het gezin moeilijker. Sommige getroffenen willen geen contact, en daarmee is er vaak ook geen contact met het gezin.

Voor het Supportproject blijkt familie een belangrijke doelgroep te zijn. Meer dan de helft van de contacten van supporters zijn contacten met directe familie. Naast de verschillende contacten met ouders en broers en zussen van overleden jongeren, zijn er veel contacten met ouders en grootouders van getroffen jongeren.

OUDERS EN GROOTOUDERS

Ouders (en sommige grootouders) ervaren het als een grote steun dat zij met supporters kunnen blijven praten over de brand en haar gevolgen, hoe vaak het ook over hetzelfde gaat. De gevolgen van de ramp zijn voor hen niet afgelopen maar spelen nog elke dag. Praten blijft in de ervaring van deze mensen belangrijk. Voor de rest van de familie en de omgeving is dat hoofdstuk afgesloten. Mensen begrijpen niet dat zij er nog steeds over willen praten, maar ouders maken zich zorgen over de toekomst van hun kinderen.

> *We hebben een supporter die vaak langs komt. We kenden hem al voor die tijd. Hij blijft trouw komen. We mogen honderd keer hetzelfde verhaal vertellen. Hij wordt daar nooit moe van. Het is altijd maar weer praten, praten, praten, urenlang. Als we dat praten niet met de supporter zouden kunnen doen, zouden we nog meer met elkáár moeten praten, maar we willen het samen ook wel over andere dingen hebben.*

BROERS EN ZUSSEN VAN GETROFFEN JONGEREN

De broers en zussen van getroffen jongeren zijn minder in beeld dan de ouders. Voor hen geldt dat zij binnen de familie lange tijd geen aandacht voor zichzelf hebben willen vragen. De aandacht was hard nodig voor hun getroffen broer of zus. Enkele broers en zussen hebben een supporter, maar niet voor iedereen was direct duidelijk dat het mogelijk was om een supporter te krijgen.

Een zus van een getroffen jongere woonde al buitenshuis. Ze was een aantal keren naar de psycholoog geweest, maar het schoot niet op. Ze had geen zin om over de ramp te praten, maar moest daar wel.
Toen het weer minder ging, 1,5 jaar na de brand, las ze in de NIVO over iemand die een supporter had. Ze is bij Het Anker gaan vragen, en kreeg een supporter. Voor haar bleek dat op dat moment beter te werken dan een psycholoog. Het klikte gelijk enorm. De supporter is eerst over zichzelf gaan vertellen. Dat mocht wel niet maar dat was precies wat de zus nodig had. Daarna kon de supporter zeggen: en nu ben jij aan de beurt.

5.5   Overigen

HULPVERLENERS

Hulpverlenende instanties hebben hun eigen bedrijfsopvang. Dat geldt ook de vrijwillige brandweer. Een ramp als die in Volendam heeft echter door de omvang en de doelgroep op hulpverleners een invloed die andere ervaringen te boven gaat. Om die reden zijn ook hulpverleners door de nazorg als doelgroep genoemd.

Vanuit Het Anker is contact gelegd met de vrijwillige brandweer en de politie. Veel brandweerlieden zijn op de Bedankdag voor hulpverleners geweest. Een supporter heeft enige tijd een bedrijfsgroep vrijwillige brandweerlieden ondersteund, die ontstaan was naar aanleiding van de ramp en gericht was op collegiale ondersteuning. De communicatie tussen Het Anker en de brandweer is echter niet helemaal goed verlopen.

Omdat de ramp ook voor de hulpverleners een schokkende gebeurtenis was, verbaast het niet dat een paar van de vrijwillige brandweerlieden zich, net als andere betrokkenen, bij het Supportproject hebben gemeld en supporter zijn geworden. Op die manier hoorden zij veel over de gevolgen van de ramp. Die informatie konden zij gebruiken in de contacten met hun collega's en in hun eigen verwerkingsproces.

OMSTANDERS

Tijdens de ramp hebben veel mensen hulp geboden. Niet alleen mensen die de brand zagen maar ook buurtbewoners die werden gealarmeerd. Het Anker heeft zich ook altijd opengesteld voor deze groep, maar weinigen uit deze groep hebben zich actief gemeld. De aandacht van Het Anker is al die jaren vooral naar de groep getroffenen en hun omgeving gegaan. Er waren eerder plannen om die aandacht uit te breiden, maar organisatorische verwikkelingen, de focus op de belangen van de ernstig getroffenen en het tijdsaspect hebben dat verhinderd. Pas anno 2005 werd een eerder plan uitgevoerd om de buurtbewoners actief te benaderen met de vraag of zij nog behoefte hadden aan contact met Het Anker. Een aantal buurtbewoners heeft een informatiemiddag bijgewoond en dat op prijs gesteld, maar in het algemeen had men op dat moment geen behoefte (meer) aan nazorg.

INTERMEDIAIREN EN SLEUTELFIGUREN

Sleutelfiguren

Sleutelfiguren in Volendam zijn bijvoorbeeld leraren, werkgevers, winkeliers. Deze groep is niet actief door Het Anker benaderd. Zij zijn ook niet bekend. Het zijn mensen die tot de tweede kring van de omgeving van getroffenen behoren. Vanuit deze groep is een aantal mensen supporter geworden.

Intermediairen

Mensen die meer professioneel of vanuit een helpende rol betrokken zijn bij de gevolgen van de ramp, kunnen last krijgen van alles wat zij meemaken als zij hun eigen grenzen niet in de gaten houden. Dat gevaar is niet denkbeeldig, omdat zij opgeslokt kunnen worden door het vele werk dat moet gebeuren. Om die reden zijn zij ook als groep benoemd. Het Supportproject heeft geen rol gehad voor deze groep.

ALLE INWONERS VAN VOLENDAM

In de ambassadeursfunctie had het Supportproject heel Volendam als doelgroep. De ambassadeursrol was geen gemakkelijke rol voor de supporters. Het beeld van Het Anker was in het eerste jaar bij een deel van Volendam niet zo positief. De vrees van de initiatiefnemers van het Supportproject dat Volendam moeite zou hebben met het begrijpen van de gevolgen van zo'n ramp werd gedeeltelijk bewaarheid. Getroffenen zouden teveel aandacht krijgen, en vooral zou er teveel geld naar hen gaan. De kosten van de nazorg in de vorm van Het Anker werden met argusogen bekeken. Ook een aantal huisartsen zag de nazorg liever geïntegreerd in de reguliere zorg.

Toen de adviezen van de Commissie financiële afwikkeling werden gevolgd en getroffenen een tegemoetkoming in functionele invaliditeit kregen, was dat een reden voor een aantal Volendammers om de kritische blik op de getroffenen zelf te richten. Die supporters die hun mond open durfden te doen, want enige moed was er wel voor nodig, boden het nodige tegenwicht.

De negatieve beeldvorming speelde vooral in het eerste hectische jaar, en kwam daarna steeds weer naar boven met de emoties rond de keuringen, tegemoetkomingen, de juridische afwikkeling van de brand en bestemming van het pand van Het Hemeltje. In de loop van de tijd, toen al deze zaken in een rustiger vaarwater kwamen, werd ook de beeldvorming rond Het Anker steeds positiever.

Het Supportproject heeft nooit echt te lijden gehad onder negatieve beeldvorming. Wel dreigde even het beeld dat de supporters, zoals men ook dacht van Het Anker, betaald zouden worden uit geld dat rechtstreeks voor getroffenen bestemd zou zijn. Dit beeld kon rechtgezet worden. Supporters konden een kleine onkostenvergoeding krijgen, maar maakten daar weinig gebruik van.

Het Supportproject timmerde de eerste jaren ook niet al te opzichtig aan de weg. Er was intern twijfel over de vraag of getroffenen het wel prettig vonden als bekend zou zijn dat zij een supporter hadden. In augustus 2001 vulden een aantal supporters in een toen gehouden enquête in dat sommige getroffenen liever anoniem wilden blijven. Anno 2006 is dit beeld anders, en is ook de naamsbekendheid van het Supportproject groter geworden.

6 Supporters

Volendammers (en een paar mensen uit Edam en daarbuiten) vormden in alle maten en soorten het hart van het Supportproject. De
meeste van hen zetten zich met hart en ziel in voor de ondersteuning
van de getroffenen en betrokkenen, en bleven in de Volendamse gemeenschap aandacht voor hen vragen als dat nodig was. Velen deden
dit niet alleen een tijdje na de brand, maar gedurende een aantal
jaren. Anno 2006 vormen zij nog steeds een belangrijke groep in de
nazorg.
In dit hoofdstuk komen hun achtergronden in beeld, hun relatie tot
getroffenen, soorten supporters en de eisen die aan hen gesteld werden.

6.1   Achtergronden supporters

AANSLUITING TUSSEN DOELGROEP EN SUPPORTERS
In termen van de voor-en-doormethode spelen de supporters als deelgenoten een centrale rol. De term deelgenoot geeft aan dat het essentieel is dat zij deel uitmaken van de doelgroep. Tegelijkertijd moeten
zij zich ook kunnen bewegen in het systeem van de organisatie namens wie zij hun werk doen.
Vaak komt het voor dat deelgenoten mensen zijn die ervaring hebben
met het probleem waar de deelnemers in de voor-en-doormethode
mee worstelen. Dat was in het Supportproject anders. De supporters
waren geen ervaringsdeskundigen op het gebied van rampen. Wel
kregen zij in snel tempo allerlei informatie en kennis over de mogelijke gevolgen van een ramp. Het gemeenschappelijke tussen getroffenen en betrokkenen, en supporters is dat zij uit de Volendamse gemeenschap komen. Supporters zijn alle Volendammers, op een enke-
ling uit Edam en Purmerend na, eenderde man en tweederde vrouw.
Zij komen uit alle bevolkingsgroepen.

De Volendamse achtergrond had als voordeel dat zij wisten wat er speelde, en een band hadden met de getroffenen, zelfs letterlijk dezelfde taal spraken. Behalve die Volendamse band was er echter ook verder nog een aansluiting in leefwereld nodig. Het Supportproject maakte daarvoor een match tussen supporters en getroffenen die gekoppeld werden. Leeftijd speelde een belangrijke rol in deze match. Er was een aantal bijna-leeftijdgenoten van de getroffen jongeren onder de 30 jaar en een aantal met een leeftijd tussen de 30 en 40. Het bleek dat deze leeftijdsgroepen nog aansluiting bij de leefwereld van de jongeren hadden. Vooral voor de groepssupporters was dit noodzakelijk. Aansluiting bij de jongeren was voor de mensen boven de 40/50 jaar moeilijker. In het Supportproject namen naar verhouding veel supporters boven de 50 jaar deel. Zij vonden vooral aansluiting bij de leefwereld van de ouders en grootouders, en konden ingezet worden voor de ondersteuning van deze groepen.

> Er waren ouderen die graag wat wilden betekenen voor de getroffenen. Zij hadden hart en inzet, maar het verschil in leeftijd was te groot om hen in te zetten voor de directe ondersteuning van de jongeren. Hoewel beide groepen Volendams waren, was het verschil in leefwereld tussen ouderen en jongeren te groot. Een aantal haakte af, een aantal werd ingezet voor steun aan oudere betrokkenen en een aantal bleef voor de ambassadeursfunctie.

6.2   Relatie tot getroffenen

OMGEVINGSKRINGEN

Rond getroffenen konden als het ware omgevingskringen getrokken worden, van heel dichtbij tot ver weg. Van de directe familie, vriendenkring en buurt (eerste kring), naar school, werk, vereniging en winkel (tweede kring), tot de rest van Volendam. Uit elke kring bleken supporters te komen, zelfs uit de eerste kring. Dat was niet helemaal voorzien.

DIRECT BETROKKENEN (EERSTE KRING)

Een deel van de supporters bleek middenin de gevolgen van de ramp te staan. Deze supporters hadden getroffenen in hun directe omgeving. Het ging om vrienden van hun kinderen, buurkinderen of neven of nichten[11], en in een enkel geval ging het zelfs om eigen kinderen.

> De moeder of vader met een getroffen kind had een grote steun aan het Supportproject, maar de ouder-kindrelatie stond natuurlijk voorop. Het kind voelde de relatie niet als supportersrelatie, hoewel een vader wel vertelde dat zijn kind soms zei: 'nu even als supporter, pa, …'.

Veel van deze supporters hadden meer dan één getroffene in hun omgeving. Vaak ging het om jongeren met ernstige brandwonden, die nog in het ziekenhuis lagen. Maar behalve hen waren er vooral ouders en broers en zussen die gesteund moesten worden. De supporters uit de eerste kring rond de getroffenen behoorden eigenlijk ook tot de doelgroep van het Supportproject. Zij waren immers zelf betrokkenen. Deze mensen voelden zich machteloos en wilden weten wat ze konden doen. Hoe moesten ze hun omgeving tegemoet treden? Wat konden ze in de komende periode verwachten aan gedrag en reacties? Hoe konden ze de getroffenen en andere betrokkenen het beste steunen?

Zij kwamen naar het Supportproject omdat dat een manier was om met hun eigen verwarrende situatie om te gaan. Ze waren bereid om wie dan ook te helpen, zelfs als ze zelf al genoeg te doen hadden in hun eigen omgeving.

> Een supporter had heel veel getroffenen om zich heen. Ze was een vaatdoek na de gebeurtenissen. Ze heeft zich aangemeld voor de tweede groep, omdat iemand zei dat ze al een supporter was met al die getroffenen in haar omgeving. Ze heeft ook hulp gehad van een psycholoog. Ze was een bang vogeltje, moest huilen bij het zien van een getroffene. Het Supportproject heeft haar geleerd om met de getroffenen om te gaan. Ze had veel aan alle tips en adviezen. Zonder het Supportproject had ze het niet gered.

11 In Volendam worden dit soort relaties als dichtbij ervaren.

INDIRECT BETROKKENEN (TWEEDE KRING)

In de tweede kring rond de getroffenen ging het om leerkrachten, verenigingsmensen, winkeliers, werkgevers, om mensen die in het dagelijks leven met getroffenen te maken hadden.

> Een lerares van een basisschool had in haar werk veel aan de informatie en kennis die zij uit het Supportproject kreeg. Zij had kinderen in de klas die getroffen jongeren in de familie hadden, zelf wat van de brand hadden meegemaakt en in het begin de begrafenisstoeten langs de school zagen trekken. De lerares heeft de ramp als thema gebruikt in haar lessen om de kinderen de mogelijkheid te geven het gebeurde te verwerken. Bovendien sprak zij regelmatig ouders over de gevolgen van de ramp en kon zij hen tot steun zijn.

De mensen in deze kring realiseerden zich dat het leven van getroffenen veranderd was en wilden weten hoe daarmee om te gaan. Ook zij wilden wat doen en wilden weten wat ze konden doen. Het Supportproject bood een goede gelegenheid. Voor hen gold eveneens dat zij bereid waren daarnaast ook niet bekende getroffenen te steunen.

> Een directeur van een school voor voortgezet onderwijs had informatie nodig over hoe op school om te gaan met de gevolgen van de ramp. De deskundigheidsbevordering en informatie in het Supportproject waren heel waardevol voor het werk op school. Zo wist de school nu om te gaan met een jongen die van vakantie terugkwam en merkte dat hij al zijn vrienden verloren had. Het bezoek aan Zweden leerde hem dat ook de school een rol moest spelen in de hulpverlening aan jongeren.

GEVOELSMATIG BETROKKENEN

Daaromheen was er de rest van Volendam (en omgeving). Supporters uit deze kring waren mensen die niet zozeer met getroffenen en hun omgeving te maken hadden, maar zich wel zeer betrokken voelden. De ramp raakte heel Volendam, zoals een ramp een hele gemeenschap op zijn kop kan zetten.

Ook deze supporters wilden vorm geven aan hun machteloosheid en wat doen. Zij vormden een kleinere groep in het Supportproject. De supporters die tot de eerste of tweede kring rond getroffenen behoorden, waren in de meerderheid.

In termen van de voor-en-doormethode hadden zij meer gemeenschappelijks met de getroffenen dan de mensen die verder weg stonden.

6.3   Ontwikkelingen in het supporterschap

SOORTEN SUPPORTERS

Startte het Supportproject met het onderscheid tussen individuele supporters en groepssupporters, later kwamen daar stille supporters bij. Zo lang een supporter lid is van een supportersgroep heet hij een actieve supporter, ook als hij niet wordt ingezet voor een koppeling of activiteit. Dat heeft te maken met de ambassadeursdoelstelling. Die supporter is namelijk actief als ambassadeur.

De meerderheid van de actieve supporters bood op de een of andere wijze, formeel of informeel, individuele steun. Zij hielpen en helpen daarnaast ook vaak mee bij bijeenkomsten en activiteiten. Daarnaast heeft het Supportproject gestimuleerd dat er een vaste groep groepssupporters was, om het contact tussen getroffenen en supporters tijdens activiteiten te bevorderen.

Die supporters die geen lid meer willen zijn van een supportersgroep maar nog wel op de achtergrond betrokken willen blijven, heten stille supporters. Vanuit het Supportproject is aan de stille supporters gevraagd om wel te blijven deelnemen aan de plenaire bijeenkomsten waarin kennis wordt overgedragen of strategie besproken. Bovendien ontvangen de stille supporters de nieuwsbrief van het Supportproject. Op die manier worden zij in staat gesteld om ambassadeur te blijven, en blijft er een band om nieuwe inschakeling gemakkelijker te maken.

Een aantal supporters heeft sinds zij 'stil' werden, niet meer deelgenomen. In feite zijn zij daarmee oud-supporter geworden, hoewel het niet zal verbazen als zij weer actief zouden worden als er een beroep op hen wordt gedaan. Een aantal andere stille supporters heeft nog wel een tijd deelgenomen aan de plenaire bijeenkomsten. Sinds 2004 is die deelname echter wel teruggelopen.

Eind 2003 besloot een hele groep 'stil' te worden. De groep bestond voor de helft uit supporters die actief waren in koppe-

> lingen en activiteiten, en voor de helft uit ambassadeurs. Er
> kwam veel op tafel, ook van de eigen emoties. De hechtheid van
> de groep had hen bij elkaar gehouden, maar er kwam een mo-
> ment dat de groep niet meer vooruitkwam. Dat was het mo-
> ment om te besluiten niet meer als groep bij elkaar te komen.

Individuele supporters hadden de afgelopen jaren verschillende redenen om 'stil' te worden. De meest voorkomende was dat supporters
die alleen een ambassadeursfunctie hadden en niet ingezet werden op
een activiteit of koppeling, op een gegeven moment de groep minder
voorrang gingen geven. Als er andere dingen in hun leven kwamen
waar zij druk mee waren, namen ze afscheid van de groep. Opvallend
is dat zij in veel gevallen op dat moment al lange tijd lid waren van die
groep.
Er waren ook mensen voor wie het deelnemen aan een groep niet zo
paste. Er werd hen teveel gepraat over de eigen belevingswereld. Zij
vonden dat op den duur vervelend worden. Dit was een kleine groep.

AANTAL
Het spontane en geïmproviseerde karakter van het Supportproject
maakte dat de registratie van supporters niet sluitend is geweest. Uit
de registratie van Het Anker kunnen indicatieve cijfers worden afgeleid. Na de eerste piek in 2001 is het aantal betrokken supporters gedurende de jaren tot 2005 ongeveer gelijk gebleven. Het overgrote
deel van de supporters is lange tijd betrokken gebleven, vanaf het
begin. Vanaf 2004 zijn steeds meer supporters stille supporter geworden.

Tabel 6.1 Aantal supporters Supportproject.				
totaal geregistreerd sinds 2001	204			
waarvan vertrokken anno 2006	77			
	2001	eind 2002	eind 2004	mei 2006
actief	175	91	87	52
stil		37	40	75
totaal betrokken	175	128	127	127

Afgeleid uit de registratie van supporters in Het Anker, indicatief.

Het vertrek van supporters in het eerste jaar had verschillende achtergronden. Een deel van de supporters was alleen in het allereerste
begin, tot aan de zomer, actief. Een deel bevond zich in de alternatieve hulpverlening en kon daarom geen supporter zijn. Een deel had
andere activiteiten in relatie tot de ramp die zich buiten het Supportproject afspeelden, bijvoorbeeld als huisarts. Voor anderen was de
bemoeienis met getroffenen minder geworden, of nooit tot stand
gekomen.

Andere supporters stopten pas later. Onder hen bevonden zich mensen die, net als bij de stille supporters, niet waren ingezet en om die
reden een streep zetten onder deelname. Ook waren er mensen die
hun koppeling beëindigden, op verzoek van of in goed overleg met de
getroffene, of voor wie de natuurlijke koppelingen teruggebracht
waren tot de verhoudingen van vroeger.

> Een enkele supporter vertrok omdat hij zich niet kon vinden in
> het beleid van Het Anker. Een andere supporter trok zich terug,
> omdat hij zich niet kon vinden in het uitkeringenbeleid na de
> adviezen van de Commissie financiële afwikkeling.

Na de eerste grote stroom supporters in 2001 zijn er steeds mondjes-
maat nog enkele supporters bijgekomen. Ook in 2004 kwamen er
nog supporters bij.

> Een supporter bleef liever op de achtergrond. Bij de oprichting
> van het Supportproject had zijn zoon gemeld dat hij (de vader)
> beschikbaar was als er behoefte was aan financiële expertise.
> Begin 2004 kwam Het Anker met de vraag of hij een getroffene
> wilde helpen de financiële zaken op een rij te krijgen. De sup-
> porter is toen ook lid geworden van een supportersgroep en
> voelde zich direct geaccepteerd.

6.4   Eisen aan supporters

VOORWAARDEN

Selectie
Het Supportproject heeft nooit de samenstelling van de groep supporters, bijvoorbeeld naar leeftijd, beïnvloed. Bij de start van het project werd iedereen verwelkomd. Voor de supporters die in hun eigen
omgeving door de ramp al zwaar belast waren, en uiteraard ook voor
alle andere supporters, was het echter belangrijk te weten of zij het
supporterschap aan zouden kunnen. Om die reden kregen de coaches
een persoonsvragenlijst die iedere supporter in moest vullen (de
Utrechtse Copinglijst (UCL) Omgaan met problemen en gebeurtenissen, P.J.G. Schreurs en G. van de Willige; de Klachtenlijst (SCL-90),
W.A. Arrindell, J.H.M. Ettema). De lijsten waren erop gericht na te
gaan hoe stabiel iemand was. De resultaten vormden geen reden om
iemand te vragen niet mee te doen. Met één persoon is afgesproken
dat hij alleen aan de groep zou deelnemen en niet aan directe ondersteuning van getroffenen.

In de voor-en-doormethode is het van belang dat de organisatie persoonlijk contact heeft met de deelgenoten, en hen persoonlijk werft.
Het is van belang te weten wie het werk als deelgenoot gaat doen. In
het Supportproject hebben de coaches hiervoor gezorgd. In de groepen merkten de coaches snel genoeg aan de mensen wat zij wel en
niet aan zouden kunnen. De coaches maakten daar met de supporters
afspraken over. Er bleken meer supporters te zijn voor wie het ver-
standiger was om niet direct aan een getroffene gekoppeld te worden.
Sommige supporters wilden dat zelf ook niet.
In de voor-en-doormethode wordt ook als voorwaarde voor het zijn
van deelgenoot benadrukt dat iemand zijn eigen problematiek goed
verwerkt heeft. Pas dan kan hij de steun bieden die nodig is.

Halverwege 2001 hebben de coaches expliciet met elkaar en met
de leiding van het Supportproject afgesproken dat de coach
beoordeelde of iemand geschikt was om in te zetten. Geconclu-
deerd werd dat sommige supporters zelf al zoveel te verstouwen
hadden, dat het niet verantwoord was om hen ook nog eens
formeel in te zetten.
Daar voegden ze aan toe dat als de coach de grip op hoe een
supporter bezig was verloor, de supporter duidelijk gemaakt

moest worden dat dit niet onder de verantwoordelijkheid van
het Supportproject zou kunnen. Dit is bijna niet voorgekomen.
Een coach heeft een keer een gesprek gevoerd met een paar
supporters die samen een minder gewenste koers volgden,
maar deze supporters lieten zich gemakkelijk terugroepen.

Supporters hadden, net als andere deelgenoten, verschillende rollen.
Een supporter verleende emotionele steun, gaf informatie, luisterde
en trad op als klankbord. Bovendien gaf hij praktische hulp. Daarbij
werd een supporter soms ook een vriend of maatje. In de voor-en-
doormethode is dat geen bezwaar, zolang de supporter naast betrokkenheid ook nog die afstand heeft die het mogelijk maakt om niet te
gaan oordelen en te blijven luisteren. (Galesloot meldt dat het eigen
netwerk vaak te betrokken is en daardoor focust op zwakke plekken,
terwijl maatjes op sterke kanten aanspreken. (Galesloot, 1999)) Het
Supportproject bewaakte de balans.

Geen hulpverlening
Een ander aspect waarop de leiding alert was, was het feit dat de bedoeling van het Supportproject overeind zou blijven: sociale steun
vanuit de eigen omgeving, en geen hulpverlening. Er had zich een
aantal mensen aangemeld die in het alternatieve hulpverleningscir-
cuit aan het werk was, en de getroffenen daarvan wilden laten profiteren. Hoe goed ook hun bedoelingen geweest mogen zijn, zij konden
niet deelnemen aan het Supportproject omdat dat het karakter van het
project zou verstoren. Met hen is gesproken en hen is aangeboden dat
zij wel de gezamenlijke bijeenkomsten konden bijwonen waarin kennis werd overgedragen. Deze mensen vonden het niet leuk, maar hebben zich er bij neergelegd.
Daarnaast heeft het Supportproject er steeds de nadruk op gelegd dat
supporters geen hulpverleners waren en dat zij dit zelf goed in de
gaten moesten houden. Zij leerden signalen herkennen die erop duidden dat mensen professionele hulp nodig hadden, en zij wisten maar
al te goed dat zij zich niet op dat terrein moesten bewegen. Zoals in
de voor-en-doormethode ook geldt: vrijwilligers worden geen halve
professionals.

Belastbaarheid supporters
Voor supporters was het van belang dat zij hun eigen grenzen kenden
in belastbaarheid. Wat konden zij aan problemen aan, in intensiteit

en tijd? Een te grote belasting van supporters kon ertoe leiden dat zij zelf getraumatiseerd zouden raken, dat wil zeggen dat supporters zoveel ellende meemaakten dat ze hier zelf last van zouden krijgen. Dat gevaar zou vooral groot zijn als supporters te weinig begeleiding kregen.

Voor de supporters die als betrokkenen zelf het nodige meemaakten, direct of indirect, hielp de begeleiding in het Supportproject om hiermee om te gaan. Het Supportproject bleek eerder een hulp te zijn bij de eigen verwerking, ook van de latere gebeurtenissen, dan dat het een dubbele belasting was.

Net als supporters leerden signalen te onderkennen bij getroffen, leerden ze dat ook bij zichzelf. Daarnaast was er opnieuw de groep en de coach die hen in de gaten hielden. De supportersgroepen hielden zich in feite voor een groot deel met intervisie en supervisie bezig. Met name de supporters die middenin de getroffen omgeving stonden werden goed in de gaten gehouden. Coaches hielden ook aparte gesprekken met hen.

De supporters die het moeilijk hadden, ondervonden veel steun van de groep. En zij kregen ook het advies om hulp te zoeken als dat nodig was. Een aantal supporters kreeg professionele hulp. Er waren een paar supporters die traumatisering naderden, maar die er toch op tijd bij waren om dit af te wenden. Er zijn geen gevallen bekend van supporters bij wie het mis is gegaan.

> Een enkele supporter stapelde de problemen die in de groep ter sprake kwamen bovenop eigen problemen. Zo'n supporter kreeg het advies om als supporter te stoppen en voor zichzelf hulp te zoeken.

VERWACHTINGEN EN VERPLICHTINGEN

Verwachtingen supporters

Supporters hadden, zeker in het begin, verschillende verwachtingen. Voor veel supporters was de individuele steun aan getroffenen en betrokkenen het echte werk. Het heeft even geduurd voordat zij accepteerden dat het ambassadeur zijn ook echt supporterswerk was. Ook zijn er discussies geweest over wat nog wel bij het supporterschap hoorde en wat niet. Hoorde koffieschenken bij een formele aangelegenheid op Het Anker nu wel of niet tot de taken van een sup-

porter? Voor de een was dat geen discussiepunt, voor de ander wel.
(In het buddywerk voor met hiv en aids besmette mensen speelde dit
punt ook. Sommige buddies waren er alert op dat ze niet 'misbruikt'
werden voor huishoudelijke karweitjes, waar anderen bij wijze van
spreken alles deden wat iemand maar nodig had.)

> Zo moesten enkele supporters wel even wennen aan het feit dat
> grootouders niet zo gemakkelijk praten, maar het al fijn vonden
> als ze samen dingen deden. Het beeld dat zij als supporters
> vooral met de grootouders zouden praten, moest bijgesteld
> worden.

Niet waargemaakte verwachtingen konden tijdelijk tot enige demotivatie leiden, maar de sfeer in het Supportproject zorgde er meestal
weer voor dat de verwachtingen van de supporters werden bijgesteld.

Vertrouwelijkheid

Vertrouwelijk kunnen omgaan met informatie was een basiseis die
aan een supporter werd gesteld. Aan de hand van een discussiestuk is
in alle supportersgroepen de betekenis van vertrouwelijkheid besproken. Wat een supporter vertrouwelijk van een getroffene hoorde,
moest tussen hen beiden blijven.

> *De supporter is verplicht tot geheimhouding van hetgeen hem/haar*
> *uit hoofde van het supporter zijn ter kennis is gekomen van het*
> *slachtoffer of de getroffenen of anderen, voorzover die verplichting*
> *uit de aard van de zaak volgt dan wel de supporters uitdrukkelijk*
> *is opgelegd.*
> *(Uit de samenwerkingsovereenkomst Supportersproject.)*

Alleen op een abstracter niveau kon de supporter het onderwerp dat
ter sprake was geweest in de supportersgroep bespreken. Wat verder
in de supportersgroep aan ervaringen werd uitgewisseld moest ook
binnen de groep blijven.

> *De supporter is verplicht tot geheimhouding van de zaken die be-*
> *sproken worden tijdens de groepsbijeenkomsten, tenzij het gaat om*
> *zaken betreffende deskundigheidsbevordering.*
> *In Volendam kent men elkaar en is men gewend om vertrouwelijke*
> *informatie te delen/uit te wisselen. Valkuil kan zijn: tijdens een*

gesprek (in de bar, op een verjaardag enzovoort kun je wel eens onwaarheden/waarheden over jouw cliënt horen vertellen. Je meent hem/haar in bescherming te moeten nemen door 'wat' informatie te geven.

In het algemeen is de vertrouwelijkheid heel goed gelukt, en als supporters er toch bang voor waren dat een groepslid wellicht moeite had om alles binnen de groep te houden, bijvoorbeeld bij het vertellen over eigen ervaringen, hielden ze er rekening mee dat wat zij vertelden niet tot privézaken te herleiden mocht zijn. In de meeste groepen was absolute vertrouwelijkheid echter gegarandeerd.

Verplichtingen

Het informele karakter van het Supportproject was groot. Supporters hadden veel morele verplichtingen maar weinig formele. Waar vanuit de leiding van het Supportproject of vanuit Het Anker geprobeerd werd zaken op papier te systematiseren, liep dat vaak weer dood.

> Het hoofd van de zorgbegeleiders heeft in het begin veel pogingen gedaan om met behulp van formulieren gegevens te verzamelen, maar kreeg te weinig respons. De omstandigheden van de ramp, de aard van de meeste, informele, koppelingen en de omgeving waren er niet naar. Veel supporters hadden moeite met papier.

Het vrijwilligerscontract is niet door alle vrijwilligers getekend. De verzoeken tot het indienen van verslagen van bijeenkomsten van supportersgroepen werden lang niet door alle groepen gehonoreerd. Er waren formulieren waarop supporters eens in de paar maanden moesten aangeven wat voor werk zij in het Supportproject deden, maar ook dat lukte niet volledig en systematisch. Het gevolg was dat er weinig kwantitatieve managementinformatie was. Kwalitatieve informatie bereikte de coördinator van het Supportproject wel, zij kreeg mondeling veel signalen door vanuit de supportersgroepen en hield veel contact met de coaches.

Er was ook geen harde verplichting voor supporters om supportersgroepen of deskundigheidsbevordering bij te wonen. Dat zou waarschijnlijk ook niet gewerkt hebben. De coaches en de groepen waren de bindende factor. Supporters kwamen omdat ze er wat aan hadden, niet omdat het moest. Als er iets was met de motivatie van een supporter, met zijn houding of deskundigheid sprak de coach met hem. Supporters lieten zich niet beheersen, maar wel sturen.

In de voor-en-doormethode is het belangrijk om de juiste balans te vinden tussen het informele en het formele. In Volendam sloeg de weegschaal door naar het informele, ook omdat het om een ramp ging en een ramp brengt van zichzelf al een informele situatie met zich mee.

Zonder de supportersgroepen was het Supportproject een heel ander project geweest. De supporters vormden het hart van het Supportproject, maar de supportersgroepen de longen. Dit hoofdstuk gaat in op de ontwikkeling van de groepen en hun betekenis voor het Supportproject.

7.1   Betekenis supportersgroepen

GOUDEN GREEP

Intentie of niet, het grote aantal supporters dat zich begin 2001 meldde, maakte het noodzakelijk om groepen te vormen. Achteraf gezien is de vorming van supportersgroepen een gouden greep geweest. Uit de praktijk van de voor-en-doormethode blijkt dat de meest succesvolle projecten gedragen worden door teams van deelgenoten. De teams bieden een veilige ruimte om te oefenen en het 'vak' te leren, en zij bieden de deelgenoten de mogelijkheid om onderling ervaringen uit te wisselen en stoom af te blazen. Zij fungeren als een leer- en werkplaats voor de deelgenoten.

De vorming van supportersgroepen kan als een belangrijke succesfactor van het Supportproject gezien worden. Gelet op de grote betrokkenheid bij de ramp hadden supporters veel behoefte aan het uitwisselen van ervaringen en het stoom afblazen. Bovendien hadden de groepen ook een leereffect. Supporters leerden in de groepen van elkaar. De supporters voegden zich gemakkelijk in de groepen omdat zij als Volendammer aan het werken met groepen gewend waren.

De hechtheid van de groepen was een belangrijke succesfactor en hield de groepen bij elkaar ondanks dat zij verschilden in samenstelling. In sommige groepen zaten veel betrokkenen die zelf middenin de gevolgen van de ramp stonden. In andere groepen zaten overwegend mensen die wat verder van getroffenen afstonden. Weer andere groepen waren een mix.

Van de 13 groepen uit het begin (8 tot 14 leden) waren er halverwege 2004, voor de wisseling van coaches, nog 10 actief (5 tot 14 leden). Kwamen zij in het begin wekelijks of tweewekelijks bij elkaar, na verloop van tijd werd dat maandelijks, en een enkele groep vond op het laatst eens per kwartaal genoeg.

De groepen hadden veel met elkaar opgebouwd en bleven het liefst bij elkaar, ook als de groep kleiner werd. Bij een eerder vertrek van twee coaches waren de leden van diens groepen verdeeld over enkele andere groepen. Dit vroeg van de betrokken supporters nogal wat aanpassingsvermogen, want groepen waren toen al hecht en groepsleden hadden al veel met elkaar gedeeld. Toch is dat proces goed gegaan, en zijn de nieuw geformeerde groepen ook weer hechte groepen geworden. De overgang van een gehele groep naar een nieuwe coach verliep echter minder goed. De groep was al niet zo hecht, en verliep na de overgang helemaal. Enkele leden hiervan zijn overgestapt naar een andere groep en werden daar goed opgenomen.

Gelet op de hechtheid van de groepen vonden de meeste groepen halverwege 2004 het besluit van de coaches om hun werk te beëindigen op zijn zachts gezegd niet leuk, maar het was een goed moment voor herbezinning op de toekomst van het Supportproject. De projectleiding organiseerde een collectieve herbezinning. De supporters deden hieraan mee, met de groep en individueel.

Een paar groepen besloten om nog maar één of een paar keer per jaar bij elkaar te komen, meer uit vriendschapsoverwegingen dan uit de behoefte aan support. Dit betekende overigens niet dat de groepen echte vriendengroepen waren geworden. De belangrijkste binding bleef toch de brand.

Een paar andere groepen hadden nog steeds behoefte aan de oorspronkelijke opzet en gingen door onder leiding van de nieuwe coach.

Voor een aantal supporters is dit het moment geweest om stille supporter te worden, of helemaal afscheid te nemen.

ONDERLING SUPPORT

De groepen waren de motor van het Supportproject. In de groep deden de supporters elke keer weer energie op. De groepsleden boden elkaar support, onder leiding van de coach. In de groep haalden en brachten supporters informatie en bleven zij betrokken bij het Supportproject.

> In de groepen ging het soms om praktische informatie. Groepsleden wilden bijvoorbeeld weten of er infectiegevaar was als mensen bebloede natte doeken, die brandwonden hadden verkoeld, hadden gespoeld.

Ook kregen de supporters in de groep adviezen en leerden zij er van elkaar. Zij konden er hun emoties kwijt en elkaar tot steun zijn. De supporters die middenin de gevolgen van de ramp stonden, haalden extra veel steun uit de groep. De groep hield hen ook in de gaten.

> Supporters dachten mee over hoe zaken in de steunrelatie aan te pakken. Een supporter had zo'n nauwe band met een getroffen jongere gehad, dat het voor haar wel haar eigen kind leek. Na afsluiting van de relatie hoorde ze niets meer. Ze twijfelde of ze het wel goed gedaan had, maar de groep kon haar vertellen dat de getroffene zich blijkbaar zelf kon redden en dat het daar toch om begonnen was.
>
> Een supporter was gekoppeld aan een getroffen jongere die onder behandeling was van een psychiater maar ook gewoon haar verhaal kwijt wilde aan een supporter. Af en toe begon de getroffene over de psychiater en haar behandeling. De supporter adviseerde de getroffene om dat zelf aan de psychiater voor te leggen. De groep heeft deze supporter geholpen om op afstand van dit onderwerp te blijven. De supporter heeft nooit het gevoel gehad dat ze hulpverlener was. Aan een uur per week had de getroffene genoeg.
>
> Soms hielpen supportersgroepen, coach en supporters, groepsleden die tot hun nek in de problematiek van de brand zaten om niet overspannen te raken.

Degenen die niet actief voor activiteiten werden ingezet haalden minder uit de groep, vooral als zij tot de derde kring rond getroffenen

behoorden, maar ook zij bleven betrokken. Dit kwam hun ambassadeursrol ten goede. Velen van hen zijn heel lang lid gebleven van de
groep.

De groep bood een beschermde omgeving. Alles wat daar besproken
werd, was vertrouwelijk. Op een enkele uitzondering na werkte dat
zo. Voor sommigen is dat bijzonder in een dorp waarin naar hun gevoel weinig geheim blijft.

Dat vele supporters, ook die niet actief waren ingezet, zo lang lid bleven van de groep mag wel bijzonder heten. En lid zijn betekende ook
een grote trouw aan het bijwonen van de groepsbijeenkomsten, ook
nog na het eerste jaar.

ONDERWERPEN

Er was een aantal onderwerpen dat in elke groep terugkwam:

– Elke groep besteedde op de een of andere manier aandacht aan de
  ervaringen van de groepsleden met het supporterschap. Vaak
  deden de groepen dat door 'een rondje' te houden. Elk groepslid
  kreeg een beurt om over zijn ervaringen te kunnen vertellen.
– In alle groepen kwamen inhoudelijke kennisaspecten aan bod.
  Inhoudelijke kennis kwam van de plenaire bijeenkomsten of was
  door de coach zelf verzameld. De groep besprak dit en de coach gaf
  verdere toelichting. Soms nodigde de groep een deskundige uit.
– Informatie vanuit Het Anker was voor elke groep belangrijk. Om
  ambassadeur te kunnen zijn en in hun relatie met getroffenen, hadden supporters informatie nodig over alles wat met de brand te
  maken had. Dit bleek het meest kwetsbare onderdeel te zijn. Supporters voelden zich lang niet altijd goed geïnformeerd.

In groepen waarin veel supporters uit de eerste kring van de getroffenen, en ook nog de tweede kring, zaten nam 'het rondje' veel tijd in
beslag.

Groepen waarin voornamelijk supporters zaten die verder af stonden
van de getroffenen besteedden vaak meer aandacht aan het kennis-
aspect, en diepten samen problemen uit. Zij bespraken hoe die in
Volendam uitwerkten.

De manier waarop de genoemde punten in de groepen aan de orde
kwam, was erg afhankelijk van de combinatie van het karakter van de
groep en de aard van de coach. Dat varieerde van heel gestructureerd
tot weinig gestructureerd.

7.2   Ook een vorm van lotgenotencontact

Gelet op het aantal supporters dat uit de eerste kringen rond getroffenen kwam, zal het niet verbazen dat de groepen vooral voor hen ook
fungeerden als uitlaatklep voor wat zij hadden meegemaakt en nog
meemaakten. Het was een van de manieren waarop de supporters zelf
hulp kregen bij de verwerking van de brand. Ook voor de andere supporters, uit de tweede kring, en in mindere mate uit de derde kring,
gold dat de groep een middel was dat meehielp om de brand te verwerken. Dit aspect heeft heel lang gespeeld, en speelt in sommige
groepen nog steeds mee. De supportersgroepen vertoonden zo ook
de kenmerken van een lotgenotengroep. Lotgenoten uit hetzelfde
dorp die te maken hadden met de verschrikkelijke gevolgen van een
brand. De groepsbijeenkomsten hadden dan ook vaak een grote intensiteit. (Sterke groepswerking heeft zich ook voorgedaan in het
buddywerk voor met hiv en aids besmette mensen. Daar werkte het
homospecifieke werk als een warm bad, een gezamenlijk onderwerp
met een speciale intensiteit. De buddy als persoon kreeg soms een
aan het therapeutisch grenzende aandacht; hij moest zich bewust zijn
van zijn persoonlijke ontwikkeling en grenzen. Daar leek het voor
sommigen een geheime agenda, in Volendam was het openlijk hoewel niet gepland.)

> *Tachtig procent van de groepsleden was betrokken bij de brand.*
> *Het dreigde dat de emoties avondvullend zouden zijn. Bij de man-*
> *nen ging dat met horten en stoten. Bij de vrouwen met een spraak-*
> *waterval. De coach probeerde te sturen en een algemeen karakter*
> *aan de verhalen te geven.*
> *Notulen bespreken lukte niet. Het belangrijkste was dat de coach*
> *vroeg: 'En, hoe is het?'*

De initiatiefnemers hebben niet voorzien dat het Supportproject zelf
ook een middel was voor deelnemers om steun te krijgen en een hulp
om de gevolgen van de brand te verwerken, maar achteraf gezien
heeft het Supportproject hierin een belangrijke functie gehad. De
coaches hebben een belangrijke rol gespeeld in dit hulpverleningsaspect, zowel aan de groep in zijn geheel als aan individuele supporters.
Dit hulpverleningsaspect moest overigens niet betekenen dat supporters die middenin de omgeving van getroffenen stonden, alle aandacht kregen en anderen niet aan bod kwamen. Het moest ook niet
betekenen dat de opdracht aan de supporters ondersneeuwde. In de

praktijk is dit niet (vaak) gebeurd en hebben de coaches hun rol goed vervuld, maar in een enkel geval kostte het wel wat moeite.

> *Er zat een supporter in de groep die het zelf erg moeilijk had. Dat kwam er na een paar bijeenkomsten wel uit. Dat was niet vervelend voor de groep, want je pikte er wel dingen uit waar je wat mee kon. Deze supporter is uiteindelijk niet gebleven.*

In feite weerspiegelde wat gebeurde in de supportersgroepen het werk van de supporters in Volendam. Supporterswerk vroeg om veel geduld. Supporters waren er voor de getroffenen die de ramp nog niet konden afsluiten. Zo sloten de supportersgroepen de ramp ook nog niet af, al werden ze deze soms wel eens moe. Elke keer weer kwamen de emoties op tafel en werden de supporters geoefend in het geduld dat zij in de praktijk van het werk ook op moesten brengen. De coaches waren zich hiervan bewust.

In de loop van de tijd leerden groepsleden elkaar zo goed kennen dat zij ook privéaangelegenheden bespraken. Vooral boden zij elkaar sociale steun in de problemen die het alledaagse leven hen opleverde. Dit verschijnsel was overigens in de ene groep sterker dan in de andere groep. Het was heel sterk in die groepen die veel met elkaar meemaakten.

7.3   Projectgroepen

Naast de supportersgroepen stelde het Supportproject na enige tijd ook projectgroepen in. De verschillende soorten groepsactiviteiten hadden hun eigen projectgroep, met vaste groepssupporters: Grootouders, Wintersport, Foto-expositie, Sportcommissie, Herdenking, Lotgenoten (ouders), Broers en zussen overleden jongeren, Texelgroep, Interactieve sociale ondersteuning.
In de projectgroepen bereidden supporters samen met een zorgbegeleider de groepsactiviteiten voor. In deze projectgroepen zorgde de zorgbegeleider voor een professionele inbreng. Deze bewaakte de inhoudelijke lijn en het proces, alsmede de grenzen van de supporters en het werk dat zij deden. Een groot aantal groepssupporters die aan projectgroepen meededen, maakten overigens ook deel uit van supportersgroepen.
Het bestaan van een projectgroep was afhankelijk van wat er voor behoeften bij de getroffenen waren. Nieuwe projectgroepen vormden zich als dat nodig was. De getroffenen hadden een eigen inbreng in

het Supportproject, zoals de deelnemers in de voor-en-doormethode ook een volwaardige partij zijn met een eigen inbreng.

8 De professionals in het Supportproject

In het Supportproject staat de rol van de vrijwilligers centraal, maar het Supportproject had nooit kunnen zijn wat het was zonder de inzet van professionals. Dit hoofdstuk laat zien welke rol de professionals speelden: de professionele vrijwilligers en de betaalde krachten. De professionals hebben zich laten inspireren door ervaringen van Zweedse professionals. Met die ervaringen sluit dit hoofdstuk af.

8.1 Van initiatiefnemers tot denktank

HET EERSTE UUR

Het waren Volendamse en niet-Volendamse professionals vanuit verschillende hoek die meededen aan de startbijeenkomsten, al dan niet op eigen initiatief of gevraagd door anderen: de directeur en medewerkers van het Club- en Buurthuiswerk in Volendam, de psychiater en medewerkers van ziekenhuis de Heel in Zaandam, psychologen van het SPEL (eerstelijns psychologenpraktijk), de coördinator mantelzorg van de Thuiszorg, maatschappelijk werkers van de SMD (Stichting Maatschappelijke Dienstverlening), maatschappelijk werkers van de Brijderstichting (instelling voor verslavingszorg). Ook Volendamse professionele vrijwilligers als een huisarts, een psychologe van het Waterlandziekenhuis, een pastoraal werkster dachten mee over het Supportproject en steunden het.

LEIDING SUPPORTPROJECT

Coördinatie
De omvang van het Supportproject vroeg om leiding.

De directeur van het Club- en Buurthuiswerk en de psychiater van de Heel (Zaans Medisch Centrum) zetten de lijnen uit, daar-

bij nauw ondersteund door de psychologen van het SPEL en de
coördinator mantelzorg van de Thuiszorg. Zij stemden de eerste periode ook af met het nazorgoverleg dat de gemeente direct
na de ramp instelde. Per half maart 2001 kregen zij de hulp van
een coördinator. Zij zorgde voor het cement en de smeerolie in
het Supportproject.

De coördinator zorgde ervoor dat de vrijwilligers de nodige kennis en
informatie kregen, en bewaakte de samenhang, samenwerking en
communicatie tussen de verschillende onderdelen in het Supportproject. Zo stelde zij direct na binnenkomst een overleg in tussen de
zorgmakelaars en de (assistent)coaches, en zorgde zij voor de vorming van projectgroepen. Zij voedde de leiding van het Supportproject met signalen uit het Supportproject en uit Het Anker.
Zij ontwikkelde het kennisspoor, met inbreng van de psychiater uit de
denktank, de coaches en een commissie deskundigheidsbevordering.
De signalen uit de supportersgroepen vormden een belangrijke input.
Ook voor getroffenen en betrokkenen organiseerde zij bijeenkomsten, samen met het preventieteam van de nazorginstellingen. Daarnaast zorgde zij voor de randvoorwaarden voor de supportersgroepen, de supporters en in het begin de zorgmakelaars, om hun werk
goed te kunnen doen.
Voor de coördinator was het een belangrijke opdracht om, in termen
van de voor-en-doormethode, de drie partijen (getroffenen, supporters en organisatie) in evenwicht te houden en met elkaar te verbinden. Een goede coördinator in een voor-en-doormethode is niet alleen taakgericht maar heeft vooral ook aandacht voor het proces. Zij
let op de wensen van zowel deelnemers als deelgenoten, en brengt
deze in verband met de doelstellingen van de organisatie.

Supportteam
De coördinator van het Supportproject vormde in de eerste twee jaar
samen met de coördinator van de zorgmakelaars en de zorgmakelaars zelf binnen Het Anker het supportteam. Dit team richtte zich
vooral op de onderlinge afstemming van de professionals binnen het
Supportproject, en op de afstemming met de overige taken van Het
Anker. Het stond in nauw contact met de Volendamse mededirecteur
van Het Anker, mede-initiatiefnemer van het Supportproject, later
opgevolgd door het hoofd van het Supportproject in Het Anker.

Denktank

Voor de initiatiefnemers was het belangrijk dat het Supportproject
ook binnen Het Anker een relatief onafhankelijke positie kon inne-
men. De denktank, die in augustus 2001 ontstond, was een centraal
overleg binnen het Supportproject. Dit bestond uit de initiatiefnemers, waaronder de Volendamse mededirecteur van Het Anker (later
opgevolgd door het hoofd van het Supportproject), de coördinator
van het Supportproject, een vertegenwoordiging van de coaches en
een vertegenwoordiging van de zorgbegeleiders. Dit overleg zette de
lijnen voor het Supportproject uit.

De denktank besprak ontwikkelingen in het Supportproject en in
Volendam, evalueerde het Supportproject en nuanceerde op basis
daarvan de koers. Nieuwe voorstellen legde zij altijd voor aan de supporters. De denktank functioneerde als het ware als een bestuur voor
de inhoudelijke lijnen. Ze bestaat anno 2006 nog steeds, en is inmiddels uitgebreid met een vertegenwoordiging van de supporters.

De derde partij in de voor-en-doormethode

In de voor-en-doormethode is er sprake van dat naast de deelnemers
en deelgenoten, de organisatie namens wie de deelgenoten het werk
doen als derde partij opereert. De drie partijen hebben een evenwaar-
dige inbreng, en de sociale afstand tussen de drie is gelijk. Het kan
zowel gaan om een vrijwilligersorganisatie als om een professionele
instelling.

In het Supportproject vormden de professionele krachten allereerst
met elkaar de organisatiekant, in een speciale mengeling van vrijwilligers en professionals. Zij probeerden hun instellingen achter zich te
krijgen, opdat zij als werkers uit die instellingen aan het Supportproject konden deelnemen. Enkele instellingen, vooral in de tweede lijn,
stonden in het begin sceptisch tegenover het initiatief en hebben dat
ook laten merken. Andere instellingen wisten nog niet goed hoe hun
beleid zou zijn, maar stelden wel coaches beschikbaar die hun werk
konden doen, los van de bestuurlijke discussies. Het bestuur van Het
Anker wist niet goed hoe het tegen het Supportproject aan moest kijken, maar de trein denderde voort. Voor men het wist stond er een
organisatie met betaalde krachten.

Wat ontstond was een bijzondere overgang van een vrijwilligersorganisatie naar een professionele organisatie die gebruikmaakte van vrijwilligers. Organisaties die gebruikmaken van de voor-en-doormethode laten vaker zien dat zij ontstaan als vrijwilligersorganisaties en
doorgroeien naar meer formele organisaties met professionele krachten naast de vrijwilligers. Dat gebeurt als zij duidelijk in een maat-

schappelijke behoefte voorzien en gesteund worden door de overheid of professionele instellingen. Bij het Supportproject gebeurde dit in een sneltreinvaart.

In dit soort organisaties is het voor een voor-en-doormethode moeilijk om het eigen karakter te bewaken: werken op basis van betrokkenheid van burgers bij elkaar. Bestuur en coördinatie moeten steeds zoeken naar de meest optimale balans tussen het formele en informele. Zij moeten ervoor waken dat de bureaucratie of institutionele gevechten het spontane initiatief van de vrijwilligers vermalen. Supportteam en denktank hebben jarenlang deze waakhondfunctie gehad.

8.2   Coaches

DE ORGANISATIE RONDOM

Instellingen

Al snel na de start van het Supportproject ontstond de structuur van een formele coach per supportersgroep. De coaches hiervoor kwamen uit het SPEL, de SMD en de Brijderstichting. De meeste van hen waren al aanwezig geweest op de startbijeenkomsten.

De eerstelijns instellingen SMD en SPEL hadden al klanten in Volendam. Voor hen was het vanzelfsprekend om zich aan te sluiten bij het Supportproject. Werkers uit deze instellingen stonden zelf direct na de brand klaar om te kijken wat zij konden doen.

Hoewel de Brijderstichting voor verslavingszorg een tweedelijns instelling is, sloot zij zich ook aan bij het Supportproject. Zij schatte in dat zij hierdoor beter toegang tot Volendam zou krijgen. Vertegenwoordigers van de Brijderstichting hebben een belangrijke rol gespeeld in het geven van voorlichting over mogelijke gevolgen van de ramp.

Aansturing door de eigen instelling

De coaches waren in dienst van hun instelling, en werkten een bepaald aantal uren voor het Supportproject. Het Supportproject had geen formele bevoegdheden richting de coaches. Deze legden formeel verantwoording af aan hun eigen instelling, en de instelling was verantwoordelijk voor hun functioneren. De coaches spraken echter wel mee over het beleid. Ze werden overal bij betrokken, omdat hun rol heel belangrijk was en een deel van hen mee aan de wieg van het Supportproject had gestaan. In het begin werd er veel en met veel mensen vergaderd. Voor de een was dit prettig, de ander ervoer soms een overkill aan vergaderingen.

De overweging om de aansturing van de coaches bij de eigen instelling te laten was dat elke instelling een eigen professionele standaard had die zij graag zelf wilde bewaken. In de praktijk leverde deze afspraak geen probleem op waar het ging om het navolgen van beleidslijnen binnen het Supportproject. De coaches vormden een hechte club en waren zeer betrokken bij het Supportproject.

De afspraak leverde meer problemen op waar het ging om managementinformatie en supervisie. De directie van Het Anker had behoefte aan registratie van gegevens ter ondersteuning van zijn beleid en verantwoording naar de subsidiegevers toe. Systematische registratie paste echter niet zo in het Supportproject en was een zwak punt. De groepen waren hierin heel verschillend.

Gelet op het karakter van het Supportproject is het de vraag of het geholpen zou hebben als Het Anker en de coördinator van het Supportproject bevoegdheden hadden gehad richting coaches om registratie af te dwingen. De coördinator kreeg van de coaches in het algemeen wel inhoudelijke verslagen van de groepsbijeenkomsten. Bovendien hield zij contact met de coaches over de ontwikkelingen binnen de groepen, en kreeg zij signalen uit de groepen doorgespeeld. Zij kon het proces binnen de groepen goed volgen.

Supervisie

Voor de coaches was de context van het werk nieuw en heftig. De gevolgen van de ramp kwamen in de supportersgroepen uitgebreid op tafel, en de aansturing van vrijwilligers was anders dan zelf hulpverlenen. Van de sfeer van saamhorigheid die rond het Supportproject in Volendam heerste, maakten ook de coaches deel uit. En de coaches gaven het Supportproject ook mee vorm. Deze sfeer maakte dat in ieder geval enkele van hen in het begin niet erg keken op de uren die zij maakten en dat zij veel aan elkaar hadden in hun werk. De saamhorigheid heerste ook onder de coaches onderling, waardoor een informele vorm van intervisie ontstond.

De onderlinge loyaliteit tussen coaches was heel bijzonder. Dat
heeft veel steun opgeleverd. De coaches deden het samen, het was
een warm bad.

Daarnaast hadden zij behoefte aan supervisie. Zijzelf en andere ver-
antwoordelijken realiseerden zich echter niet dat de situatie voor de
coaches zo anders was dan hun normale hulpverleningspraktijk, dat
van het begin af aan specifieke afspraken over supervisie geregeld
hadden moeten worden. De normale routine in de supervisie bleek
niet te voldoen, maar het duurde even voordat dat duidelijk werd. De
coaches hebben zich, ondanks hun onderlinge band, wel eens alleen
voelen staan. Bovendien heeft een aantal van hen, achteraf gezien,
bijna te weinig aandacht gehad voor de eigen grenzen. Het waren
vooral de intensiteit van het onderwerp (de ramp), de intensieve wijze
waarop deze steeds weer in de supportersgroepen ter sprake kwam,
en de nieuwe, nog te ontdekken, werkwijze die zorgden voor een relatief grote belasting van de coaches. Dit verschilde overigens wel per
supportersgroep omdat de groepen verschilden in samenstelling en
de wijze waarop de ramp steeds ter sprake kwam. Naast deze intensiteit was het ook het nieuwe en experimentele dat het werk anders
maakte voor de meeste coaches.

In het normale werk is het bewaken van je grenzen bijna routine,
het is overzichtelijk. Er is intervisie en supervisie, en je raakt erin
getraind om een weg in dit geheel te vinden. Je kent je eigen signa-
len, en wordt anders door anderen wel erop gewezen dat je uit moet
kijken. In deze situatie gold die routine niet meer. Achteraf gezien
is er heel hard gewerkt. Het werk kostte niet alleen veel uren, maar
het zoekproces kostte ook heel veel energie.

Assistent-coaches

Elke coach werd bijgestaan door een assistent-coach. Dit was een
vrijwilliger uit de groep waarvan coaches en leiding dachten dat hij of
zij de taak aan zou kunnen. Assistent-coaches waren dus geen professionals. Zij hadden geen inhoudelijke coachingstaak. Zij waren vooral
praktische ondersteuners.

HET INHOUDELIJKE WERK

Rol van de coach

De coach was de bindende factor in de supportersgroep. Hij/zij hield
de groep, zeker in het begin, bij elkaar. Hij gaf leiding en structuur

aan de bijeenkomsten, zorgde ervoor dat het proces goed liep. Kwam iedereen voldoende aan bod? Werd het niemand teveel? Reageerden de groepsleden goed op elkaar? Dit deed hij in het begin vaak in hele emotionele bijeenkomsten die moeilijk te sturen waren, afhankelijk van de samenstelling van de groep. In de ene groep was het 'rondje' het belangrijkste, in de andere groep het ingaan op bepaalde onderwerpen.

> De ene groep was bijna meer een groep voor zelfhulp. De andere richtte zich vooral op het aanbod van Het Anker: inhoudelijke onderwerpen, informatie, activiteitenaanbod. Coaches brachten ook eigen accenten aan, gericht op het goed doen verlopen van de groepsdynamiek.

De coach gaf de groep feedback en steun, maar dat deden ook de groepsleden onderling. De coach leidde dat proces in goede banen. De coach en de groep zelf motiveerden op de moeilijke momenten de supporters om door te gaan.

Als het nodig was, voerde de coach gesprekken met individuele supporters. Dat was vooral het geval als supporters zelf problemen hadden. De coach overlegde met de betreffende supporter over zijn rol in het Supportproject. De coach speelde ook een rol, in de groep en individueel, in de bewaking van de grenzen van de supporters. Hij hield in de gaten of supporters voldoende afstand hielden ten opzichte van 'hun' getroffenen, en of zij niet de neiging hadden hulpverlener te gaan spelen.

> *De supporters zeiden soms dat ze heel veel kennis kregen zonder dat ze er iets mee mochten doen. Als de grens in zicht kwam, vonden ze het wel lastig om er niet overheen te (mogen) gaan. De supporters waren er heel open over. We hebben het er heel vaak over gehad.*

Soms ook moesten supporters afgeremd worden in hun enthousiasme om teveel tegelijk aan te pakken. Overigens bewaakte de groep ook dit soort zaken. De supporter vertelde over zijn supporterswerk in de groep, en de groep dacht mee en adviseerde.

De supporters hebben de begeleiding van de coaches in hoge mate gewaardeerd.

Rol assistent-coach

De assistent-coach hielp de coach bij het organiseren van de bijeen-komsten en de verslaglegging, en hielp zaken te regelen met de coördinator van het Supportproject. De coach stond op een wat grotere logistieke afstand van Het Anker, en de assistent-coach woonde in Volendam. De grotere nabijheid van de assistent-coach was een goed hulpmiddel in het onderhouden van het contact tussen de groep en Het Anker. Dat wil niet zeggen dat de coach daarin niets deed. Over inhoudelijke vraagstukken had de coach zelf contact met de coördinator van het Supportproject.

De assistent-coach verving ook de coach bij diens afwezigheid, hoe-wel van hem/haar niet verwacht werd dat hij/zij dat op dezelfde manier kon doen. De assistent-coach was geen professional.

Aanpak

De coaches hadden grote vrijheid om hun werk in te vullen. Het was geen bestaand werk, er waren geen richtlijnen voor. De coaches verschilden onderling. De verschillen zijn terug te vinden in de aanpak van de groepen en beïnvloed door het karakter van de groep. De aanpak verschilde van het gestructureerd volgen van een agenda en een strak eindtijdstip tot een volkomen vrije aanpak. Elke groep ontwikkelde daarbij de structuur die het beste bij de groep en de coach paste. Vaak had een groep wel een agenda, maar veel groepen volgden die bijna nooit.

Betrokkenheid

De coaches verschilden niet alleen van elkaar maar ook in de mate waarin zij zich persoonlijk verbonden aan het Supportproject en aan Volendam. De coaches waren aan de zijlijn onderdeel van een discussie binnen Het Anker over hoeveel afstand de professionals in het werk voor de getroffenen moesten hebben. Voor de coach ging het vooral om vragen als:
– Geef je je privételefoonnummer aan supporters?
– Nodig je de groep ook wel eens bij je thuis uit?

Coaches hebben hierin verschillend geopereerd, de ene coach stelde zich gereserveerd op en de ander was gemakkelijk. Soms kwam de laatste een beetje in de knoei met de juiste mix tussen betrokkenheid en afstand. De coaches konden hier niet varen op routine en de sfeer van het Supportproject was ernaar. De groepen respecteerden echter de houding die elke coach hierin innam. Er hebben zich op dit punt nooit problemen voorgedaan.

Op enig moment kwam vanuit de directie van Het Anker de vraag of de coaches niet 24 uur bereikbaar moesten/wilden zijn. Daarop hebben de coaches collectief gereageerd dat het te ver ging, en dat er zo nodig een 24-uurs bereikbaarheidsdienst vanuit Het Anker geregeld moest worden. Supporters konden daar dan ook gebruik van maken.

Deskundigheid

De coaches waren weliswaar niet ervaringsdeskundig in rampen, maar brachten andere ervaring en deskundigheid met zich mee die hen in staat stelden om tussen alle klippen door toch de supportersgroepen op professionele wijze te begeleiden en supporters bij te staan. Zij hadden ervaring met crisisinterventie en met groepswerk, en enkele ook met vrijwilligerswerk. Bovendien waren zij gewend om in hun werk ook te kijken naar de sociale context van de problemen die op tafel kwamen.

Zonder deze kennis en ervaring hadden zij niet de rol kunnen vervullen die zij vervuld hebben richting de groep en richting individuele supporters. Zij stuurden het groepsproces en hielden het in de hand.

De meeste coaches waren echter vooral hulpverleners. Het coachen van vrijwilligers is iets anders dan hulp verlenen, en vraagt om een andere benadering. De coaches volgden in april 2001 een tweedaagse training over het verschil tussen coachen en hulpverlenen van het Instituut voor Psychotrauma, maar moesten dit aspect van het Supportproject net als alle andere aspecten vooral in de praktijk ontwikkelen. Vanaf de start was duidelijk dat coachen een andere houding vroeg dan hulpverlenen. Maar verder begon eerst het werk, en kon er pas daarna nagedacht worden over het specifieke karakter ervan. En dat werk begon in een veel emotionelere context dan het normale werk.

> *Ik had in het begin niets aan mijn jarenlange beroepservaring. Voor het eerst sinds jaren was ik weer zenuwachtig toen ik begon als coach. Wat mocht ik wel en wat mocht ik niet?*

> *Je stelt meer vragen als: 'wat doe je dan?, hoe ga je ermee om?, deel het eens met anderen.'*

> *Wat speelde was hetzelfde als in andere vrijwilligersorganisaties. Dingen als: wat haal je er zelf uit?, nee mogen zeggen. De rest ging over de eigen ervaringen. Een verschil met andere vrijwilligerspro-*

jecten was vooral het spelen van de emoties. Die waren heel sterk.
Het was geen vrijwilligerswerk op afstand.

Naast feedback en het bewaken van grenzen, bleek een zeer belangrijk element van het werk te zijn dat vrijwilligers blijken van waardering nodig hebben.

> *Het is belangrijk respect te hebben voor de inzet van vrijwilligers,*
> *maar je moet ook zorgen dat ze hun grenzen niet overgaan.*

> *Een collega wil ook wel steun, en je wilt zelf ook wel een schouder-*
> *klopje, maar vrijwilligers hebben daar toch meer van nodig. Veertig*
> *procent van het werk van de coach is schouderklopjes geven.*

Zoals voor de voor-en-doormethode geldt, moesten de coaches vooral werken *met* mensen in plaats van *voor* mensen. Hun professionele, inhoudelijke kennis ging gepaard met vaardigheden als actief luisteren, faciliteren en evalueren.

8.3   Van zorgmakelaars tot zorgbegeleiders

ZORGMAKELAARS

Opdracht zorgmakelaars

Naast de leiding en de coaches vormden de zorgmakelaars, later zorgbegeleiders, de derde groep professionals in het Supportproject. De zorgmakelaars hadden een drieledige taak. Allereerst moesten zij zicht krijgen op de vragen van getroffenen en de verbinding leggen tussen deze vragen en het Supportproject. Daarnaast vormden zij een professionele achterwacht in groepsactiviteiten en lotgenotengroepen, en tot slot waren zij de belangrijkste communicatieschakel tussen Het Anker en de supportersgroepen.

Behoeften getroffenen

Het Supportproject wilde vraaggericht werken, dat wil zeggen ingaan op wat de getroffenen nodig hadden en niet het Supportproject in de aanbieding doen. Vraaggericht werken is een belangrijk kenmerk van de voor-en-doormethode. Eerst was het de bedoeling om getroffenen/ betrokkenen vooral de steun van supporters aan te bieden, maar al snel bleek dat het nodig was om de behoeften van getroffenen in brede zin in beeld te krijgen. Het ging in het begin vaak om praktische zaken.

Wij probeerden eerst in gesprek te komen. Als je op huisbezoek wilde, mocht je bijna altijd komen. De gesprekken werden een combinatie van registeren en inschatten van benodigde hulp. Pas daarna vertelden we over het Supportproject.

Als een getroffene dat wilde, zorgde de zorgmakelaar voor een koppeling met een supporter. De zorgmakelaar had een overzicht van supporters, hun persoonsgegevens en kwaliteiten. De coach had goed zicht op wat een supporter te bieden had.

In de meeste gevallen was de koppeling succesvol.

We maakten kennis met twee zorgbegeleiders erbij[12]. Die mochten gelijk wel weg, want het klikte enorm.

In een enkel geval ging er iets mis.

Vraag en aanbod waren niet goed op elkaar afgestemd. De vraag hoorde eigenlijk bij Evian thuiszorg.

Het was de bedoeling dat de zorgbegeleider contact op zou nemen met de coaches als er een supporter nodig was, maar de precieze procedure voor een match tussen getroffene en supporter is een aantal keren gewijzigd. In de praktijk bleek het lastig om snel te schakelen tussen een zorgmakelaar en alle coaches. Het gebeurde regelmatig dat zorgbegeleiders zelf supporters benaderden. Zij maakten gebruik van de mensen die zij kenden en van wie zij zelf wisten wat zij ervan konden verwachten. Onder meer hierdoor zijn er supporters met meer dan één koppeling en supporters zonder koppeling.

Een zorgbegeleider benaderde een supporter met de vraag of hij nog een keer bijles kon geven. De coach werd gepasseerd. Als het aan de coach was gevraagd, zou hij een van de twee groepsleden hebben aanbevolen die nog nooit waren ingezet. Daar zat namelijk ook een onderwijzeres bij.

Anno 2006 legt een zorgmakelaar sneller contact met de coach omdat er nog maar één coach is die bovendien op Het Anker werkt.

12 Het was overigens gebruikelijk dat er één zorgbegeleider bij was.

Hoewel dat wel de bedoeling was, had de zorgbegeleider na het tot stand brengen van een koppeling niet altijd contact om te zien of de koppeling goed verliep. De supporter had echter wel de coach en de groep.

Overigens leidden de contacten van zorgbegeleiders met getroffenen niet direct tot veel vraag naar koppelingen of inzet van een supporter. Zeker in de eerste periode was de vraag naar formele koppelingen met een supporter nog niet erg groot.

Begeleiding bij groepsactiviteiten en lotgenotengroepen

Zorgmakelaars hebben ook vaak groepsactiviteiten bijgewoond, als professionele aanvulling op de aanwezigheid van supporters. Zij zijn bijvoorbeeld een constante factor in de jaarlijkse wintersport.

Een zorgbegeleider coördineert de projectgroep voor lotgenotengroepen, en zorgbegeleiders zijn meestal bij de bijeenkomsten van lotgenotengroepen aanwezig. Als ze niet aanwezig zijn, hebben ze contact met de supporters over wat er in de groepen speelt. Belangrijk is dat zij de ontwikkeling in de lotgenotengroep in de gaten houden. Een bekend gevaar van een lotgenotengroep is dat de leden elkaar gaan bevestigen in de slachtofferrol, in plaats van dat zij elkaar in hun sterkte stimuleren. De zorgbegeleiders profileren zich echter in de lotgenotenactiviteiten niet als professionals, omdat dat het karakter van de groep zou aantasten. Bovendien zijn zij ook niet als hulpverleners aangetrokken.

> *De ouders praten gemakkelijker met een supporter dan met een professional. Een professional als gast werkt prima, die brengt informatie. Maar als een professional de groep zou leiden, is meer terughoudendheid van de kant van de groep te verwachten.*

Communicatieschakel

Supporters hadden het nodig om op de hoogte te zijn van wat er rond de nazorg speelde en informatie van Het Anker te krijgen. Zij hadden behoefte aan persoonlijk gebrachte informatie, ook al kregen zij een nieuwsbrief en was er een website. Ook andersom was het goed om informatie uit de supportersgroepen Het Anker in te brengen.

Een supporter gaf advies aan een zorgbegeleider hoe een moeder te benaderen die het moeilijk had.

Om communicatieschakel te kunnen zijn moesten de zorgmakelaars aanwezig zijn bij de supportersgroepen. Er waren echter meer groepen dan zorgmakelaars, er waren wat wisselingen in zorgmakelaars en het takenpakket van de zorgmakelaars was al snel erg breed. Daardoor is de functie van communicatieschakel met Het Anker bij sommige supportersgroepen van het begin af aan helemaal verkeerd gegaan. In juni 2001 had een enkele supportersgroep nog nooit een zorgmakelaar gezien. In de loop van de tijd kregen meer supportersgroepen er last van dat ze te weinig informatie kregen. Dit was per groep verschillend. Sommige zorgmakelaars, of andere medewerkers van Het Anker, die als supporter bij een groep begonnen waren, bleven hun groep trouw.

Het punt van onvrede over de informatievoorziening is jaren blijven spelen. Daar kwam nog eens het psychologische effect bij dat supporters de eerste roerige periode gingen missen. De groepen kwamen niet zo vaak meer bij elkaar, de afstand tussen coach en Het Anker werd groter en er was de overgang naar een meer afstandelijk gebouw.

In 2004 zijn de informatielijnen tussen de groepen en het Supportproject/Het Anker over en weer korter geworden doordat er nu één coach is, die in dienst is van Het Anker. De informatievoorziening loopt nu soepeler, ook vanwege het feit dat het aantal groepen kleiner is geworden en minder vaak bij elkaar komt.

Begeleiding

Het hoofd van de afdeling mantelzorg van de Thuiszorg was vanaf het begin betrokken bij het Supportproject. Zij had ervaring met het opzetten van vrijwilligersprojecten en de koppeling tussen vraag en aanbod. Bij de onderbrenging van het Supportproject in Het Anker kreeg zij de opdracht om de werkzaamheden van de zorgmakelaars te coördineren, en structuur aan te brengen in de koppeling tussen vraag en aanbod. Een formele structuur, met behulp van registraties en lijsten, bleek echter heel moeilijk.

Gelet op de zwaarte van de taak van de zorgmakelaars en hun positie in de Volendamse samenleving, achtte de coördinator van het Supportproject supervisie heel belangrijk. Zij regelde dat zodra zij het Supportproject binnenkwam. Er was op dat moment nog geen groot bewustzijn in de twee andere poten van Het Anker (Helpdesk en Advies- en informatiecentrum) dat medewerkers in de nazorg extra supervisie nodig hadden. Het voorbeeld van de zorgmakelaars is echter later wel in Het Anker nagevolgd.

> Dat supervisie geen overbodige luxe is, blijkt wel uit het feit dat een zorgmakelaar al in 2001 schrijft: 'De titel voor een boek over de hulpverlening en hulpverleners na een ramp zou kunnen zijn *Morgen ben ik moe*.'

ZORGBEGELEIDERS

Functieverschuiving

De functie van zorgmakelaar kreeg in de praktijk van het werk vorm. Binnen Het Anker evolueerde de functie bovendien in de loop van 2002 naar de functie van zorgbegeleider. De functie van zorgmakelaar verdween en die van zorgbegeleider kwam.

Een zorgbegeleider had de opdracht om contact te houden met een aantal getroffenen, de registratie van hun situatie actueel te houden en hen te steunen bij het zoeken van oplossingen voor problemen waar zij tegenaan liepen. Zorgbegeleiders waren niet alleen voor het Supportproject maar voor de hele nazorg, ook de professionele nazorg, de schakel tussen getroffenen en betrokkenen aan de ene kant en de nazorg aan de andere kant.

Daarnaast hield de zorgbegeleider ook nog dezelfde taken in het Supportproject als de zorgmakelaar had. Deze functieverschuiving verzwakte de functie van informatieschakel tussen supportersgroepen en Het Anker nog verder. Vooral voor die zorgbegeleiders die later werden aangetrokken en geen wortels hadden in het Supportproject was het erg moeilijk om de betreffende rol in het Supportproject te vervullen. Hun eerste focus lag op het contact met getroffenen en hun familie.

Zorgplannen

Met de overgang per 2003 van het Advies- en Informatiecentrum naar het Centrum voor Reïntegratie en Nazorg besteedde Het Anker meer aandacht aan professionalisering van het werk. De zorgbegeleiders gingen werken met zorgplannen. Hun opdracht was om samen met de klant, een getroffene, een zorgplan op te stellen waarin alle zorgbehoeften aan de orde kwamen. Bovendien moesten zij de situatie van de getroffene en de contacten die zij met hem hadden goed regis-

treren. Zij kregen een aantal klanten toegewezen uit de lijst van getroffenen. Zij moesten leren om de behoeften van klanten op hun
juiste waarde te schatten en Het Anker moest hun werklast in kunnen
schatten. Daarvoor was de methodiek van casemanagement bedoeld.
Zorgmakelaars werden daarin getraind.

> Het Anker gebruikt een systematiek van weegfactoren. Weeg-
> factoren helpen onder andere om de tijd te bepalen die het op-
> lossen van vragen kost, om de eigen caseload te bepalen en
> daarmee ook de benodigde capaciteit in te schatten.

De zorgbegeleiders konden anderen van Het Anker inschakelen als
getroffenen behoefte hadden aan hulp bij het aanvragen van uitkeringen en regelingen, en aan advies en bemiddeling bij scholing en
werk. Binnen Het Anker waren twee beroepskrachten aangetrokken
die thuis waren op het terrein van arbeid en scholing. Beide waren zij
al lang zeer betrokken en actief als supporter. De vragen naar arbeid
en scholing bleken erg belangrijk te zijn voor de Volendamse jongeren.

> Het bedrijfsleven, verenigd in de Industrie en Bedrijvengroep
> Edam-Volendam, toonde zich bereid getroffenen gelijke kansen
> op een baan te geven. Het sloot daartoe een convenant af.
> Samen met het IBEV zocht Het Anker individuele oplossingen
> voor getroffen jongeren.

Ook konden de zorgbegeleiders binnen Het Anker overleggen over en
doorverwijzen naar professionele hulp. Het nazorgteam van professionele instellingen was al langer in het gebouw van Het Anker geves-
tigd.
De zorgbegeleiders kregen ook hele praktische vragen waarvoor zij
niet altijd wisten hoe door te verwijzen. Dan gingen ze zelf op zoek.

> Wat te doen met een vraag of je zonder vingers je rijbewijs kunt
> halen?

Band met het Supportproject

De band tussen het Supportproject en de zorgbegeleiders werd gaandeweg minder sterk. De informatievoorziening tussen supportersgroepen en Het Anker over en weer werd alleen nog maar moeilijker, ondanks de inzet die sommige zorgbegeleiders bleven houden. De zorgbegeleiders concentreerden zich op hun opdracht tot casemanagement. Voor de zorgbegeleiders die uit het Supportproject zelf voortkwamen en supporter waren (geweest) was het gemakkelijker om bij het Supportproject betrokken te blijven dan voor de zorgbegeleiders voor wie dit niet gold.

Ondanks het feit dat een groep supporters in de loop van de tijd de afstand ten opzichte van Het Anker te groot vonden worden, wisten zij de weg naar de zorgbegeleiders wel te vinden. Als zij dat nodig vonden, namen supporters wel contact op met een zorgbegeleider om een signaal over een getroffene of groep getroffenen door te geven. Andere signalen gingen naar de groep, de coach of anderen die bij Het Anker betrokken waren.

Vraaggericht

In de contacten met de getroffenen probeerden de zorgbegeleiders zo goed mogelijk na te gaan wat deze nodig konden hebben. Daarbij moesten zij ervoor zorgen niet op de stoel van het nazorgteam van professionele hulpverleners te gaan zitten. Afspraak was dat in het nazorgteam besproken zou worden welke hulp, van welke instelling, het meest gepast was voor een cliënt met een bepaald probleem. Daaraan vooraf ging echter het contact dat de getroffene had met de zorgbegeleider. Die moest proberen het probleem helder te krijgen. Als een cliënt zelf echter al wist van wie hij hulp wilde, was het de vraag wat de zorgbegeleider moest doen. Vaak gingen zorgbegeleiders dan mee in de wens van de cliënt omdat zij die wens voorop stelden. Dat gold ook voor de wens van mensen die om een supporter vroegen.

Dit past bij het beeld dat geldt voor de voor-en-doormethode. Daarin speelt een gelijkwaardigheid van perspectief: het perspectief van de deelnemer en deelgenoot is net zo belangrijk als het perspectief van de professional. Daar hoort bij dat de professional respect heeft voor de voorkeur van een deelnemer voor de voor-en-doormethode.

8.4   Professionele inspiratie vanuit Zweden

UITGANGSPUNTEN

De initiatiefnemers van het Supportproject hebben zich laten inspireren door het verhaal dat de Zweedse hulpverleners vlak na de brand in
Volendam kwamen vertellen. Het supportproject in Zweden richtte
zich op professionals uit andere beroepen, zoals brandweerlieden en
politiemensen, leraren en andere belangrijke mensen uit de omgeving van de getroffen jongeren. Zij legden contacten met de jongeren.
Zij waren dus niet, zoals in Volendam, pure vrijwilligers.
De komst van de Zweden is in het voorjaar van 2001 gevolgd door een
reis naar Zweden van een breed gezelschap van mensen die met de
nazorg in Volendam van doen hadden. De contacten die toen zijn
gelegd hebben geleid tot een inhoudelijke uitwisseling van ervaringen
en lotgenotencontacten tussen Volendamse en Zweedse jongeren. De
Zweden brachten ervaringsdeskundigheid die erg aansloeg bij een
groot aantal mensen rond het Supportproject en Het Anker.

In Zweden bleek dat professionele ondersteuning niet voldoende was.
Juist steun uit de eigen omgeving, van mensen uit de eigen groep,
was belangrijk. Het ging in Zweden om verschillende allochtone
groepen die steun nodig bleken te hebben uit de eigen etnische
groep, soms zelfs overgevlogen uit een ander deel van de wereld.
De Zweedse ervaring was dat het lang kon duren voordat getroffenen
hulp zouden vragen. Direct na de ramp bleek er vooral behoefte te
zijn aan geld, comfort en warmte. Na twee jaar kwamen problemen
als nachtmerries en slaapproblemen pas echt naar boven, en kwam
de vraag naar professionele hulp op gang.

> Getroffen jongeren gaven aan dat zij het liefst praatten met
> vrienden en leeftijdgenoten, vooral met jongeren die hetzelfde
> hadden meegemaakt. Een getroffen Zweed vertelde hoe hij zich
> tijdens gesprekken met psychologen gepusht voelde om te pra-
> ten, terwijl hij dat niet wilde. Hij vond meer steun van mensen
> die aangaven dat ze wilden luisteren op het moment dat hij er
> zelf aan toe was om te vertellen.

UITWISSELEN ERVARINGEN

Na deze eerste bijeenkomsten zijn er nog vele bilaterale contacten
geweest tussen Zweedse hulpverleners en mensen uit de nazorg van

Volendam. Ook zijn er diverse malen bezoeken geweest van professionals uit Zweden die zich betrokken voelden bij Volendam, zoals van de coördinator van de Zweedse nazorg, een 'supporter', een Zweedse psychotherapeute met veel getroffen klanten, een brandweerman die zelf ernstige brandwonden had opgelopen. Zij waren elke keer weer bereid om de door hen opgedane kennis en ervaringen te delen, met supporters, met zorgbegeleiders, met Volendamse en niet-Volendamse hulpverleners. Hun ervaringen waren voor de Volendammers elke keer een stimulans om door te gaan. Als de Volendammers vermoeid raakten, wisten de Zweden hen wel op te peppen.[13] Zij gaven ook aan dat het normaal is dat hulpverleners zelf ook vermoeid raken, dat zij soms even niets meer met de ramp te maken willen hebben. Hulpverleners hebben ondersteuning nodig omdat zij dit soort situaties niet alleen aankunnen.

Zweedse ervaringen

De Volendammers werden attent gemaakt op processen die zouden gaan plaatsvinden, als leedhiërarchie en het schuldgevoel van overlevenden. Ook schetsten de Zweden dat niet alleen de getroffenen en de samenleving fasen van hoop en desillusie doorliepen maar ook de hulpverleners. Werkers moeten zich bewust zijn van de projectie van gevoelens die op hen af komen. Zij krijgen continu te maken met gevoelens van machteloosheid, boosheid, ambivalentie.

Wees je bewust van de processen die je doorloopt, en van je gevoelens. Ben je in gesprek en krijg je een vervelend gevoel, neem dan even afstand en kies ervoor wat je binnen laat komen en wat je bij de ander laat.

Getroffenen moet je niet haasten, niet confronteren. Getroffenen bevinden zich eerst in een stabilisatiefase. Zij moeten hun eigen situatie kunnen blijven controleren. Deze fase kan rustig een paar jaar duren, afhankelijk van wat iemand eerder heeft meegemaakt. De jongeren die gestabiliseerd waren in hun eigen netwerk, waren later gemakkelijker te helpen.

13 Bepaalde traumagerelateerde onderwerpen hadden ook door de leden van het nazorgteam van professionele hulpverleners voor het voetlicht gebracht kunnen worden, maar de inbreng vanuit Zweden had ook te maken met de grote lotsverbondenheid die de mensen uit Volendam en de mensen uit Zweden voelden. De rampen leken erg op elkaar.

Wat is helpend:

– *gedachten en gevoelens delen met anderen in dezelfde situatie;*
– *praten over de keten van gebeurtenissen, gedachten, gevoelens en fantasieën, steeds maar weer;*
– *toegang hebben tot feiten over de ramp;*
– *praktische hulp in het dagelijks leven;*
– *dagelijkse routine;*
– *tijd;*
– *en dan professionele hulp.*

To support people in a crisis:

– *de drager van hoop zijn als de hoop is vervlogen;*
– *vertrouwen hebben dat het slachtoffer in staat is zelf met zijn situatie om te kunnen gaan;*
– *alle respect tonen voor de ervaringen van de slachtoffers;*
– *de integriteit en identiteit van het slachtoffer respecteren;*
– *luisteren;*
– *vragen als je iets niet begrijpt;*
– *luisteren als het slachtoffer steeds maar weer de gebeurtenis beschrijft;*
– *in te breken als het slachtoffer passief is;*
– *luisteren als het slachtoffer actief is.*

LESSEN VOOR VOLENDAM

De doelstellingen van het Supportproject zijn rechtstreeks uit de Zweedse inspiratie afgeleid: sociale ondersteuning, kennisoverdracht en de brugfunctie naar de professionele hulpverlening.
Daarnaast hebben de Volendammers een aantal lessen goed in hun oren geknoopt:

– Lotgenotengroepen en lotgenotencontacten via activiteiten zijn heel belangrijk. Deze wetenschap vormde een belangrijke impuls om activiteiten te gaan organiseren.
– Ga zorgvuldig om met je vrijwilligers; coach hen, vang hen op, zorg dat zij kennis krijgen en getraind worden. Dit was

aanleiding voor het Supportproject om hier veel werk van te maken.
- Wees je bewust van de fases na een ramp, van de afwisseling van verbondenheid en desillusie, van de processen die zowel de gemeenschap als de hulpverlening doorlopen. Deze kennis maakte het gemakkelijker om ook bij de zoveelste crisis door te gaan.
- Wees je bewust van de gevoelens die bij een reactiefase (desillusie) horen: gevoelens van wanhoop, boosheid, agressie, niet weten wat te doen; deze gevoelens beïnvloeden niet alleen de getroffenen en betrokkenen maar ook de organisaties.

Het bewustzijn dat een ramp heel eigen vragen met zich mee bracht, was een goede aanleiding om het Instituut voor Psychotrauma te vragen om over dit soort zaken voorlichting te geven. Dit instituut heeft een grote bijdrage geleverd aan kennis in Volendam over de mogelijke gevolgen van de ramp.

De Zweedse lessen hebben er toe geleid dat het Supportproject een intensief contact met de supporters onderhield. Het Supportproject realiseerde zich dat er verschillende desillusiefasen zouden optreden. Het kon deze situaties herkennen en uitleggen aan de supporters. Supporters en andere betrokkenen voelden zich daardoor gesteund en konden de motivatie hoog houden.

De organisatie

Dit hoofdstuk laat zien hoe de informele organisatie van het Support-project en de formele organisatie van Het Anker bij elkaar kwamen. Zonder betaalde krachten was het Supportproject een hele andere organisatie geweest. De financiering van het Supportproject komt aan de orde en de rol van het Regiobudget voor psychosociale nazorg dat door PWZ Achmea/ZOK werd gecoördineerd.

9.1 Een informeel gezicht

HET EERSTE UUR
De mensen van het eerste uur bouwden met elkaar op vrijwillige basis een informele organisatie. De stijl van werken leek op die van het op-bouwwerk: snel reageren op signalen uit de omgeving met een grote inbreng van die omgeving en andere betrokkenen (getroffenen, sup-porters, coaches, zorgmakelaars).
De mensen van het eerste uur hadden de juiste mix van professionele inbreng: op psychosociaal vlak, op het terrein van het werken met vrijwilligers en hun begeleiding, kennis van de Volendamse samenle-ving, kennis van mantelzorg. En het ging om mensen die besluitvaar-dig waren en konden en wilden improviseren.
Het waren professionals met een visie op de rol van de gemeenschap en op het karakter van hulpverlening na een ramp. Zij bekeken de getroffenen als mensen die normale reacties hadden op abnormale gebeurtenissen. Die konden het beste allereerst geholpen worden door mensen uit hun eigen omgeving.
Zij voldeden aan een belangrijke voorwaarde voor een goed functione-rende voor-en-doormethode. Voor hen stond gelijkwaardigheid van getroffenen, supporters en organisatie voorop; zij hadden respect voor het werken op basis van betrokkenheid van burgers op elkaar, en zij waren flexibel.

OVERGANG NAAR HET ANKER

In de eerste helft van 2001 ging het Supportproject deel uitmaken van Het Anker en werd financiering van de professionele krachten geregeld. De overgang van een zelforganisatie van vrijwilligers naar een professionele organisatie die met vrijwilligers werkte ging dus snel. Het Supportproject had vanaf het begin te maken met tegenwicht vanuit professionele hulpverlenershoek. Er waren instellingen en hulpverleners die niet direct het belang van inschakeling van de eigen omgeving zagen, en soms zelfs als gevaar zagen dat getroffenen hierdoor geen of te laat professionele hulp zouden krijgen.

Na de overgang naar Het Anker kwam daar ook vanuit de nieuwe organisatie een tegenwicht bij. Het Anker oefende druk op formalisering uit. Het Anker was de formele organisatie waar de informele organisatie van het Supportproject werd ondergebracht. Het Anker was heel belangrijk voor het Supportproject, want het trad op als formele baas van de coördinator en zorgmakelaars, en zorgde voor de faciliteiten en het budget. Bovendien was Het Anker de instelling die de psychosociale nazorg moest coördineren, en het Supportproject was in feite onderdeel daarvan.

De initiatiefnemers van het Supportproject realiseerden zich dit heel goed, en zagen ook het belang in van een bundeling van krachten in de nazorg. Dat wilden zij echter alleen als zij het karakter van het Supportproject konden handhaven. Supportteam en denktank hebben daarom in de loop der jaren voortdurend het informele gezicht van het Supportproject bewaakt.

9.2   Druk op formalisering

INTEGRATIE VAN TAKEN

Uitvoering in huis

Het advies- en informatiecentrum had bij de start in januari 2001 drie doelstellingen: het geven van advies en informatie vanuit een centraal punt, het tot stand brengen van een geïntegreerd aanbod van nazorg, en het monitoren van getroffenen zodat hulpvraag en hulpaanbod goed op elkaar konden worden afgestemd. Het advies- en informatiecentrum zou geen uitvoerende werkzaamheden doen, maar alleen informeren, adviseren en coördineren.

Met de Helpdesk en het Supportproject haalde Het Anker echter wel uitvoerende taken in huis. De vrijwilligers voerden steeds meer activiteiten uit waarvan het advies- en informatiecentrum nooit gedacht had dat die ook onder haar vlag uitgevoerd zouden gaan worden.

Integratie

Het eerste jaar, 2001, had Het Anker nog duidelijk drie poten: het advies- en informatiecentrum, de Helpdesk en het Supportproject. Alle drie de poten moesten veel improviseren. Zij probeerden samen te werken, maar dat was nog moeilijk.

Het jaar 2002 was voor de nieuwe directeur van Het Anker het jaar van opbouwen. De drie poten waren nog steeds apart zichtbaar. Op papier, in de doelstellingen en jaarverslagen, maakte het Supportproject volwaardig onderdeel uit van Het Anker. De taken van de drie poten werden in de praktijk langzamerhand meer geïntegreerd. Voor het Supportproject betekende dit vooral dat de zorgmakelaars een taak gingen krijgen in het monitoren van getroffenen. Mede in aanloop naar de nieuwe organisatie kreeg dit monitoren veel aandacht.

Karakter van de opdracht aan Het Anker: structuur

Een belangrijk onderdeel van de opdracht aan Het Anker hield in dat er systematisch gewerkt moest worden aan registratie van getroffenen en hun situatie. Alleen op die manier kon inzicht in de totale groep verkregen worden, en konden overheid en instellingen hun beleid daarop afstemmen. De druk hierop was groot. Ervaring met andere rampen had uitgewezen dat een goede registratie van getroffenen van groot belang is.

Deze druk ging samen met de wens om diepgaand inzicht in de, naar verwachting, complexe behoeften van de fysiek ernstig getroffen jongeren te krijgen. Zorgplannen waren de instrumenten en zorgbegeleiders de mensen die hiermee werkten. Daar kwam tot slot bij dat Het Anker er belang bij had zichzelf goed te verantwoorden naar de opdrachtgevers toe.

De combinatie van een volledige registratie en vastgelegde zorgplannen legden een grote druk op de organisatie. Er moest veel energie gestoken worden in het registratiesysteem voordat dat helemaal werkte zoals bedoeld. Het Anker had ervoor gekozen om zelf een systeem op te zetten, en niet het Enschedese systeem over te nemen. De medewerkers moesten veel energie steken in het wennen aan systematische registratie van veel van hun handelingen. Dat gold voor alle medewerkers, ook voor de coördinator van het Supportproject. Zij voldeed daaraan maar de vrijwilligers lieten zich moeilijk systematiseren.

Het streven naar systematisering werd versterkt door de overgang van advies- en informatiecentrum Het Anker naar CRN Het Anker dat een professionele, bedrijfsmatige organisatie moest worden.

Verdere professionalisering

Per 1 januari 2003 werd de nieuwe organisatie een feit: Centrum voor Reïntegratie en Nazorg (CRN) Het Anker. De nieuwe organisatie was een gevolg van de adviezen van de Commissie financiële afwikkeling. Voor de directeur ging de fase van opbouwen over in een fase van professionaliseren.

De professionele aanpak uitte zich onder meer in een bedrijfsplan en een focus op de introductie van een professionele wijze van casemanagement. Het registratieaspect werd alleen nog maar sterker. Deze focus was al door de BSNV aangedragen en werd verder gestimuleerd door het rapport van de Commissie financiële afwikkeling. Beiden benadrukten het belang van goede begeleiding van getroffenen in het verder uitzetten van de lijnen van hun leven.

VREEMDE EEND IN DE BIJT

Onzichtbaar op papier

Opvallend is dat het Supportproject in het bedrijfsplan erg onzichtbaar werd. De missie van CRN Het Anker vermeldde nog wel dat het CRN Het Anker zich ook richtte op sociaal ondersteunen, maar in de doelstellingen en primaire processen was niets van het Supportproject terug te vinden. Het bedrijfsplan sprak van twee primaire processen: informeren/adviseren en begeleiden/coördineren. De uitvoeringstaken van het bieden van sociale ondersteuning, het organiseren van lotgenotengroepen en de psycho-educatie (waar het Supportproject, en met het Supportproject Het Anker, ook druk mee waren) waren niet in het bedrijfsplan terug te vinden. De doelstelling van het uitdragen van informatie en kennis in de Volendamse gemeenschap, die het oude Anker nog had, was helemaal verdwenen (Bedrijfsplan CRN Het Anker). Het lijkt erop dat er een gat in beleving zat tussen de beleidsmakers die een goed centrum voor reïntegratie en nazorg op wilden zetten, zoals door de Commissie financiële afwikkeling en de BSNV bedoeld, en de praktijk van het oude Anker waarin de nazorg een breder gemeenschapsgezicht had.

Balanceren

Door de overgang naar het Centrum voor Reïntegratie en Nazorg werd de organisatie van Het Anker een meer formele organisatie waarin de informele organisatie van het Supportproject een vreemde eend in de bijt was. Een formele organisatie legt meer nadruk op productafspraken, efficiency en kostenreductie. Een informele organisatie is meer procesgericht.

De productgerichte afspraken van een meer formele organisatie kunnen niet zomaar gelden voor een voor-en-doormethode, zonder het karakter daarvan aan te tasten. In die methode telt juist ook het spontane initiatief van burgers en de mogelijkheid om daarop in te spelen (in het Supportproject het initiatief van getroffenen en supporters) en is sturen op cijfers moeilijker. De professionals in de methode moeten balanceren tussen het formele en informele, tussen resultaatgericht en mensgericht. Van de organisatie vraagt deze methode dat zij vraaggericht wil werken, dat zij de professionals voldoende budget en bevoegdheden geeft om flexibel in te spelen op de wensen van de deelnemers en deelgenoten.

Dat neemt niet weg dat de organisatie wel duidelijk moet zijn over het doel en een visie moet hebben op het werken met deelgenoten. Steun en betrokkenheid van het bestuur en management zijn essentieel. Bovendien is de stijl van leidinggeven belangrijk. De leiding moet ruimte geven. De voor-en-doormethode gedijt niet in een topdown-cultuur.

Management

In 2001 was het Supportproject stevig verankerd in het management van Het Anker. Het had een 'eigen' (mede)directeur. Vanaf 2002 is de formele positie van het Supportproject in Het Anker langzaam maar zeker minder geworden. Eerst was er een hoofd Supportproject, daarna alleen nog de coördinator die geen deel uitmaakte van het managementteam.

De informele positie bleef echter sterk. Het hoofd van het Supportproject dat aantrad na vertrek van de Volendamse (mede)directeur van Het Anker had haar wortels in het Supportproject. Bij de overgang naar CRN Het Anker werd zij bureaumanager, een managementpositie onder de directeur met het accent op de interne bedrijfsvoering van Het Anker. Zij kende de werkwijze en doelstellingen van het Supportproject goed. Zo kon zij samen met de coördinator van het Supportproject de belangen van het Supportproject intern voor het voetlicht brengen. Dat was wel nodig want er speelden meer belangen binnen Het Anker en het belang van het Supportproject werd niet als vanzelf behartigd.

Zichtbaar in de praktijk

De sfeer die het beleidsplan van het CRN ademde paste niet bij het informele karakter van het Supportproject, en van duidelijkheid over het doel en de visie van het Supportproject was vanuit de formele organisatie geen sprake. Die duidelijkheid moest vooral komen van het supportteam en denktank. Met die duidelijkheid voor ogen slaagden de werkers in CRN Het Anker er in de praktijk wel in om op de eigen manier door te gaan. De bureaumanager bleek een goed pleitbezorger op management- en bestuursniveau. Wat in het bedrijfsplan niet terug te vinden was, bleef wel in de praktijk. Het jaarverslag 2003 maakte net als eerdere jaren melding van alle activiteiten van het Supportproject. En ook in de beschrijvingen in het jaarverslag van doelstellingen, taken en aandachtspunten was het karakter van het Supportproject weer helemaal terug te vinden.

AFSTAND

Voor de supporters wierp de ontwikkeling van Het Anker naar een meer gestructureerde organisatie een hogere drempel op, en meer afstand ten opzichte van Het Anker. Daar kwam de overgang naar het minder toegankelijke, nieuwe gebouw aan de Julianaweg en de focus van de zorgbegeleiders op het casemanagement nog bij.

> In het noodgebouw bij de polikliniek kwamen supporters gemakkelijk over de vloer. Het nieuwe gebouw van Het Anker aan de Julianaweg wierp een drempel op. De zakelijke sfeer van dit gebouw paste niet bij het informele karakter van het Supportproject. Ook voor getroffenen wierp het gebouw en de entree een drempel op. In 2005 is de entree veranderd.
> Het gebouw had zeker ook voordelen door de beschikbare ruimte voor vergaderingen en bijeenkomsten. Het Supportproject gebruikte het gebouw later meer en meer. De meeste supportersgroepen echter bleven bij elkaar komen in de ruimten die zij gewend waren, en verhuisden niet naar Het Anker.

9.3   Invloed van de omgeving

MIDDELPUNT VAN KRACHTEN

De druk op Het Anker om te systematiseren en bedrijfsmatig te werken was groot, maar daar stonden verschillende vormen van druk vanuit de omgeving tegenover die het soms moeilijk maakten om beleid te maken en systematisch beleid te voeren. Het Anker stond in het middelpunt van de krachten en emoties die nog jaren na de ramp speelden. Er was druk vanuit Volendam, druk vanuit het overleg met de nazorginstellingen, druk vanuit de opdrachtgevers. Iedereen was als het ware eigenaar van de ramp en wilde het beste voor de getroffenen en betrokkenen. Daar hoorde bij dat mensen zich miskend konden voelen als hun hulpaanbod niet werd geaccepteerd. Dat gold voor alle niveaus, vrijwilligers, bestuursleden, professionele hulpverleners. Deze situatie bracht met zich mee dat mensen elkaar soms voor de voeten liepen of het moeilijk eens konden worden. De respectievelijke directeuren laveerden ieder op hun eigen wijze hier tussendoor. In het begin waren de directeuren zelf ook nauw betrokken. De directeuren hadden veel overleg en flexibiliteit nodig, maar konden niet voorkomen dat er regelmatig veel spanningen in Het Anker ontstonden. Soms waren zij daar zelf deel van.

Dit alles vond plaats in een omgeving die sterk in beweging was en die voortdurend invloed uitoefende op het beleid van Het Anker. De ene keer hadden de spanningen geen invloed op het Supportproject, de andere keer troffen zij de supporters sterk. Het vertrek van een van de latere directeuren, die het Supportproject een belangrijke rol toedichtte, gaf de motivatie van de supporters een ernstige knauw.

BESTUUR

Op bestuurlijk niveau was de inbreng van het Supportproject niet vanzelfsprekend. Het bestuur van Het Anker had te maken met veel verschillende aspecten en belangen. De invloed van de BSNV-vertegenwoordigers die de focus op de ernstig getroffenen hadden, was groot en de twijfels over het Supportproject van de instellingen die voor de professionele nazorg moesten zorgen klonken in het bestuur door. Het hoofd van het Supportproject en latere bureaumanager van CRN Het Anker moest op dat niveau nogal eens het pleit bezorgen voor het Supportproject. Ook de denktank kwam soms in beeld. Dit ging overigens op en neer. Er waren ook genoeg momenten waarop het bestuur en de BSNV het Supportproject omarmden.

Tijdens een bijeenkomst na een jaar Supportproject drukte de voorzitter van de BSNV zich zo uit:

Ik moet eerlijk bekennen dat ook ik vorig jaar sceptisch was toen ik hoorde van de opstart van het project. Maar als ik zie wat er in het afgelopen jaar gebeurd is en ik hier een jaar later nog zo'n grote groep aantref, dan heb ik daar veel bewondering voor. Er komen straks nog lastige trajecten, dat weten we allemaal. Jullie hebben inmiddels veel vrije uurtjes opgeofferd voor onze kinderen. Jullie

> *hebben fantastisch werk gedaan en ik hoop dat jullie dat in de*
> *toekomst voortzetten.*

Uit een artikel in de NIVO over deze bijeenkomst, januari 2002.

Sommige groepssupporters die dichtbij de getroffen jongeren stonden vonden wel eens dat het bestuur van Het Anker te weinig deed
met de signalen die zij afgaven. Zij kregen naar hun idee te weinig te
horen waarom signalen niet werden opgepakt en begrepen de overwegingen of belangen die hierin meespeelden niet. Naar hun idee
was de focus soms te sterk op de ernstig getroffen jongeren gericht,
waardoor de situatie onder de totale groep getroffen jongeren onvoldoende werd gewogen.

> De toename van drugs- en alcoholgebruik onder uitgaande jon-
> geren in Volendam was zo'n onderwerp dat lange tijd heen en
> weer ging. Er waren supporters die zich al vroeg zorgen maak-
> ten. Er waren mensen die andere zorgen hadden, dachten dat
> het wel meeviel en die er niet teveel de aandacht op wilden
> vestigen.

LANGE LIJNEN
Door de vele invloeden op en in Het Anker kon het gebeuren dat sommige voorstellen vanuit het Supportproject een lange weg moesten
gaan voordat er toestemming kwam om deze uit te voeren. Vanuit de
omgeving speelden altijd verschillende belangen een rol. Voorstellen
hadden soms niet alleen de instemming van de Raad van Toezicht
nodig maar ook van het beleidsoverleg van professionele nazorginstellingen. Er waren daarmee lange besluitvormingslijnen, en er was
veel overleg nodig. Het was soms moeilijk om tot overeenstemming
te komen. Dit stond in tegenstelling tot het spontane, informele karakter van het Supportproject. De soms te snelle reacties vanuit het
Supportproject op signalen van supporters, stonden tegenover de
trage besluitvorming over beleidszaken of nieuwe initiatieven.

> Begin 2004 dienden Supportproject en preventieoverleg een
> voorstel in tot interactieve sociale ondersteuning. Hierin zou-
> den zowel professionals als supporters een rol spelen. Dit voor-
> stel moest worden goedgekeurd in het beleidsoverleg. De be-
> sluitvorming hierover heeft een jaar en drie maanden geduurd.
> In september 2005 is de interactieve sociale ondersteuning van
> start gegaan.

9.4   Financiering

PLEITBEZORGERS

Projectdirecteur Rampen ministerie VWS
Het Supportproject had op beleidsniveau goede pleitbezorgers. De
projectdirecteur rampen van het ministerie van Volksgezondheid
Welzijn en Sport (VWS) zag al snel na de ramp het belang in van de rol
van de eigen gemeenschap, de nulde lijn. De contacten die de Projectdirecteur Rampen met Volendamse eerstelijns professionals had,
maakte dat zij het belang van een eigen Volendamse aanpak inzag.
Daarnaast werd dit inzicht vooral gevoed door de ervaringen uit Göteborg. De projectdirecteur hoorde hiervan tijdens de reis naar Zweden
van organisaties die betrokken waren bij de zorg voor getroffenen in
Volendam.
Door de positieve invloed van de reis naar Zweden was het voor Het
Anker mogelijk om ook zijn medewerkers van het Supportproject uit
het budget van Het Anker te betalen. Dit budget vormde onderdeel
van het nazorgbudget dat de ministeries van Binnenlandse Zaken en
Koninkrijksrelaties en VWS aan de gemeente Volendam ter beschikking stelden.
Het Supportproject begon al met al met redelijk veel professionele
krachten en vormde een belangrijk onderdeel van de begroting van
Het Anker. De salarissen van de zorgmakelaars waren de grootste
post. Hun taak om de zorgvraag te inventariseren was echter een taak
die ook bij het advies- en informatiecentrum lag, reden waarom de
functies van de zorgmakelaars al snel werden geïntegreerd in Het
Anker. De kosten van de zorgmakelaars kunnen uiteindelijk slechts
voor een klein deel aan het Supportproject toegedicht worden.

PWZ Achmea/Zorgkantoor Zaanstreek Waterland

Als belangrijkste zorgverzekeraar van de getroffenen stelde PWZ Achmea/ZOK zich direct na de ramp actief op in het mogelijk maken van snelle hulp op maat. PWZ Achmea/ZOK stelde een telefoonlijn in voor getroffenen en betrokkenen, was zeven dagen in de week 24 uur bereikbaar, en was er alert op om in te springen waar dat nodig was. PWZ Achmea/ZOK nam van het begin af aan de Volendamse gemeenschap serieus en schroomde niet om met de SSNV overleg te plegen. PWZ Achmea/ZOK zag al snel in dat een coördinatie van het hulpaanbod erg belangrijk zou zijn, net zo goed als de afstemming van dit aanbod op de vraag. De vraag was onvoorspelbaar. Via de reguliere financieringslijnen zou deze afstemming niet gemakkelijk zijn, omdat er sprake was van een complexe situatie. Er waren meerdere hulpverleners en zorgaanbieders uit verschillende regimes met verschillende financieringsbronnen en verschillende bekostigingssystemen. PWZ Achmea/ZOK heeft daarom het ministerie van VWS het verzoek gedaan om één budget, het regiobudget voor psychosociale nazorg, beschikbaar te stellen. Daarmee kon het zorgaanbod optimaal op de vraag worden afgestemd en samenhangende steun en zorg op maat geleverd worden. PWZ Achmea/ZOK heeft de rol op zich genomen om het budget toe te wijzen, en nam daarmee tevens op de achtergrond de rol van coördinator op zich.

REGIOBUDGET VOOR PSYCHOSOCIALE NAZORG
Cruciaal in de visie en werkwijze van PWZ Achmea/ZOK was de voortdurende gerichtheid op de vraag en behoeften van de getroffenen. PWZ Achmea/ZOK zag Het Anker als zaakwaarnemer van de getroffenen in Volendam. Een zaakwaarnemer was van belang voor een goede vraaggerichte inkoop van zorg. Bovendien bood het regiobudget voor psychosociale nazorg de financiële prikkels om vraaggericht werken mogelijk te maken. Aanbieders van hulp en zorg werden beloond voor daadwerkelijk geleverde zorg en PWZ Achmea/ZOK was in staat om innovatieve zorgvormen die aansloten bij de vraag, te financieren, en deed dit ook.

Belangrijk voor PWZ Achmea/ZOK was daarbij dat alle getroffenen toegang hadden tot dezelfde psychosociale nazorg. Tot slot was PWZ Achmea/ZOK er ook op gericht om kennis over steun en psychosociale zorg na een ramp op te bouwen en te verspreiden.

Zoals PWZ Achmea/ZOK het doel van het regiobudget zelf uitdrukt
(jaarverslag Psychosociale zorg 2004):

> *De projectsubsidie heeft als doel om vraaggestuurde integrale ke-
> tenzorg te realiseren voor getroffenen.*

De uitgangspunten van het RBB (regiobudget voor psychosociale nazorg) zijn:
- zorg op maat, de klant staat centraal;
- de zorg is vraaggericht, de hulpvraag is leidend;
- respect voor de keuzevrijheid (autonomie) van de klant;
- samenhang en integrale samenwerking (zorgketens worden
  gestimuleerd);
- flexibele inzet van een passend zorgaanbod;
- substitutie van zorg wordt waar mogelijk gesteund;
- geld volgt zorg, d.w.z. flexibiliteit in de financieringswijze
  opdat de werkelijk geleverde zorg kan worden beloond;
- transparantie in de relatie prestatie (output) en input (perso-
  neel en materieel);
- de output en niet de input of throughput wordt gefinancierd
  (outputpricing);
- kennisopbouw over psychosociale zorg na de ramp.

Het regiobudget zorgde voor ontschotting op financieel en inhoudelijk gebied. Het regiobudget bekostigde immers verschillende instellingen van nulde tot en met tweede lijn, zoals het pastoraat, de Jeugd-
zorg, de GGD, de eerstelijns psychologie, de Riagg. Normaliter zijn
deze organisaties onderdeel van totaal verschillende regimes waarin
de financiering en bekostigingswijze verschilt.
Kortom, het budget bood flexibiliteit voor zorg op maat, geleverd
door een diversiteit aan aanbieders. De centrale vraag was steeds:
'Wat is de vraag en wat zijn zorgbehoeften?' en 'Wat is hier een (gezamenlijk) passend antwoord op?' Het beantwoorden van deze vragen
bleek een continue opgave. Het ging om pionieren, en pionieren
zorgde voor dynamiek die vroeg om een grote rol van PWZ Achmea/
ZOK op de achtergrond. Informatie en coördinatie bleken kernbegrip-
pen te zijn voor de organisatie die hierdoor nodig was. PWZ Achmea/
ZOK heeft met de aanpak na de ramp, die voor een groot deel buiten
het bestek van dit boek valt, een voortrekkersrol vervuld in de wereld
van de zorgverzekeraars.

BELANG VAN DE NULDE LIJN

Ondanks het feit dat PWZ Achmea/ZOK geen ervaring met rampen had, ontwikkelde PWZ Achmea/ZOK toch al vroeg een visie op hoe tegen de hulpverlening na een ramp aan te kijken. Daarbij liet PWZ Achmea/ZOK zich ook inspireren door de ervaringen die in Zweden met de nazorg waren opgedaan. PWZ Achmea/ZOK stelde vanaf de start de getroffenen en hun omgeving, en hun vragen, centraal.

PWZ Achmea/ZOK stond een vraaggerichte aanpak voor waarbij getroffenen en betrokkenen zo snel mogelijk opnieuw de regie over hun leven zouden krijgen. De steun of hulp moest gefaseerd, of getrapt, worden aangeboden. Wat in de nulde lijn kon, moest in de nulde lijn en wat in de eerste lijn kon, idem dito. Pas daarna kwam in de ogen van PWZ Achmea/ZOK de tweede lijn in beeld. Bij een vraaggerichte aanpak hoorde ook dat er niet een standaardaanbod aan hulp zou zijn, maar gezocht werd naar vormen van hulp waar behoefte aan bleek, ook al waren die niet gangbaar.

Vanuit deze uitgangspunten kon de professionele ondersteuning die de coaches de vrijwilligers boden, uit het regiobudget voor psychosociale nazorg betaald worden. Voor PWZ Achmea/ZOK was het Supportproject een onmisbare schakel in de keten van steun en zorg voor getroffenen. Het Supportproject hielp om vraaggericht te kunnen werken. Het opereerde immers dichtbij de vragers, het gaf signalen en was een bron van kennis over de verschillende groepen getroffenen, hun behoeften en vragen. Voor PWZ Achmea/ZOK was het Supportproject een toegangspoort tot de getroffenen en stond het bovendien symbool voor de veerkracht en het zelfherstellend vermogen van Volendam.

9.5   Evalueren voor de toekomst

Begin 2005 is het rapport verschenen van de eerste fase van de evaluatie van CRN Het Anker. De evaluatie leverde materiaal voor het besluit over de toekomst van Het Anker. Het Supportproject heeft volgens dit rapport een positieve bijdrage geleverd aan CRN Het Anker (Evaluatie CRN Het Anker, FASE 1, 2004):

- Het Supportproject heeft een belangrijke rol gespeeld in Het Anker en in de psychosociale nazorg en doet dat nog.
- Het Supportproject levert een belangrijke bijdrage in het bereiken van de doelgroep, het zit hier dicht op. Door de gelijkwaardigheid tussen supporters en getroffenen kunnen supporters signalen over zorgbehoeften opvangen en helpen informatie uit Het Anker te verspreiden.

– Het Supportproject levert ook een goede bijdrage aan de lotgenotengroepen en de lotgenotenactiviteiten.
– Voor die activiteiten lukte het echter nog niet altijd om geheel vraaggericht te werken, dat wil zeggen die activiteiten te organiseren die helemaal aansluiten bij de wensen van de doelgroep.

Dit hoofdstuk laat zien hoe het Supportproject in het krachtenveld van de zorg na de ramp stond. Aan de orde komen het krachtenveld in Volendam en het krachtenveld in de psychosociale nazorg. Tot slot gaat het hoofdstuk dieper in op de belangrijkste spanningsvelden waar het Supportproject zich in bevond.

10.1 Het krachtenveld in Volendam

De gevolgen die getroffenen van een ramp ondervinden beperken zich niet tot de directe persoonlijke gevolgen. Er gaan allerlei andere zaken spelen die getroffenen opnieuw kunnen raken. Als getroffen of betrokkenen van een ramp door andere oorzaken die met de ramp verband houden zich nog eens getroffen voelen, noemt men dat secundaire traumatisering. Als dit geldt voor een grote groep mensen in de gemeenschap kan men ook spreken over de ramp na de ramp (Gersons e.a., 2004).

De gevolgen die de gemeenschap van een ramp ondervindt, zijn afhankelijk van de situatie waarin de ramp plaatsvond. Zo maakten in Volendam de langdurige publieke discussie over de schuldvraag, de juridische afhandeling en de bestemming van het pand Het Hemeltje het moeilijk voor een grote groep mensen om de ramp af te sluiten. Maar ook zijn er verschijnselen na een ramp die vaker voorkomen. Zo is de invloed van de pers op de beleving van de gemeenschap groot, en is het verschijnsel van leedhiërarchie een normaal verschijnsel.

VAN SLACHTOFFER NAAR GETROFFENE

De aandacht van Volendam was lange tijd vooral gericht op de groep van 63 jongeren met ernstige brandwonden. De groep zelf vond deze aandacht niet altijd even plezierig. Hulp bij het regelen van praktische, medische en financiële zaken wilde zij graag, maar zij wilde niet zielig gevonden worden. Het was opvallend hoe sterk velen uit deze groep zich gedroegen en vochten om hun leven weer een beetje normaal te laten zijn.

Naast de jongeren met ernstige brandwonden was er een hele grote groep jongeren die lichtere verwondingen hadden opgelopen, of niet zichtbare interne lichamelijke schade, vooral schade aan de longen. Zij hadden alle reden veel van de stressreacties te vertonen die na een ramp normaal zijn, maar zij waren in Volendam minder in beeld. Na een aantal jaren, ongeveer vanaf 2003, bleek pas dat veel jongeren uit deze groep de ramp nog niet hadden kunnen verwerken. Hulpvragen kwamen langzaam op gang.

In 2002 is Het Anker de benaming getroffenen gaan gebruiken in plaats van slachtoffer. Het woord slachtoffer gaf teveel associaties met zieligheid, en bovendien gaf het woord getroffenen beter aan dat het om alle getroffen jongeren ging en niet alleen om de jongeren met ernstige brandwonden. De kerngedachte van het Supportproject om de hele Volendamse gemeenschap voldoende vertrouwd te maken met het idee dat alle getroffenen, zelfs indirect getroffenen, stressreacties zouden kunnen vertonen, was niet bij iedereen overgekomen. De verbrandingen van de 63 jongeren waren te erg om te bedenken dat andere getroffenen met ander schade ook ernstige reacties konden vertonen. Zij stonden zichzelf dat ook niet toe.

LEEDHIËRARCHIE

Leedhiërarchie is een ladder waarvan de treden aangeven hoeveel leed verschillende groepen heeft getroffen. De groep op de hoogste trede is het zwaarst getroffen. De ladder bestaat alleen in de beleving van mensen. Hij is er alleen als de getroffenen zelf en hun maatschappelijke omgeving onderscheid aanbrengen tussen verschillende groepen en het hier ook grotendeels over eens zijn (Renes, 2005).

In Volendam hebben verschuivingen plaatsgevonden in de manier waarop groepen op de ladder van leed stonden. De ouders van overleden jongeren stonden direct na de brand hoog op de Volendamse ladder; bijna iedereen in Volendam merkte wel iets van de begrafenissen.

De mensen die bij de nazorg betrokken waren, richtten hun aandacht op alle getroffenen en hun omgeving. De ouders van de overleden jongeren waren daarbinnen een kleine groep, en voelden dat. In de loop van de tijd schoven de jongeren met ernstige brandwonden op naar de hoogste trede op de ladder. De ouders van de overleden jongeren voelden zichzelf nog meer naar beneden zakken toen bekend werd dat de overlevende getroffenen een tegemoetkoming voor functionele invaliditeit kregen.

De jongeren zonder zichtbare schade stonden al die tijd niet erg hoog op de ladder, en zij lieten dat zelf grotendeels ook zo. De meeste van hen vonden ook dat zij niet mochten klagen en durfden hun problemen niet toe te geven. Maar helemaal zonder strijd ging dat niet. Er waren incidenten waarbij zo'n jongere zich als getroffene meldde, maar door andere jongeren niet werd begrepen. Het ging er wel eens hard aan toe.

Toen de rust in Volendam enigszins terugkeerde, de keuringen voor de tegemoetkomingen waren geweest en de jongeren met ernstige brandwonden een klein beetje hun draai hadden gevonden, stegen de jongeren zonder zichtbare schade een stukje op de ladder. Er kwam wat meer aandacht voor hun problemen, althans bij een deel van Volendam. Er was ook een deel waarvoor de hele ladder niet interessant meer was, die het onderwerp van de brand het liefst wilde afsluiten.

Ook in de belangenvereniging speelde de vraag naar hoe de ernst van getroffen zijn ingeschat moest worden.

BELANGENVERENIGING

Functie
In april 2001 is de Belangenvereniging Slachtoffers Nieuwjaarsbrand Volendam (BSNV) opgericht. De BSNV had een belangrijke invloed op de inrichting van de psychosociale nazorg. Zij was ook als directe vertegenwoordiger van de getroffenen naast de SSNV een belangrijke partner in de rechtszaak tegen en onderhandelingen met de eigenaar van Het Hemeltje, en de onderhandelingen met de gemeente over de bestemming van het pand. Daarnaast heeft zij de SSNV geadviseerd over de bestemming van de middelen. Anno 2006 maakt de BSNV zich vooral sterk voor het oprichten van een nazorgstichting. Deze moet zorg in de ruimste zin van het woord voor minstens vijftig jaar waarborgen.

Rol in de nazorg
Vanaf zijn oprichting heeft Het Anker de BSNV nauw betrokken bij zijn beleid. Al vanaf begin 2002 is de BSNV bij het bestuur betrokken. Na de overgang van Het Anker naar Centrum voor Reïntegratie en Nazorg zijn twee bestuursleden van de BSNV in de Raad van Toezicht

opgenomen. Doel daarvan is te waarborgen dat Het Anker dichtbij zijn belangrijkste doelgroep blijft staan.

De invloed van de BSNV op de nazorg in Volendam is altijd groot geweest, en is dat nog. De BSNV heeft een belangrijke rol gehad in het bestrijden van bureaucratie als die dreigde, en het pleiten voor praktische, snelle oplossingen. Zij was soms een effectieve luis in de pels van de instellingen. Met de combinatie van kritische houding en betrokkenheid bereikte zij veel.

Het evaluatierapport van Het Anker roept, net als sommige betrokkenen, de vraag op of de BSNV met haar lidmaatschap in de Raad van Toezicht niet te dicht op de nazorg stond (KPMG, 2004). Ze vertegenwoordigt de belangrijkste klant, maar niet de enige.

Hoewel de BSNV voor alle getroffenen openstond, was haar eigen aandacht binnen Het Anker toch ook in eerste instantie vooral op de getroffenen met ernstige brandwonden gericht. Gelet op de grote merkbare gevolgen van het gebeurde op het dagelijkse leven van deze getroffenen, en gesteund door de overeenstemming die er in Volendam was over de leedhiërarchie, is dat volstrekt begrijpelijk. De BSNV was met name in het eerste jaar, maar ook nog daarna erg druk met alle praktische, materiële en financiële zaken waar deze ernstig getroffenen mee te maken kregen. En zij wilde graag dat Het Anker deze groep en hun materiële zorgen prioriteit gaf, hetgeen is gebeurd.

Supportproject

Binnen het Supportproject heeft dat een aantal malen tot ongerustheid geleid. Het Supportproject was van het begin af niet alleen gericht op getroffenen met ernstige brandwonden, maar op alle getroffenen en bovendien uitdrukkelijk ook op betrokkenen. Daarnaast was het Supportproject met name gericht op de psychosociale gevolgen. De zorgen van het Supportproject hadden gedeeltelijk een ander accent dan de zorgen van de BSNV. Binnen Het Anker kwamen die zorgen samen. Dat leidde af en toe tot botsingen.

10.2   Het krachtenveld in de keten van psychosociale nazorg

PARTNERS IN DE KETEN

Elke ramp kenmerkt zich door chaos tijdens en na de gebeurtenis. Chaos in dingen en chaos in mensen. Om greep te krijgen op die chaos treden rampenplannen in werking, gaan hulpverleners orde scheppen en steken ook burgers de handen uit de mouwen. In Volen-

dam was dat laatste heel sterk aan de orde. Voor allen is het improviseren geblazen. Zowel voor de vrijwilligers als voor de hulpverleners,
want geen ramp is hetzelfde. Hoe verder de tijd voortschrijdt, hoe
meer structuur professionals proberen aan te brengen. De gebeurtenissen in Volendam laten echter zien dat de organisatie van de nazorg
na een ramp nog lange tijd vooral ook een kwestie van improviseren
blijft.

Het Supportproject speelde na haar start al snel op allerlei zaken in en
pakte verschillende taken op. Het Supportproject nam hiermee een
eigen plek in het geheel van de psychosociale nazorg in, en bewoog
zich voor een deel op hetzelfde terrein als de professionele hulpinstellingen.

De professionele hulpverleners en hun instellingen deden veel moeite
om uit te vinden hoe zij Volendam het beste konden steunen. Zij hadden geen ervaring met rampen. Voor de medewerkers van de eerstelijns instellingen lag een rol ter plaatse, samen met de gemeenschap,
in de lijn van hun normale werk, en de meeste instellingen van de
eerste lijn gingen daarin mee. Een aantal instellingen, met name in de
tweede lijn, had in het begin echter voor ogen dat de nazorg vooral
een zaak voor professionals was. Getroffenen zouden last van trauma
hebben of krijgen, waardoor zij vooral professionele hulp nodig hadden. Een Supportproject zou hen daar wel eens van af kunnen houden. De initiatiefnemers werd wel verweten dat zij niet professioneel
handelden. Deze instellingen wisten niet goed hoe zich tegenover de
rol van de gemeenschap op te stellen. Dat gold ook voor de GGD die
vanuit Het Anker de psychosociale nazorg moest coördineren.
Deze aarzeling kan misschien begrepen worden in het licht van wat
de Commissie Geestelijke Volksgezondheid in 2002 schreef. Zij stelde dat de geestelijke gezondheidszorg in de tweede lijn met haar professionalisering heeft afgeleerd om problemen in hun context te zien
en problemen meer en meer in de behandelkamer behandelt als los-
staande 'medische' problemen (*Zorg van velen*, 2002). De commissie
signaleert dat hierdoor de informele zorg in onze samenleving ver-
drongen is door formele zorg.

> Juist na een ramp is ook informele zorg en betrokkenheid
> nodig. In de woorden van de Zweden: wees maar gewoon
> mens.

SAMENWERKING

Verwarring na een ramp

De samenwerking tussen de professionele instellingen en Het Anker en de Volendamse initiatieven, en zelfs de onderlinge samenwerking tussen professionals, ging niet altijd even gemakkelijk. De emoties die na de ramp in Volendam speelden, beïnvloedden ook deze samenwerking. (Hakvoort beschouwde de situatie van de professionele hulpinstellingen als zijnde in identiteitsverwarring. Hakvoort, 2002.) De ervaringen in Zweden hadden ook al uitgewezen dat een ramp niet alleen de getroffen gemeenschap beïnvloedt maar ook de hulpverleners en hun organisaties.

Preventie

Preventieve activiteiten van professionele instellingen variëren van algemene voorlichting aan grote groepen over de mogelijke reacties na een ramp, tot begeleiding van besloten lotgenotengroepen met een therapeutisch karakter.

Op het gebied van preventie kwamen de hulpverleners het Supportproject tegen. Ook Volendamse professionals uit de eerste lijn[14] speelden een belangrijke rol. De professionele instanties organiseerden hun preventieve activiteiten al dan niet samen met het Supportproject. De coördinator van het Supportproject werkte samen met de preventieafdeling van de Riagg en het latere preventieteam.

De professionals leverden ook bijdragen aan voorlichting en training in het Supportproject, in plenaire bijeenkomsten en in supportersgroepen. Daar profiteerden niet alleen supporters van, ook de coaches leerden bij over trauma.

Professionele individuele hulpverlening

Het Supportproject bewoog zich niet op het terrein van de individuele hulpverlening. Het verleende individuele steun, wat uitdrukkelijk iets

---

14 Naast de huisartsen en fysiotherapeuten, speelden met name de Amazones hierin een rol. Dit is een geuzennaam voor een groep van vijf Volendamse vrouwen die alle vijf professioneel op de een of andere manier met de brand te maken hadden en bovendien elkaar al kenden: een eerstelijns psychologe, een huisarts, een pastoraal werkster, een psychologe uit het Waterlandziekenhuis, een zorgmakelaar uit Het Anker. Zij hadden spontaan een groep gevormd met het belangrijkste doel om elkaar te steunen en intervisie te geven. In de praktijk werden zij bovendien een groep die allerlei signalen van en over getroffenen en hun omgeving vertaalden in acties en onder de aandacht van beleidsmakers brachten.

anders is dan hulpverlening. In de individuele psychosociale hulp aan
getroffenen werkten de professionele hulpverleners en instellingen
zoveel mogelijk samen. PWZ Achmea/ZOK speelde vanaf begin 2002
een rol in de coördinatie hiervan.

Niemand wist wat er aan hulpvraag te verwachten was. Het Anker had
in januari 2001 een visie hierover op laten stellen. Deze was gebaseerd
op ervaringen na andere rampen. Deze visie gaf aan dat het aantal
mogelijke hulpvragen groot kon zijn. In de praktijk bleek de hulpvraag echter maar langzaam op gang te komen. Dit maakte dat de
professionele hulpverlening zorgen had over de verborgen vraag en
de Volendamse cultuur die maakt dat je een hulpvraag liever niet stelt.
Daarnaast vroegen sommigen zich af of het Supportproject ertoe bij-
droeg dat de hulpvraag achterbleef. Zouden supporters getroffenen
en betrokkenen niet te lang bij zich houden zonder hen door te verwijzen? Zouden zij niet zelf gaan hulpverlenen?

Brugfunctie naar de professionele hulpverlening

Die zorg bleek in de praktijk niet terecht. Een van de uitdrukkelijke
functies van het Supportproject was om, waar nodig, getroffenen te
stimuleren professionele hulp te vragen of te accepteren. Om die
reden leerden supporters signalen te herkennen die erop duidden dat
iemand hulp nodig had. Hieraan besteedde het Supportproject veel
aandacht, niet alleen in de kennisoverdracht maar ook in de supportersgroepen.

Supporters waren zich zeer bewust van hun verantwoordelijkheid in
deze. Zij deden hun best om getroffenen te motiveren hulp te zoeken
als zij dachten dat dit nodig was. In een aantal gevallen lieten getroffenen zich overtuigen, maar er was wel eens zoveel weerstand van
getroffenen om naar de professionele hulpverlening te stappen, dat
het de supporter ook niet lukte om iemand daarvan te overtuigen.

Een supporter worstelde daar nooit alleen mee. Er was altijd de groep
en de coach met wie hij dit probleem kon bespreken en die hem advi-
seerden hoe hiermee om te gaan. Daarnaast had de supporter de mogelijkheid om het probleem vertrouwelijk met één van de zorgbegeleiders te bespreken, wat de meeste supporters ook deden. De zorgbegeleiders pakten dit signaal op, maar hun bewegingsvrijheid was beperkt als het om vertrouwelijke informatie ging. Het was een signaal
voor hen om extra goed contact te houden met degene om wie het
ging.

Grenzen supporters

Supporters hadden zoveel geleerd over mogelijke psychische reacties van getroffenen dat er de verleiding zou kunnen zijn om hulp te gaan verlenen in plaats van alleen maar sociale steun te geven. Er is echter geen aanwijzing dat supporters voor deze verleiding bezweken. Eén geval is ter sprake geweest waarin de supporter mogelijk wat te ver was gegaan, maar niemand wist van een concreet geval te vertellen waarin het mis is gegaan. De supporters waren erg goed geïnstrueerd en werden kritisch gesteund door hun groep en coach. De openheid in de groepsbijeenkomsten was zodanig dat supporters veel vertelden over de problemen die zij in hun werk tegenkwamen. Mochten zij al de neiging hebben om te ver te gaan, werden zij wel gecorrigeerd door groep of coach.

Het feit dat professionele hulpverleners, met name in de tweede lijn, minder klanten kregen dan ze op grond van de regiovisie hadden ver-wacht, maakte dat zij hun kritische houding niet zomaar loslieten. In bijeenkomsten of besprekingen kwamen daarnaast soms ook de voorbeelden ter sprake van getroffenen die geen hulp wilden, maar waarvan de deskundigen dachten dat professionele hulp zeer noodza-kelijk was. Het was niet altijd duidelijk dat de supporter, als die erbij betrokken was, zeker zijn best deed om getroffene tot hulp te motive-ren. Dit soort misverstanden konden tot animositeit leiden.
Voor supporters was het bijna nooit een optie om de relatie met een getroffene te beëindigen als de getroffene niet op hulp in wilde gaan. Dat zou in hun ogen de zaak alleen maar slechter gemaakt hebben. Supporters leerden overigens ook om relaties te beëindigen als deze geen zin meer hadden, of als de getroffene teveel op de supporter ging leunen. Als de supporter het moeilijk vond, legde hij dit aan de groep voor en kreeg hij advies. Ook werden van dat soort punten soms weer thema's gemaakt voor groepsbesprekingen.

Ogen en oren professionele hulpverlening

Supporters waren vaak de eerste om te signaleren wat speelde in Volendam. Zij waren als het ware de ogen en oren van Het Anker en de professionele hulpverlening. Supporters gaven signalen door, via de groep, de coach of anderszins. Daarnaast werden in de supporters-groepen uitgebreid de ontwikkelingen in Volendam besproken. Voor de hulpverlening was het overigens niet altijd duidelijk of bepaalde signalen zo algemeen waren dat erop gereageerd moest worden, of dat het incidentele gevallen betrof.

De informatiefunctie van supporters ging twee kanten op. Behalve dat zij aan Het Anker signaleerden wat er speelde, konden zij ook vanuit Het Anker kennis verspreiden en invloed uitoefenen op de openbare mening in Volendam. Dat sloot aan bij de ambassadeursfunctie van supporters. Een voorbeeld hiervan is de aandacht die het Supportproject besteedde aan de leedhiërarchie, kennis over de achtergronden daarvan en weten hoe erop te reageren.

10.3   Spanningsvelden

Als er zoveel partijen betrokken zijn bij een improvisatietraject kan het niet anders dan dat er naast de solidariteit die allen richting getroffenen voelen, ook allerlei spanningen optreden. Dat hoort bij de aard van de situatie na een ramp, een onzekere en emotionele situatie.

PROFESSIONALS VERSUS VRIJWILLIGERS

Rampenplannen wijzen een aantal instellingen aan die direct na een ramp de taak hebben om de nazorg te coördineren. De Gemeentelijke Geneeskundige Dienst (GGD) speelt daarin een rol. De GGD coördineerde formeel de psychosociale nazorg, en beheerde daarom het snel opgerichte advies- en informatiecentrum. Het centrum kreeg te maken met een Volendam dat voor een deel zijn eigen weg zocht. De GGD-directeur maakt er in het eerste jaarverslag melding van.

> *Direct na de rampnacht bleek het particulier initiatief zeer krachtig te zijn. Allerlei activiteiten werden georganiseerd waardoor de coördinatie geen gemakkelijke taak was.*

(Jaarverslag Advies- en informatiecentrum Het Anker, 2001)

Het besluit tot samengaan van de Volendamse initiatieven met het advies- en informatiecentrum was gebaseerd op strategische overwegingen, maar hield geen rekening met het feit dat daarmee twee verschillende werelden samen moesten gaan. De vrijwilligers hadden er moeite mee dat professionals van buiten zomaar dachten te weten hoe ze de nazorg in Volendam aan zouden moeten pakken. Daarvoor moest je toch meer van de Volendammers weten. Bovendien voelden zij zich niet serieus genomen door de professionals.

De aanstelling van twee directeuren, die elk één van de twee werelden vertegenwoordigde, kon niet voorkomen dat de tegenstellingen soms een heftige rol speelden. Ook voor hen was het allemaal nieuw. De emoties die in Volendam speelden, speelden ook in alle heftigheid binnen Het Anker.

VRAAG EN AANBOD

Organisatie van het aanbod

De initiatiefnemers van het Supportproject kanaliseerden de Volendamse drang om wat te doen. Daarmee begonnen zij de organisatie van het Supportproject aan de aanbodkant. Zij mobiliseerden supporters en begonnen deze op te leiden. Bij de supporters zelf bleek het aanbod van psycho-educatie heel goed aan te slaan. Er was een grote behoefte aan kennis over de gevolgen van de ramp.
De supporters lieten zien dat de doelstelling van kennisoverdracht en begrip kweken, in ieder geval aan hen zelf, goed besteed was.
Later richtte het Supportproject zijn pijlen ook rechtstreeks op grotere doelgroepen betrokkenen.

Vraag

De initiatiefnemers hadden bij de start geen inzicht in de vraag naar concrete activiteiten van sociale steun. Het Supportproject had wel de uitdrukkelijke bedoeling om vraaggericht te werken.Tijdens de eerste bijeenkomsten bleek al dat de veronderstelling waar was dat mensen sociale steun konden gebruiken. De vraag had zichzelf al voor een deel georganiseerd. Veel supporters gaven al ondersteuning aan getroffenen. En het bleek dat de supporters ook elkaar ondersteuning konden geven. Bij een bepaalde groep supporters kwamen vraag en aanbod bij elkaar.
Het Supportproject veronderstelde dat ook andere getroffenen behoefte zouden kunnen hebben aan sociale steun van een supporter. Om die reden was het tweede aandachtspunt in het Supportproject het aanstellen van zorgmakelaars. Dat waren de mensen die de behoeften van getroffenen én hun omgeving moesten nagaan. Zij moesten de vragen van de brede groep in beeld krijgen, niet alleen van de direct getroffenen. Zij begonnen als vrijwilligers maar werden al snel betaalde krachten, binnen Het Anker. Vanuit die rol zouden zij het middelpunt worden van de spanningen aan de vraagkant.

Belangen aan de vraagkant

De vraagkant was natuurlijk voor de hele nazorg het heikele punt. Hoe kreeg men de werkelijke behoeften van getroffenen in beeld? Het Supportproject richtte zich daarbij vooral op sociale steun, maar er waren natuurlijk veel meer behoeften, gelet op de ernstige fysieke gevolgen van de brand. De verpleegkundigen moesten inzicht krijgen in de medische behoeften van getroffenen, eveneens inclusief de noodzaak van professionele hulpverlening.

De BSNV drong er sterk op aan om eerst de jongeren met ernstige brandwonden in beeld te krijgen en na te gaan wat zij aan behoeften hadden. De BSNV bestuursleden merkten zelf, met ernstig gewonde kinderen, dat er meer, en eerst nog belangrijker, vragen waren dan een vraag naar sociale ondersteuning. De medische en praktische vragen over hoe de jongeren verder konden in het leven hielden de gemoederen lange tijd meer bezig.

De zorgmakelaars werden hierdoor vanaf het begin meegezogen in de focus op fysiek gewonde getroffenen, terwijl het Supportproject 'niemand wilde missen'. Ook voor de coördinator van het Supportproject en de denktank was het soms moeilijk om de oorspronkelijke doelstellingen vast te houden, want de druk, ook op bestuurlijk niveau in Het Anker, was groot. De beweging was overigens volstrekt logisch gelet op de zwaarte van de verwondingen van de fysiek getroffenen en de langdurige ziekenhuisopnames.

De leedhiërarchie die een rol ging spelen, maakte het helemaal moeilijk om de behoeften van de overige getroffenen in beeld te krijgen en hen te benaderen. Toch bleek later dat ook de andere groepen wel degelijk aandacht nodig hadden. Het Anker slaagde er gaandeweg in om ook de bredere groep van 335 getroffenen te benaderen. Voor sommigen gold dat dit twee jaar na de ramp plaatsvond.

De evaluatie van CRN Het Anker in 2004 meldde dat er daarnaast ook 'steeds meer indirect getroffenen naar CRN Het Anker komen. Deels doordat deze personen (nu) meer oog hebben voor hun eigen problemen, deels doordat het aanbod van CRN Het Anker veranderd en aangevuld is. Aan de andere kant hebben veel (indirect) getroffenen nu, drie jaar na de ramp, een terughoudende opstelling bij het zoeken naar hulp.'

Onderzoek naar huisartsbezoek van getroffenen en hun familie wees uit dat zij in 2003 nog altijd meer contact met de huisarts hadden dan voor de brand. Jongeren kwamen met klachten over de luchtwegen. Ouders kwamen meer met psychosociale klachten. Psychische klachten als angst, depressie en stress leiden tot fysieke klachten. Het aantal mensen met een hoog cholesterolgehalte en/of hoge bloeddruk had zich in 2003 uitgebreid. De onderzoekers zeggen dat de cijfers een onderschatting van de

> werkelijkheid zijn. De klachten nemen niet af maar er komen er
> alleen maar meer bij. De resultaten maakten duidelijk dat vooral
> de getroffen families aandacht verdienden (Dorn e.a., 2003).

Supporters als bemiddelaars tussen vraag en aanbod

Dit neemt niet weg dat vanuit het Supportproject, vanuit andere Volendamse initiatieven en vanuit de professionele nazorg vanaf het
begin allerlei activiteiten en lotgenotengroepen voor de bredere kring
van getroffenen en indirect getroffenen zijn ontstaan. Het Supportproject heeft deze van het begin af aan mogelijk gemaakt door supporters en zorgmakelaars hierop in te zetten ondanks de vraagtekens
die sommigen hierbij zetten. De organisatie van activiteiten werd
vooral ingegeven door signalen van supporters, en door vasthouden
aan de wetenschap dat een brede groep aandacht nodig had. Supporters merkten dat in hun eigen omgeving. Zij meldden wat zij hoorden, zij hadden het best zicht op de bredere doelgroep en vaak kwamen zij zelf ook met ideeën. Hun signalen waren voor de leiding van
het Supportproject aanleiding om activiteiten te ondernemen of te
steunen.

De hulp van supporters wil niet zeggen dat altijd goed kon worden
ingeschat welk aanbod wel en welke niet zou aanslaan. De evaluatie
van CRN Het Anker, eerste fase, meldt dat Het Anker nog beter vraaggericht zou kunnen werken. Ook zorgde de hectiek van de situatie er
soms voor dat signalen werden opgepakt maar ook weer werden in-
gehaald door andere ontwikkelingen.

RAAKVLAKKEN IN TAKEN

Het Supportproject en de professionele hulpverlening richtten zich
beiden op preventieve activiteiten en probeerden hierin zoveel mogelijk samen te werken.

Daarnaast ontstond in de beleving van de professionele hulpverleners
een andere vorm van overlap toen de zorgbegeleiders binnen Het
Anker de uitdrukkelijke taak kregen om de getroffenen te begeleiden
in het onderkennen van de noodzaak tot hulp en het zoeken hiernaar.
Deze overlap en de manier waarop de zorgbegeleiders hun taak uit-
voerden, leidde tot onbegrip en wrijving over en weer tussen Het
Anker en de professionele hulpverlening.

De professionele hulpverleners uit het nazorgteam vroegen zich af of
de zorgbegeleiders wel voldoende professionaliteit hadden voor dit

aspect van het werk, of ze niet te betrokken waren. De zorgbegeleiders vroegen zich af of sommige professionals wel begrepen wat de Volendamse getroffenen/betrokkenen bezighield. Dezen wilden soms zelf naar een Volendamse hulpverlener doorverwezen worden in plaats van naar het nazorgteam.

> Bij supporters speelde ook de vraag naar wie door te verwijzen. Het was voor hen gemakkelijker om door te verwijzen naar een persoon dan naar een instantie. Dat was niet (altijd) mogelijk, vooral niet bij de tweede lijn. De drempel van een intakegesprek en dan pas weten wie je hulpverlener werd, was voor een Volendammer echter groot. Als tussenstap kozen supporters er dan voor om door te verwijzen naar de zorgmakelaar, het maatschappelijk werk of de plaatselijk psycholoog.

De emoties dimden op de werkvloer echter altijd sneller dan op beleidsniveau. Na verloop van tijd vonden de werkers van beide partijen elkaar. Zij gingen samen om de tafel voorbeelden bespreken. De directe communicatie leidde ertoe dat nog eens duidelijk werd dat beiden hetzelfde doel voor ogen hadden. De samenwerking kwam meer vanzelf tot stand. De Volendamse zorgbegeleiders konden de deskundigheid van de niet-Volendamse hulpverleners benutten voor advies.

Hoe ga je om met een vraag om hulp van zowel een zoon als vader? Kan je als zorgbegeleider beiden tegelijk helpen?

De hulpverleners konden de Volendamse informatie van de zorgbegeleiders benutten.

Deze vraag ligt op tafel, vertel eens wat meer van de Volendamse achtergrond hiervan.

VERSCHILLEN IN BENADERING

Een zeer heikel punt in de samenwerking, en bijna in heel Volendam, was de wijze van benadering van getroffenen. Betrokkenen bij de nazorg keken hier heel verschillend tegenaan. Er waren twee tegenover elkaar staande benaderingen. Beide hadden uitgesproken voor- en tegenstanders. De twee benaderingen botsten af en toe hevig, en zorgden voor de nodige negatieve beeldvorming over en weer.

Er waren niet alleen uitgesproken voor- en tegenstanders. Er waren ook een heleboel mensen die ergens tussenin stonden. Anno 2006 heeft de tijd ervoor gezorgd dat de tegenstellingen minder scherp zijn geworden, en mensen gemakkelijker bij elkaar komen.

Menselijke betrokkenheid versus professionele betrokkenheid

Voor een aantal mensen, waaronder met name veel Volendammers, stond niet de deskundigheid van degene die hulp bood voorop maar het menselijk vermogen om 'samen met de getroffenen in de modder te lopen'. Dit waren de woorden van de Volendamse directeur van Het Anker. Voor hulpverleners uit het nazorgteam gold dat zij meer op afstand naast iemand wilden gaan staan om hem uit de modder te trekken. Voor hen golden professionele codes zwaarder.

Bij de eerste benadering paste dat de hulpverlener heel erg betrokken was, hetgeen zich in allerlei dingen uitte. Hij trok erop uit om getroffenen actief een hulpaanbod te doen, ook als die er niet om gevraagd had. Hij was dag en nacht bereikbaar. De zorgbegeleiders in Het Anker hadden 24-uurs bereikbaarheidsdienst. Net als de Amazones waren zij als ze niet uitkeken altijd aan het werk. Zij waren ook aan het werk als zij op het schoolplein stonden of in de bar zaten, ook al maakten ze de afspraak om de volgende dag te bellen met degene die hen aanschoot. Bij deze benadering hoorde dat je kon improviseren, en spontaan kon ingaan op de vragen om hulp. Er hoorde bij dat vooral Volendammers functies kregen als zorgbegeleider en receptioniste in Het Anker, omdat zij dichterbij de getroffenen stonden en daardoor toegankelijker waren. En er hoorde bij dat je de Volendamse ziel begreep.

Dit waren dingen die voor het gevoel van een grote groep professionals tegen professionele codes in gingen. Zij waren ook betrokken maar hielden professionele afstand ten opzichte van de getroffenen. Zij benaderden een getroffene pas als hij hierom vroeg. Zij hadden, na de eerste hectische periode, normale werktijden, niet alleen om de tijden maar vooral om ervoor te zorgen dat zij zelf gezond bleven. Zij vonden het belangrijker dat zorgbegeleiders deskundig waren, want zij zagen af en toe hoe moeilijk deze het hadden. Zij vonden dat ook Volendamse hulpverleners in staat moesten zijn om af en toe op metaniveau naar problemen te kijken. Afspraken met getroffenen hoorden in een agenda. En misschien was het beter dat niet-Volendammers de balie van Het Anker bezetten, omdat klanten dan niet het gevoel hadden dat heel Volendam direct zou weten dat hij was geweest. En de Volendamse ziel, was die nu zoveel anders dan de hunne....?

Deze verschillen speelden binnen Het Anker. Zij speelden direct na de brand toen de vrijwilligersinitiatieven en het advies- en informatie-centrum onder één dak kwamen. Maar zij speelden vooral ook later tussen medewerkers van Het Anker en professionals uit het nazorg-team. Dit verstoorde de communicatie binnen de muren van Het Anker.

Deze verschillen speelden ook tussen hulpverleners onderling, met name tussen Volendamse hulpverleners en niet-Volendamse. Maar dat betekende niet dat iedereen tegenover elkaar stond. Veel hulpver-leners van de eerste lijn, en ook wel van de tweede lijn, stonden er-gens links of rechts van het midden.

En de verschillen speelden ook binnen Volendam. Veel Volendam-mers, maar niet alle, stonden argwanend tegenover hulpverleners voor wie de professionele betrokkenheid voorop stond.

Op beleidsniveau kregen de verschillen vaak ook nog eens een andere lading en zorgden zij ervoor dat het krachtenveld dat er al was be-hoorlijk gecompliceerd werd.

De warme deken

De discussie over menselijke betrokkenheid versus professionele be-trokkenheid kreeg een inhoudelijke kant toen aan de ene kant de hulpvraag achterbleef en aan de andere kant zichtbaar werd dat een aantal eerstelijns hulpverleners, met name ook Volendamse, meer klanten kregen dan andere eerstelijns en tweedelijns instellingen. Bovendien mengde de Inspectie Gezondheidszorg zich in de discus-sie door de aanbeveling om de specifieke hulpverlening af te bouwen en de normale hulpverleningswegen te bewandelen (Kingma, 2003). De inhoudelijke kant was de overweging dat slachtoffers na een ramp niet al te lang in een stabilisatiefase moesten verkeren, maar dat zij tijdig professionele hulpverlening nodig hadden. Simpele woorden hiervoor waren dat de getroffenen niet te lang alleen maar in een warme deken gewikkeld moesten worden, maar ook de kou moesten voelen om zich te realiseren dat zij hulp nodig hadden.

De inspectie zag het gevaar dat de benadering van menselijke betrok-kenheid getroffenen te lang in een warme deken zou houden en klaaggedrag zou kunnen doen ontstaan. Deze conclusie werd niet door iedereen gedeeld. Supporters gaven getroffenen en betrokkenen juist kracht in plaats van hen afhankelijk te maken. Ook de visie dat de fase van de warme deken kort gehouden moest worden werd niet door iedereen gedeeld. Vanuit Göteborg waren geluiden gehoord dat sommige jongeren juist lang in die warme deken gehouden moesten worden om ervoor te zorgen dat ze binnenboord bleven en zich veilig genoeg gingen voelen om hulp te vragen.

De Inspectie had overigens met zijn advies ook voor ogen dat de hulpverleners die heel veel met getroffen werkten een groot risico liepen om zelf last te krijgen van de problemen waar zij elke dag mee te maken hadden (vicarious traumatization; voor dit verschijnsel wordt ook wel de term secundaire traumatisering gebruikt, maar die term wordt ook gebruikt voor de gevolgen van de ramp na de ramp, de tweede keer dat slachtoffers van een ramp getroffen worden maar dan door de gevolgen van de ramp).

De supporters

Een deel van de vrijwilligers van het Supportproject was groot voorstander van de menselijke betrokkenheid, maar zij bleven voor een deel buiten de discussie. Het werk van de vrijwilligers mocht meer betrokken zijn, hiervoor golden minder strikte codes, zoals past bij een voor-en-doormethode.

Dat neemt niet weg dat het thema wel een rol speelde. Ook het werk van de supporters werd af en toe kritisch bekeken. Gingen supporters niet te ver in hun betrokkenheid? De coaches hielden dit aspect in de groepsbijeenkomsten in de gaten. Het thema is ruim bediscussieerd in sommige supportersgroepen.

> *Betrokkenheid en distantie is een wederkerend onderwerp geweest onder coaches en in supportersgroepen. Wat is zorg hebben voor elkaar en waar wordt het bemoeizorg? Wat is menselijke betrokkenheid zoals in burenhulp? Distantie: wat voor nut heeft dat? Grenzen verkennen. En het begrip tijd speelde ook een belangrijke rol. Het is niet snel effe geregeld. Heel Volendams: alles moet meteen weggewerkt worden, het liefst gisteren.*

DICHTER BIJ ELKAAR

De twee benaderingen kwamen op de werkvloer van Het Anker langzaam maar zeker dichter bij elkaar. De zorgbegeleiders merkten zeker de voordelen van het feit dat zij aanspreekbaar waren in het dorp. Er waren genoeg getroffenen die hen gemakkelijker aanschoten in de bar dan dat zij naar Het Anker gingen. Maar de zorgbegeleiders merkten ook dat dit zwaar voor hen was. Zij gingen daarom meestal niet direct met getroffenen in gesprek, maar zeiden dat zij zouden bellen zodra zij weer aan het werk waren. Hiermee hielden zij de drempel laag, maar probeerden zij hun eigen belasting in de perken te houden. Dat neemt niet weg dat er wel zorgmakelaars waren die het na verloop van tijd moeilijker vonden om uit te gaan in het eigen dorp.

De professionele hulpverleners gingen ook schuiven zonder hun eigen codes helemaal geweld aan te doen. Het kwam voor dat zij het verzoek kregen iemand te bellen die het moeilijk had. Normaal gesproken zouden zij dat niet gedaan hebben zonder dat de betreffende persoon hier zelf om verzocht had. Maar in dit geval belden ze wel als ze konden zeggen dat ze dat op verzoek van die en die deden.

> *In de professionele hulpverlening doe je soms gericht aan bemoeizorg, maar in Volendam was bemoeizorg een algemeen principe.*

De loop van de tijd en de relatieve rust die in Volendam na enkele jaren ontstond, maakten dat de samenwerking tussen professionele hulpverlening en Het Anker en het Supportproject verbeterde. Goede ervaringen in lotgenotengroepen droegen daar ook aan bij.

> Een lotgenotengroep, begeleid door supporters, nodigde een medewerker uit het nazorgteam uit om voorlichting te geven over verschijnselen als slapeloosheid. De sfeer in de lotgenotengroep was al zodanig open dat dit tot een bijzondere, intieme, bijna therapeutische, bijeenkomst leidde. De inbreng van de professional naast de supporter zorgde voor de juiste mix van betrokkenheid en professionaliteit.

In de voor-en-doormethode is het de vraag wanneer een deelgenoot nog wel kennis kan overdragen, of voorlichting kan geven, en wanneer niet meer. Een deelgenoot kan nooit aan dezelfde inhoudelijke kwaliteit voldoen. Supporters wisten dat ook, zij probeerden dat ook niet. Hun begeleiding was gebaseerd op het scheppen van een open, betrokken klimaat. Lotgenotengroepen kwamen zelf met vragen naar onderwerpen. Supporters geleidden deze vragen door naar de coördinator van het Supportproject die er deskundigen van buiten bij zocht. Dergelijke positieve ervaringen laten zien hoe waardevol een goede samenwerking tussen de eigen gemeenschap en professionele hulpverleners kan zijn. Ook dit is de winst van het Supportproject.

Deel III
Handreikingen voor de toekomst

De ervaringen in Volendam laten zien dat de gemeenschap een eigen rol wil en kan spelen in de psychosociale nazorg. Ook al is het kwantitatieve effect van het Supportproject in Volendam niet gemeten, het feit dat zoveel betrokkenen positief over het Supportproject spraken maakt het een factor van betekenis. Als we daar de betekenis bij betrekken die de literatuur hecht aan sociale steun na ingrijpende gebeurtenissen, is het niet meer zozeer de vraag óf de psychosociale nazorg na rampen in de toekomst rekening moet houden met de factor gemeenschap maar eerder hóe ze dat moet doen. Dit derde deel gaat aan de hand van de bevindingen rond het Supportproject op deze vraag in en doet tot slot aanbevelingen, met name voor beleidsmakers en hulpverleners die een rol spelen in de psychosociale zorg na een ramp.

Nabije hulp en de psychosociale zorg na rampen

Dit hoofdstuk evalueert de rol die het Supportproject gehad heeft, en nog heeft, in de psychosociale zorg na de nieuwjaarsbrand in Volendam. Het gaat na wat de ervaringen met het Supportproject betekenen voor de psychosociale zorg na rampen in het algemeen.

Ook gaat dit hoofdstuk in op een groot aantal aandachtspunten die de beschouwing van het Supportproject als vorm van nabije hulp oplevert. Zij vormen een handreiking voor volgende situaties.

11.1 De bijdrage van het Supportproject aan de psychosociale nazorg

Het Supportproject heeft een belangrijke rol gespeeld in de psychosociale nazorg in Volendam. Ook andere gemeenschapsinitiatieven hebben dat gedaan, zoals de Helpdesk en de SSNV. Dit boek richt zich echter vooral op het Supportproject. De bijdrage die het Supportproject geleverd heeft, kan als illustratie dienen voor de betekenis die de eigen gemeenschap kan hebben na een ramp.

UITGANGSPUNTEN

De uitgangspunten die het Supportproject voor zijn werk hanteerde waren geïnspireerd door de ervaringen uit Zweden. Deze lijken voor elke procescoördinatie na een ramp belangrijk te zijn:
- mensen hebben normale reacties op abnormale gebeurtenissen; het eerste wat ze nodig hebben is sociale steun;
- dat geldt niet alleen voor directe getroffenen maar ook voor betrokkenen en nabestaanden; alle groepen verdienen aandacht;
- emoties horen erbij, daar moet ruimte voor zijn;
- sociale steun is een kwestie van lange adem; getroffenen hebben soms jarenlang nodig om het gebeurde te verwerken en mogen tussentijds niet in de steek worden gelaten;

– push getroffenen niet naar professionele hulp, maar geef hen de
tijd in hun eigen netwerk; informeel lotgenotencontact tussen getroffenen is daarbij belangrijk;
– de processen na een ramp en de daarbij behorende afwisselende
gevoelens van desillusie en verbondenheid, zullen ook de professionele hulpverlening en de nulde lijn beïnvloeden; wees je daarvan
bewust.

FUNCTIES
Uit de beschrijving van het Supportproject kan een aantal functies
worden opgemaakt die het Supportproject voor de nazorg in Volendam heeft gehad.

1   *Opheffen onmacht en vasthouden verbondenheid*
De gemeenschap maakt na een ramp een aantal fasen door. De eerste
fase is die van ongeloof en verbijstering (de impactfase). Deze duurt
een paar dagen en is vooral gericht op overleving. Al snel volgt een
fase waarin de gemeenschap, getroffenen en niet-getroffenen, zich
sterk verbonden voelen. Er is sprake van massale, veelal spontane en
vaak zelfs overactieve, hulp. De gemeenschap wil op alle mogelijke
manieren helpen. Deze zogenaamde honeymoonfase duurt meestal
een week of drie. Daarna gaan de niet-getroffenen weer over tot de
orde van de dag. De getroffenen beleven dat als aan je lot overgelaten
worden, vandaar dat deze fase de desillusiefase heet. De dan pas ge-
voelde vermoeidheid draagt hieraan bij. In deze fase gaat ook de bureaucratie weer gelden.
In de volgende fase, de reïntegratiefase, hervinden getroffenen hun
bestaan. De overgang van desillusiefase naar reïntegratiefase is afhankelijk van de aanpak om de gevolgen van de ramp in te perken. In
deze fase kunnen nieuwe stressbronnen ten gevolge van de ramp ontstaan, bijvoorbeeld als gevolg van op sensatie gerichte media-aandacht of, in de beleving van getroffenen, te weinig aandacht voor herstel van materiële zaken. Dan spreekt men wel van de 'ramp na de
ramp'. Controleherstel en aandacht voor het verzachten van materiële
gevolgen, naast informatie en communicatie, zijn van belang om een
ramp na de ramp zoveel mogelijk proberen te voorkomen (Gersons
e.a., 2004).
Als het leven weer een beetje gereorganiseerd is, keert de gemeenschap terug tot het normale ritme en gaan weer normale regels gelden.

De vele spontane initiatieven uit Volendam kwamen vooral in de honeymoonfase tot stand. De verbondenheid in die fase geeft energie. Mensen willen helpen, redden. In deze fase is ook het idee van het Supportproject gaan broeien en is de eerste startbijeenkomst gehouden. De overweldigende deelname had wellicht niet alleen te maken met het feit dat Volendam toch al een betrokken gemeenschap was, maar ook met het feit dat Volendammers zich in die fase nog meer verbonden voelden dan normaal al het geval was.

Toen de honeymoonfase over was bleek een deel van de Volendamse gemeenschap, georganiseerd in SSNV, Helpdesk en Supportproject, in staat om het gevoel van verbondenheid vast te houden. Dat hebben zij nog jarenlang gedaan. Getroffenen, vrijwilligers en hulpverlening kregen op hun tijd last van de spanningen en desillusie. Dat bleek niet alleen na drie weken maar eigenlijk periodiek gedurende de tijd dat er nog van alles speelde in Volendam. Het bewustzijn, ingegeven door de Zweedse ervaringen, dat desillusie en spanningen erbij hoorden, heeft hen geholpen om te voorkomen dat zij in erin bleven steken.

2   *Communicatieschakel en buffer*

Een ramp beïnvloedt vaak niet alleen getroffenen maar ook de samenleving als geheel. Bij grootschalige rampen kan sprake zijn van het wegvallen van sociale steunsystemen en bestuurlijke systemen. De samenleving als geheel wordt getroffen en niet alleen individuen (Van der Velden e.a., 2002). Zoals ook collectief geweld leidt tot verstoring van sociale instituties, sociale steunsystemen en massale traumatisering (European Conference on Traumatic Stress, 2003).

Voor Volendam gold dat de gevolgen van de nieuwjaarsbrand de normale verhoudingen in de Volendamse gemeenschap onder druk zetten en voor veel emoties zorgden. Deze laaiden nog een aantal jaren nadien periodiek hoog op. Een deel van Volendam keek kritisch naar de investeringen in de nazorg, naar de uitkeringen voor de getroffenen, of trokken partij in de juridische afwikkeling. Daarmee keken zij kritisch naar de aandacht die de getroffenen kregen.
Al van het begin af aan ontstond ook een min of meer gemeenschappelijk oordeel over de mate van leed die verschillende groepen hadden ondergaan, een leedhiërarchie (voor begrip van leedhiërarchie zie Renes, 2005). De groepen die laag in de hiërarchie stonden, durfden bijna geen aandacht voor zichzelf te vragen. Als zij dat wel deden, kon dat tot negatieve reacties leiden.

Het Anker en het Supportproject boden tegenwicht door middel van voorlichting. Supporters traden op als een soort buffer tussen gemeenschap en getroffenen. Zij deden hun mond open als er negatieve signalen kwamen. Het Supportproject bood de supporters informatie over de verschijnselen die de kop opstaken en gaf hen training in het geven van adequate reacties. De vrijwilligers konden door hun aantal maar een bescheiden stem laten horen in de Volendamse gemeenschap als geheel, en het effect hiervan is niet te meten. Maar naar de mening van veel betrokkenen ging het om een niet onbelangrijke stem.

3   Kennis over mogelijke gevolgen: psycho-educatie

Het Supportproject vond het van belang dat heel Volendam zich bewust was van de gevolgen van de ramp die getroffenen/betrokkenen nog lang na de ramp zouden kunnen ondervinden. Dit vond het vooral belangrijk omdat het Volendam kende als een dorp waarin weinig plaats was voor emoties. Daarom organiseerde het Supportproject ook kennisoverdracht. Deze kennisoverdracht bleek in een behoefte te voorzien, niet alleen direct na de ramp maar ook op langere termijn. Het eerste jaar was nog sprake van een hele intensieve kennisoverdracht aan supporters. Dat is in de loop van de jaren minder geworden, en meer toegespitst op specifieke onderwerpen. Maar anno 2006 organiseert het Supportproject nog steeds periodiek workshops of kennisbijeenkomsten. Er blijken elke keer weer onderwerpen te zijn waar supporters wat over willen horen.

Na het eerste half jaar kwamen er, veelal via de supporters, ook vragen van getroffenen/betrokkenen om voorlichting. Het Supportproject speelde hier op in, samen met de professionele hulpverlening.

4   Lotgenotencontacten en lotgenotengroepen

Lotgenotencontacten hebben hun eigen plaats in de geestelijke gezondheidszorg. Geelen (1999) definieert deze ruim: 'Overal waar mensen met een vergelijkbare traumatische achtergrond of problematiek samenkomen en hun ervaringen, gevoelens en kennis uitwisselen, is sprake van lotgenotencontact.' Het kan gaan om informeel contact, zoals in Volendam tijdens de wintersport voor getroffenen. Het kan gaan om meer georganiseerde vormen als lotgenotengroepen, zoals in Volendam de groepen voor vaders, moeders, grootouders.

Volgens Geelen leveren lotgenotencontacten de deelnemers erkenning en herkenning op. De deelnemer komt erachter dat hij niet abnormaal is. Het lotgenotencontact legt een verbinding met de omstandigheden, de gemeenschappelijkheid van ervaringen speelt een belangrijke rol. In de professionele hulpverlening bestaat volgens Geelen soms het gevaar dat de problemen te sterk geïndividualiseerd worden en de traumatische ervaringen teveel genegeerd worden als oorzaak van het probleem. In het lotgenotencontact vormen de traumatische ervaringen een gemeenschappelijke basis.

Daarnaast levert het lotgenotencontact herstel van zelfvertrouwen en gevoel van eigenwaarde op. De onderlinge steun is een belangrijk aspect van het lotgenotencontact. Die steun is heel sterk omdat de groep een veilige en begrijpende omgeving vormt.

Het Supportproject had van de Zweden gehoord dat lotgenoten*activiteiten*, dus informele contacten, belangrijk waren, vooral voor jongeren. Daarom organiseerde het allerlei activiteiten en ondersteunde het initiatieven van supporters of van anderen. Het speelde in op de signalen die het van de supporters kreeg. Voor de jongeren bleken de informele contacten de meest werkzame. Jongeren hebben minder behoefte aan praatgroepen. Zij moeten via andere activiteiten benaderd worden. Vooral activiteiten die een beroep doen op de kracht van de jongeren slaan aan. Zo ontstond in Zweden pas een groep van getroffen meisjes nadat zij een beautyfarm bezocht hadden, en probeerde men na de vuurwerkramp in Enschede jongeren te bereiken met survivalactiviteiten.

Niet alle activiteiten konden op evenveel deelname rekenen. Het was erg moeilijk om de behoeften van de jongeren te achterhalen. Voor de jongeren bleek het belangrijkste criterium om deel te nemen de mate waarin zij in de activiteit zelf geïnteresseerd waren. De interesse in deelname aan lotgenotenactiviteiten werd in de loop van de tijd minder, maar er was een min of meer vaste groep jongeren die ook na vier jaar nog aan activiteiten deelnam.

De lotgenoten*groepen*, georganiseerde contacten, sloegen vooral aan bij ouders en grootouders van getroffenen. Deze groepen bleken lange tijd waardevol te blijven voor de deelnemers. De direct betrokkenen wilden ook na vier jaar nog ervaringen uitwisselen.

5   *Versterking sociale steunsysteem*

Mensen hebben na een ramp behoefte aan (h)erkenning. Daar hoort bij dat zij medeleven ervaren van de mensen om zich heen. Zij hebben niet direct behoefte aan een zakelijke hulpverlener maar aan iemand die dichtbij hen staat. Mensen noemen vaker een familielid of collega dan een professionele hulpverlener als hen wordt gevraagd door wie zij na een schokkende gebeurtenis opgevangen willen worden (Buijs-sen, 2002). De organisatie Slachtofferhulp haakt hierop in. Slachtof-ferhulp werkt met vrijwilligers die een slachtoffer van een verkeerson-geval of overval zo snel mogelijk na het gebeurde opvangen (als zij te kennen geven hieraan behoefte te hebben). Tegenwoordig kan Slachtofferhulp ook na rampen een rol spelen, zoals zij in Volendam heeft gedaan. De vrijwilligers van Slachtofferhulp zijn weliswaar on-bekenden van de slachtoffers maar toch medeburgers. Zij geven so-ciale steun en geen professionele hulp.

Op het terrein van rouwverwerking is veel onderzoek gedaan naar sociale steun. Sociale steun draagt veel bij aan de verwerking van het verlies van een belangrijk persoon in iemands leven. Tachtig procent van de mensen heeft genoeg aan die sociale steun en weet goed met verlies om te gaan (Fiddelaers-Jaspers, 2003). Sociale steun bestaat zowel uit materiële als emotionele steun. De Keijser (1997) onder-scheidt als steunelementen: instrumentele hulp (verlenen van goede-ren en diensten), verstrekken van informatie (adviezen, suggesties, achtergrondinformatie), emotionele betrokkenheid (empathie en zorg) en waarderingssteun (feedback opdat iemand niet buiten de boot valt).

Ook na een ramp is sociale steun van belang. Een Europees beleids-document over psychosociale zorg (*Psycho-social support in situations of mass emergency*, 2001) meldt dat de belangrijkste psychosociale hulp komt van de 'helpende, helende, en emanciperende sociale mecha-nismen uit interpersoonlijke relaties en netwerken.'

Niet alle inbreng van de eigen omgeving is overigens positief. Men-sen kunnen uit onwetendheid ook reacties geven die slachtoffers als negatief ervaren. Het is weinig helpend als mensen doen alsof het verlies wel meevalt, herstel aanmoedigen of vrolijkheid forceren (Fid-delaers-Jaspers, 2003). Bagatelliserende opmerkingen kunnen als kwetsend worden ervaren, net als sensatievragen. Dit soort ervarin-gen kunnen er in sommige gevallen zelfs toe leiden dat slachtoffers nogmaals slachtoffer worden, maar nu van de bejegening die hen ten deel valt (Van der Velden e.a., 2002).

Dit laat zien dat het de moeite waard is om de omgeving van slachtof-fers te helpen in haar steunende rol richting slachtoffers. Het Sup-portproject bood die hulp. Het liet supporters zien hoe zij op een po-sitieve manier sociale steun konden geven en welke valkuilen zij daar-bij moesten vermijden. Het bereikte een grote groep mensen die zich in de directe omgeving van getroffenen bevond en zijn steun dus op veel verschillende manieren kon geven. Het Supportproject bleek voor

deze groep een uitkomst te zijn. Het Supportproject bood de mensen
hieruit de mogelijkheid om kennis te halen, om te weten hoe ze hun
al bestaande relaties met getroffenen konden benutten om tot steun
te zijn.

Daarnaast bleek het Supportproject zelf ook aan betrokkenen hulp te
bieden, een onbedoeld maar heel belangrijk neveneffect. Veel supporters waren zelf in meer of mindere mate betrokken en ondervonden
vanuit het Supportproject veel steun in hun eigen verwerking en omgaan met de gevolgen van de ramp.

6   *Individuele steun aan getroffenen/betrokkenen*

Getroffenen van een ernstige gebeurtenis hebben er vaak behoefte
aan om over hun ervaringen te praten. Niet direct met gespecialiseerde hulpverleners maar met mensen uit hun eigen omgeving. Mensen
hebben soms nog jarenlang behoefte aan praten, blijkt uit sociaal-
psychologisch onderzoek (Kleber, 1999). De maatschappelijke di-
mensie van verwerking, het delen van ervaringen met je omgeving,
mag volgens Kleber niet onderschat worden (debriefing van getroffenen direct na een ramp – in groepen onder professionele begeleiding
over de zojuist meegemaakte ervaringen (moeten) praten – is iets
anders; er is geen aanwijzing dat debriefing het ontstaan van stress-
factoren helpt voorkomen, eerder het tegendeel (Gersons e.a.,
2004)).

De omgeving kan vaak geen begrip of geduld opbrengen voor de
langdurige behoefte aan praten. Het Supportproject zorgde ervoor dat
er supporters waren die wilden luisteren, hoe vaak het ook over hetzelfde ging. De belangrijkste functie van individuele supporters was
die van luisterend oor. Opvallend is hoe lang veel van de individuele
banden tussen supporters en getroffenen/betrokkenen duurden, jarenlang. De laatsten bleven de behoefte hebben om te praten en kregen daar de gelegenheid voor.

7   *Steun voor een brede groep getroffenen/betrokkenen*

Een ramp verschilt van een individuele ingrijpende gebeurtenis door
de massaliteit ervan. Door deze massaliteit verstoort een ramp de
normale structuur van een gemeenschap. De normale opvangmecha-
nismen werken dan niet meer, of minder. Een collectieve ramp maakt
een kwalitatieve sprong in complexiteit. De gemeenschap staat voor
een opgave die zijn gebruikelijke capaciteiten om het dagelijks leven
te regelen en hulp en zorg te bieden, overschrijdt (Seynaeve, 2001).

Iedereen die zich niet kan onttrekken aan de gevolgen van de ramp is getroffen. Dat betekent dat preventieve maatregelen op de hele gemeenschap gericht moeten zijn. De aandacht moet niet alleen uitgaan naar de doden en gewonden, maar ook naar de nabestaanden, familie en vrienden, hulpverleners, omstanders, getuigen.

Het Supportproject heeft direct vanaf het begin zijn focus op de grote groep van getroffenen én betrokkenen gericht, en deze focus al die tijd vastgehouden. Dit was niet altijd even gemakkelijk, gelet op de grote zorgen die er waren voor de groep ernstig lichamelijk getroffen jongeren en de leedhiërarchie die ging ontstaan.

8   Brugfunctie naar de professionele hulpverlening

Veel slachtoffers van een ramp verwerken de stressreacties op een ramp op eigen kracht, met behulp van hun omgeving. Er is echter altijd een groep die last blijft houden van de stressreacties, en sommigen ontwikkelen op den duur psychische stoornissen. Zij hebben professionele hulpverlening nodig.

Het Supportproject wist hoe Volendam in elkaar zat. Volendammers liepen niet als vanzelf naar het advies- en informatiecentrum Het Anker voor hulp, en ook niet als vanzelf naar professionele hulpverleners. Het Supportproject had vanaf het begin voor ogen dat supporters de drempel naar de professionele hulpverlening moesten helpen verlagen. Supporters waren zelf geen hulpverleners en wisten dat ook goed. Ze leerden te zien wanneer mensen in hun omgeving professionele hulp nodig hadden. Ze moedigden mensen aan om die te vragen, en bespraken hun eventuele zorgen vertrouwelijk met hun coach of binnen Het Anker.

Regelmatig konden ze mensen helpen de stap naar de hulpverlening te zetten. Soms waren mensen in hun omgeving te huiverig om de stap te nemen.

11.2   Lessen voor de psychosociale nazorg na rampen

EEN ROL VOOR DE GEMEENSCHAP

In Volendam speelde de eigen gemeenschap niet alleen een rol in de materiële nazorg maar ook in de psychosociale nazorg. Dit ging in Volendam zover dat de gemeenschap niet alleen sociale steun (praktische en emotionele) organiseerde, maar ook preventieve activiteiten oppakte als voorlichting aan supporters en lotgenotencontacten. Ook professionele instellingen hebben een taak op dat terrein.

Niet elke gemeenschap zal zo actief zijn en na elke ramp zal de bijdrage van niet-professionals uit de gemeenschap verschillend zijn. Dat is afhankelijk van de omstandigheden van de ramp en van de soort gemeenschap. Het loont echter de moeite om de gemeenschap te stimuleren een bijdrage te leveren. Het loont de moeite om de nulde lijn een plaats te geven in de keten van psychosociale nazorg.

De psychosociale nazorg na een ramp kent een:
1 acute fase (drie tot zeven dagen);
2 eerste nazorgfase (tot maximaal drie maanden na de ramp);
3 tweede nazorg- of lange termijn fase (Raad van RGF'en, 2004)).

Met name in de eerste twee fasen ligt de nadruk van de hulpverlening niet op curatieve behandeling maar op:
− mobiliseren en versterken van sociale steun uit de directe omgeving van getroffenen;
− voorlichting geven over stressreacties (psycho-educatie); het gaat om voorlichting op diverse tijdstippen, in diverse vorm, zowel aan getroffenen en betrokkenen als aan intermediairs (huisartsen, leerkrachten, pastores, leerlingbegeleiders e.d.);
− andere activiteiten ondersteunen, eerst activiteiten als bijvoorbeeld herdenkingsmogelijkheden, later ook lotgenotengroepen.

De piramide van Ajdukovich (fig. 11.1) laat zien dat met dit soort ondersteunende acties een groot aantal mensen moet worden bereikt. Het laat ook zien dat hoe meer acties gericht zijn op daadwerkelijke psychosociale hulp, hoe meer scholing daarvoor nodig is en hoe minder getroffenen zij hoeven te bereiken. Uiteindelijk ontwikkelt maar een klein percentage mensen posttraumatische stress.

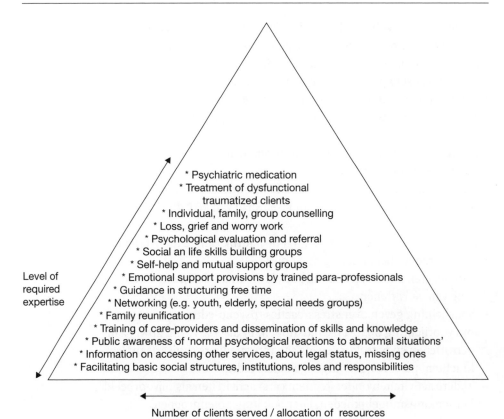

* Psychiatric medication
* Treatment of dysfunctional
  traumatized clients
* Individual, family, group counselling
* Loss, grief and worry work
* Psychological evaluation and referral
* Social an life skills building groups
* Self-help and mutual support groups
* Emotional support provisions by trained para-professionals
* Guidance in structuring free time
* Networking (e.g. youth, elderly, special needs groups)
* Family reunification
* Training of care-providers and dissemination of skills and knowledge
* Public awareness of 'normal psychological reactions to abnormal situations'
* Information on accessing other services, about legal status, missing ones
* Facilitating basic social structures, institutions, roles and responsibilities

Level of
required
expertise

Number of clients served / allocation of resources

Figuur 11.1 Pyramid of community psychosocial intervention, Dean Ajdukovich, 2006.

Ook Ajdukovich geeft vrijwilligers een plek in de piramide. Hij noemt ze paraprofessionals (een begrip ook gebruikt voor de vrijwilligers in de voor-en-door-methode, met name als deze vrijwilligers een behoorlijke, op professionaliteit, gerichte training krijgen. Ligt er teveel nadruk op professionaliteit, dan worden de vrijwilligers halve professionals en passen zij niet meer in de voor-en-doormethode (Penninx en Prinsen, 2000)).

Het is voor de psychosociale opvang een belangrijk uitgangspunt dat mensen na een schokkende gebeurtenis normale reacties vertonen. Slachtoffers die stressreacties vertonen zijn geen patiënten, maar gezonde mensen die bezig zijn de schok en het leed te verwerken. Dit is ook opgenomen in de piramide in figuur 11.1. (Zie ook Van der Velden e.a., 2002 en Raad van RGF'en, 2004. Fischer (2004) spreekt van het normaliteitsprincipe in de psychotraumatologie. Dit principe gaat er volgens hem vanuit dat stress-symptomen niet alleen een gezonde reactie zijn, maar ook een poging tot zelfheling van de persoonlijkheid.)

Volendam heeft een rol gespeeld in alledrie hulpverleningsfasen die worden onderscheiden en in een aantal acties die in de piramide worden onderscheiden.

In de *acute fase* ontstonden in Volendam allerlei spontane initiatieven van praktische en materiële hulp en informatievoorziening. Deze liepen gedeeltelijk door in de eerste nazorgfase. De Helpdesk en de SSNV zijn van hele lange adem gebleken.

Het Supportproject is in de *eerste nazorgfase* van start gegaan en had direct een functie. Het mobiliseerde de sociale steun. Het gaf een groot aantal mensen het gevoel dat ze niet machteloos waren. Daarnaast stond van het begin af aan in het Supportproject ook de voorlichting over de normaliteit van reacties op de ramp centraal en de ondersteuning van activiteiten met name gericht op lotgenotencontacten.

De behoefte aan sociale steun bleek ook op langere termijn te bestaan, in de *tweede nazorgfase*. In deze fase bleef het Supportproject belangrijk voor de sociale steun en behield het ook zijn functie in voorlichting en lotgenotenactiviteiten.

Partner in de keten van psychosociale nazorg

Door de nulde lijn, de eigen gemeenschap, als volwaardige partner te erkennen, treedt de psychosociale nazorg in het spoor van de commissie Geestelijke Volksgezondheid die in 2002 pleitte voor meer contextuele zorg. Contextuele zorg is zorg die problemen bekijkt in de situatie waarin ze optreden en de eigen omgeving betrekt bij het oplossen ervan.

De commissie stond niet alleen in zijn pleidooi. Ernsting (1999) bijvoorbeeld pleitte ook voor een grotere rol van het maatschappelijk middenveld in de primaire zorg. Hendrix (1997) signaleerde dat de hulpverlening meer probleemgeoriënteerd was dan omgevingsgericht en dat de sociale vermogens van de omgeving om bij te dragen aan bevordering van gezondheid en welzijn meer gestimuleerd zouden moeten worden.

De commissie Geestelijke Volksgezondheid had een nieuw partnerschap tussen professionals en niet-professionals voor ogen. Professionals nemen in dit pleidooi de hulpverlening niet over maar creëren de randvoorwaarden waarbinnen empowerment van de cliënt tot stand komt. Zij geven burgers instrumenten in handen waarmee zij een bijdrage kunnen leveren aan de oplossing van problemen. Zoals de professionals in het Supportproject kennis aan supporters overdroegen, en professionele coaches hen begeleidden. Dit is een vorm van partnerschap dat ook vruchtbaar kan zijn in de psychosociale zorg na een ramp, juist omdat na een ramp de rol van de eigen omgeving zo belangrijk is.

Tot de eigen omgeving behoren ook uitdrukkelijk beroepsgroepen die in het dagelijks leven van getroffenen een rol spelen, als pastoraal medewerkers en onderwijzers, leraren. In Volendam is gebleken dat getroffenen en betrokkenen aan hen veel steun kunnen ontlenen. In Zweden was het Supportproject vooral op deze groepen gericht. In Volendam meldden sommige van hen zich aan bij het Supportproject (onderwijzers, leraren, werkgevers, winkeliers).

De kerken in Nederland zijn zich hiervan bewust geworden en hebben een beleid ontwikkeld. Zo hebben de gezamenlijke kerken een handboek opgesteld voor de pastorale zorg na ernstige gebeurtenissen (Ruff, 2002). Pastorale zorg kenmerkt zich door een professionele inslag waarbij empathie vooran staat (Sijm, 2004).

De rol van de professionals

In de ogen van de commissie moeten professionals uit de tweede lijn specialistische kennis inbrengen in de nulde lijn en de eerste lijn. Zij moeten de nulde lijn stimuleren tot het bieden van steun en de eerste lijn ondersteunen bij algemene interventies. Deze professionals dragen daarbij kennis over door middel van voorlichting en bijscholing, het geven van consultatie en diagnostische adviezen. Ook helpen zij bij het ontwikkelen van protocollen en richtlijnen. Tot slot fungeren zij als achterwacht en behandelen zij die problemen die niet door de nulde lijn en eerste lijn opgelost kunnen worden. Ook uit de hoek van psychosociale nazorg voor getroffenen is een dergelijk geluid te horen: opvang en zorg moeten mensen in staat stellen het lot in eigen hand te nemen. Het systeem van opvang en zorg moet in dienst staan van zelfredzaamheid en sociale steun (Boutellier, 2005).

PARTNERSCHAP TUSSEN PROFESSIONALS EN NIET-PROFESSIONALS

Het is een uitdaging voor de professionele nazorginstellingen om de mogelijkheden van de gemeenschap als een kans te beschouwen en niet als een bedreiging. In de handreiking voor een Informatie- en Adviescentrum (IAC) van de Vereniging Nederlandse Gemeenten, wordt op dit moment nog gesproken over gemeenschapsinitiatieven alsof zij ongewenst zijn: 'Een nadrukkelijk beschreven regierol is van belang om te voorkomen dat er buiten een IAC (goedbedoelde) initiatieven ontstaan om invulling te geven aan de nazorg. *Daar waar deze initiatieven niet te voorkomen zijn* (! cursief van de schrijver van dit boek),

zullen deze in elk geval door een IAC gekanaliseerd moeten worden.'
Wel ziet de handreiking een rol weggelegd voor organisaties als scholen en kerken.
Professionele instellingen zouden echter gemeenschapsinitiatieven
moeten omarmen en in goede banen leiden. Zij zouden de eigen rol
moeten inrichten op het ondersteunen van de kracht van de gemeenschap, en dat niet alleen vlak na de ramp maar ook op langere termijn. Een IAC zou daarin het goede voorbeeld kunnen geven.

Partnerschap veronderstelt dat partijen elkaar als gelijkwaardige partners zien. De professionele hulpverlening moet de rol van de gemeenschap accepteren en waarderen, de gemeenschap moet de professionele hulpverlening de rol laten spelen die bij het partnerschap
hoort.
Dat gaat niet vanzelf, zo laat Volendam zien. *Binnen* het Supportproject was sprake van een hele goede vorm van partnerschap. De
coaches kwamen uit enkele eerstelijns instellingen (maatschappelijk
werk en eerstelijns psychologen) en één tweedelijns instelling (voor
verslavingszorg). *Buiten* het Supportproject was sprake van argwaan
van de gemeenschap tegenover de professionele hulpverlening, en
daartegenover van een kritische afstand ten opzichte van gemeenschapsinitiatieven als het Supportproject van een aantal professionele
instellingen, met name van instellingen in de tweede lijn. Dit verhin-
derde echter niet dat het tot samenwerking kwam in de preventieve
sfeer en ook op de werkvloer samenwerking van de grond kwam.

Financiële randvoorwaarden
De rol van de gemeenschap na een ramp verdient professionele stimulans en begeleiding. Hiervoor is geld nodig, zoals dat in Volendam
beschikbaar kwam vanuit het budget van Het Anker en vanuit het
speciale regiobudget voor psychosociale nazorg. PWZ Achmea/ZOK
zag de kracht van de sociale steun in Volendam en gaf deze een uitdrukkelijke plaats in de visie en werkwijze van het regiobudget voor
psychosociale nazorg. Het stelde middelen beschikbaar voor zaken
als coaching van vrijwilligers, preventieve activiteiten, kennisoverdracht.

Processen na een ramp
Beleidsmakers en professionele hulpverleners die de psychosociale
zorg na een ramp coördineren, moeten zich vanaf het begin bewust
zijn van de wenselijkheid van gelijkwaardig partnerschap tussen professionals en de eigen gemeenschap. De hectische situatie na een

ramp maakt het echter moeilijk om in alle rust tot een goed doordacht partnerschap te komen. Het maakt het sowieso moeilijk om het
proces van psychosociale nazorg te sturen. Er doen zich voortdurend
nieuwe ontwikkelingen voor. Dat heeft Volendam laten zien. Dit pleit
voor procescoördinatie na een ramp.

PROCESCOÖRDINATIE

De eerste les die uit de situatie in Volendam getrokken kan worden is
dat coördinatie van de nazorg na een ramp vooral procescoördinatie
is, veel meer dan inhoudelijke coördinatie. Deze coördinatie moet
kennis van processen na een ramp combineren met kennis van de
gemeenschap.

De vele emoties die spelen, de altijd weer onvoorspelbare situaties en
het informele karakter van veel processen kunnen alleen in goede
banen worden geleid als er een sterke coördinatie is die boven de partijen staat, niet inhoudelijk gericht is en veel bevoegdheden heeft.
Bovendien moet deze coördinatie jaren kunnen blijven doorgaan als
de situatie dat nodig maakt.

Een goede procescoördinatie kan vanaf het begin het partnerschap
tussen de gemeenschap en professionele hulpverlening stimuleren en
steunen.

Informatie- en Adviescentrum

In de psychosociale nazorg na rampen neemt een Informatie- en Adviescentrum een belangrijke plaats in. Dat centrum is bedoeld als het
middelpunt voor informatie over de ramp en als coördinatiepunt voor
psychosociale nazorg op langere termijn. De handreiking van de Vereniging voor Nederlandse Gemeenten noemt drie functies van een
Informatie- en Adviescentrum:

1 informatie en advies;
2 faciliteren van ondersteunende processen die bijdragen aan de verwerking (zoals herdenkingen);
3 coördineren: het afstemmen van het materiële en immateriële
   hulpverleningsaanbod en het doorgeleiden van de hulpvragers.

In Volendam deed zich de vraag voor of onderbrenging van de Volendamse initiatieven, waaronder het Supportproject, paste in het advies-
en informatiecentrum. Dit centrum was immers niet bedoeld voor
uitvoerende activiteiten, en kon door de professionele hulpverlening
als concurrent worden beschouwd.

De ervaringen in Volendam hebben echter laten zien dat het voor de
Volendamse bevolking eerder duidelijkheid dan onduidelijkheid

schiep dat gemeenschapsactiviteiten op het gebied van herdenking, preventie en sociale steun onder de vlag van het advies- en informatie-centrum plaatsvonden. Dat het Supportproject onder de vlag van Het Anker werkte, heeft uiteindelijk drempelverlagend gewerkt voor Het Anker, dat nogal sceptisch bekeken werd door de Volendamse bevol-king. Bovendien was het voor Het Anker gemakkelijker om suppor-ters in te zetten bij allerlei activiteiten, en sloeg het Supportproject makkelijker een brug naar de professionele hulpverlening.

De Volendamse gemeenschap speelde overigens niet alleen op het gebied van sociale steun een eigen rol, maar ook op het gebied van zakelijke en praktische hulp. De Helpdesk leverde praktische infor-matie en de SSNV verzamelde veel Volendamse expertise. De SSNV deed ook onzichtbaar aan procescoördinatie. Dit soort hulp en exper-tise kan voor een Informatie- en Adviescentrum van grote waarde zijn.

Nazorg lange termijn

De rol van de gemeenschap blijkt niet alleen voor de korte termijn maar juist ook voor de nazorg op langere termijn van belang te zijn. Een groep vrijwilligers biedt voor de korte termijn de mogelijkheid voor inzet bij allerhande praktische zaken. Maar sociale steun organi-seren vraagt meer tijd. Vrijwilligers moeten ook de nodige kennis opdoen om hun rol goed te vervullen. De behoefte aan sociale steun blijkt lang te blijven bestaan, mede afhankelijk van de processen die in de gemeenschap spelen en die de slachtoffers opnieuw raken.

Brede doelgroep

Van het begin af aan is het nodig dat de procescoördinatie niet alleen de directe slachtoffers als doelgroep van psychosociale nazorg be-noemt, maar ook de familieleden van overleden slachtoffers en de indirecte slachtoffers, de betrokkenen. De ervaringen in Volendam laten zien, net als de lessen uit Zweden, dat de brede doelgroep zoveel mogelijk vanaf het eerste begin in beeld moet zijn. Dit vereist een breed bewustzijn bij de nazorginstellingen. De procescoördinatie moet hier een belangrijke, actieve rol in spelen.

Nazorg in de breedte

Psychosociale nazorg kan pas goed uit de verf komen als er ook vol-doende aandacht is voor de materiële behoeften van slachtoffers. Dat is ook in Volendam heel duidelijk geworden. De zorg voor de prakti-sche gevolgen van de ramp die de jongeren met ernstige brandwon-den ondervonden, maakte dat er soms minder ruimte over leek te blijven voor aandacht voor de psychosociale gevolgen van de totale doelgroep. Van der Velden e.a. (2002) wijst er ook op dat 'Een groot deel van de hulp na rampen uit niet-psychische zaken bestaat. Slachtoffers hebben behoefte aan praktische ondersteuning, aan materiële hulp en aan concrete informatie. Wellicht klinkt dit als een trivialiteit maar psychologen en psychiaters hebben maar al te zeer de neiging de nadruk te leggen op intra-psychische processen.'

De ervaringen in Volendam hebben laten zien dat aandacht voor materiële zaken niet alleen voor de korte termijn maar ook voor de lange termijn nodig blijft.

De oud-voorzitter van de Belangenvereniging Slachtoffers Vuurwerkramp Enschede noemt in aandacht voor materiële zaken ook als belangrijke randvoorwaarde het voorkomen van psychische klachten (Invitational conference, 2005).

Belangengroepen

De belangen van getroffenen komen voor een deel overeen en lopen voor een deel uit elkaar. De procescoördinatie moet zich dat van het begin af aan bewust zijn. Zij moet dichtbij de belangengroepen blijven, er heel goed naar luisteren, maar zich wel onafhankelijk kunnen opstellen.

Financiering psychosociale nazorg

De psychosociale nazorg is niet alleen gediend bij procescoördinatie, maar ook bij een goede sturing op de afstemming tussen vraag en aanbod van psychosociale zorg. Een succesvoorwaarde in Volendam was dat PWZ Achmea/ZOK beschikte over bevoegdheden om het speciale budget voor de psychosociale nazorg toe te wijzen en beschikte over financiële prikkels om vraaggericht werken te stimuleren. Nieuw was dat het ministerie van VWS één totaalbudget voor psychosociale nazorg beschikbaar stelde, dat door PWZ Achmea/ZOK werd gecoördineerd.

In de coördinerende rol van PWZ Achmea/ZOK stonden de vragen en behoeften van getroffenen steeds centraal. De visie en werkwijze waren er volledig op gericht hieraan zo goed mogelijk tegemoet te komen. PWZ Achmea/ZOK zorgde voor overleg en samenwerking tussen hulpverlenende instellingen, in dienst van vraaggericht werken.

11.3   Hoe Volendams is nabije hulp?

De vraag doet zich voor of de Volendamse gemeenschap zo uniek is, dat de ervaringen die daar zijn opgedaan niet overgezet kunnen worden naar andere situaties. De schets van Volendam voorin dit boek laat zien dat het om een bijzonder hechte gemeenschap gaat met een grote onderlinge betrokkenheid. Andere gemeenschappen zien er anders uit.

De grote spontaniteit en niet te structureren hoeveelheid aan initiatieven vanuit de gemeenschap was inderdaad erg Volendams. In andere gemeenschappen zal dit wellicht minder zijn en zal meer stimulans nodig zijn. Dan zal overigens de sturing van gemeenschapsinitiatieven wellicht ook makkelijker zijn dan in Volendam.

De betrokkenheid binnen de nazorg, het wij-gevoel, was ook behoorlijk Volendams.

Niet specifiek voor Volendam was echter de verbondenheid die optrad na de ramp. Ook in andere gemeenschappen zal een dergelijke verbondenheid optreden. De nazorg kan daarop inspelen. Het Supportproject is erin geslaagd om die verbondenheid heel lang vast te houden, mede dankzij de goede raadgevingen uit Zweden. Anderen kunnen daar wellicht van leren.

In elke gemeenschap zal sprake zijn van een sociale omgeving van getroffenen, of getroffenen nu verspreid zijn over een groot gebied of dichtbij elkaar wonen. En die omgeving is belangrijk voor getroffenen. Die omgeving verdient steun. Dat hoeft niet altijd op dezelfde manier als in Volendam. Hoezeer leefwerelden ook ontvlechten, vrijwilligers blijven overal te vinden als de voorwaarden goed zijn voor het werk dat aan hen gevraagd wordt. Felling e.a. (1991) hebben met behulp van een uitgebreide survey onder de Nederlandse bevolking laten zien dat informele hulp nog steeds een hele belangrijke plaats inneemt in Nederland. Verschijnselen van toenemende individualisering gaan niet gepaard met afnemende solidariteit in de onderlinge hulp. Deze krijgt hooguit een ander karakter.

De inzet van vrijwilligers is niet specifiek aan Volendam voorbehouden.

NABIJE HULP NA ANDERE RAMPEN

Hoe kan nabije hulp na een ramp het beste van de grond komen? In de ene gemeenschap zullen hiertoe spontaan initiatieven genomen worden. In de andere gemeenschap zullen mensen murw zijn. De ene keer gaat het om een gemeenschap, de andere keer om een groep mensen die niet tot één gemeenschap horen. In alle gevallen kan gekeken worden of voor de hand liggende nabije hulp steun nodig heeft, of dat nabije hulp gestimuleerd moet worden. In het eerste geval is de rol van de procescoördinatie en van de professionele hulp-

verlening vooral faciliterend. In het laatste geval is een actieve, initië-
rende en stimulerende rol nodig, en creativiteit om nieuwe vormen te
bedenken.

In beide gevallen gaat het erom in de nazorg aan getroffenen zoveel
mogelijk sociale steun uit de eigen omgeving aan te bieden, gefacili-
teerd en waar nodig aangevuld door de professionele hulpverlening.
In deze nabije hulp zal het net als in Volendam zaak zijn om vrijwilligers en betrokkenen voor te lichten over wat de gevolgen van een
ramp zijn. Nabije hulp gaat uit van ervaringsdeskundigheid, maar
normaal gesproken zijn de meeste mensen daar niet ervaringsdeskundig in. Gelukkig niet. Zij zijn ervaringsdeskundig in het leven.

11.4   Methodische handreikingen

Nabije hulp na een ramp zal altijd een unieke eigen vorm hebben,
maar dat betekent niet dat elke keer het wiel opnieuw uitgevonden
hoeft te worden. Elke vorm kan weer van een andere toepassing leren.
Wat het Supportproject ons, als spontane vorm van nabije hulp na
een ramp, leert is mogelijk weer nuttig voor een volgende situatie.
Om die reden sluit dit hoofdstuk af met meer methodische handrei-
kingen vanuit het Supportproject. Dit gebeurt mede aan de hand van
de succesfactoren en valkuilen die in de voor-en-doormethode gelden. In de bijlagen zijn de belangrijkste begrippen uit deze methode
toegelicht.

DE ROL VAN DE DEELNEMERS, DE GETROFFENEN
De kern van de voor-en-doormethode is dat sprake is van gelijkwaardigheid tussen de drie partijen deelnemers, deelgenoten en organisatie. Zij delen de zeggenschap en verantwoordelijkheid. Het perspectief van de deelnemer en deelgenoot is net zo belangrijk als het perspectief van de professional.

In het Supportproject werd goed geluisterd naar de inbreng van getroffenen, vaak via de supporters. Zo is een aantal lotgenotengroepen
ontstaan op initiatief van de getroffenen.

Slachtoffers van een ramp en betrokkenen hebben verschillende behoeften. Die hangen samen met de relatie die zij tot de ramp hebben
en voor een deel hangen die samen met hun leeftijd of achtergrond.
De procescoördinatie moet daar rekening mee houden. Jongeren
worden bijvoorbeeld op een andere manier bereikt dan ouderen. Zij
hebben geen interesse in praatgroepen maar wel in informele activiteiten waarbij zij elkaar ontmoeten. Voor ernstig lichamelijk getroffe-

nen gelden als eerste materiële behoeften. Voor psychisch getroffenen geldt als eerste aandacht voor hun getroffen zijn.

Bij de gelijkwaardigheid van perspectief van deelnemers, deelgenoten en organisatie hoort dat de organisatie c.q. de professional respect heeft voor de voorkeur van een deelnemer voor de voor-en-doormethode. De zorgmakelaars, later zorgbegeleiders, in het Supportproject luisterden naar de wensen van de getroffenen. Als deze een uitgesproken voorkeur hadden voor een supporter (of voor een bepaalde hulpverlener), respecteerden zij dat. De professionele hulpverlening keek hier wel met argusogen naar, want vond dat de toewijzing van de soort zorg een kwestie was van professionele bespreking in het nazorgteam.

DE ROL VAN DE DEELGENOTEN, DE SUPPORTERS
De supporters waren als deelgenoten één van de drie partijen die een gelijkwaardige inbreng hadden in het Supportproject. Ook de wensen en motieven van de supporters waren belangrijk. Het Supportproject speelde hier voortdurend op in. Zo zijn de supporters in de loop van de ontwikkeling van het Supportproject altijd bij discussies over de koers betrokken. Een relatief klein aantal supporters had bijvoorbeeld na enige tijd geen behoefte meer aan deelname aan een supportersgroep. Het Supportproject speelde daarop in door diversiteit te creëren: er kwam de mogelijkheid om stille supporter te worden en de projectgroepen kregen meer gewicht.

Deelgenoten moeten dezelfde taal (kunnen) spreken als de deelnemers. In Volendam was dat niet alleen figuurlijk zo maar ook letterlijk. Deelgenoten en deelnemers moeten voldoende gemeenschappelijk hebben om gelijkwaardig en in vertrouwen met elkaar om te kunnen gaan. Supporters hadden minimaal gemeenschappelijk met de getroffenen dat zij uit dezelfde Volendamse gemeenschap kwamen, en dat zegt wel wat in Volendam. Maar meestal waren er meer overeenkomsten. Of getroffenen en supporters kenden elkaar al van voor de ramp, of het Supportproject zorgde voor een match op kenmerken als leeftijd, woonbuurt, school, interesses.

Het is in Volendam heel waardevol geweest dat het Supportproject niet alleen vrijwilligers trok die verder van de getroffenen afstonden maar ook supporters die in het dagelijks leven met getroffenen te maken hadden. Het Supportproject bood hen een mogelijkheid tot empowerment, om te weten hoe ze hun contacten met getroffenen het beste konden aanwenden. Bovendien konden zij makkelijk signalen opvangen.

Onder de supporters waren er zelfs die zelf indirect getroffen waren. Zij kwamen om te leren over gevolgen van de ramp en hier wat mee te doen in hun natuurlijke steuncontacten. Maar als indirect getroffene profiteerden zij daar zelf ook van. Dat het Supportproject ook een directe hulp en steun was voor een aantal indirect getroffenen was een onbedoeld effect, maar is heel belangrijk gebleken. Sommige supportersgroepen hadden hierdoor af en toe ook het karakter van lotgenotengroepen. In deze groepen werd veel gedeeld, en de groepen werden heel hecht. Dat was voor de betrokken supporters een belangrijke steun.

Het bij elkaar zetten van supporters in groepen is een gouden greep geweest. Het bleek heel belangrijk dat de supporters hun ervaringen konden uitwisselen en elkaar tot steun konden zijn. Professionele coaches zorgden voor de begeleiding van de groepen en de inbreng van kennis om ervaringen in een breder kader te plaatsen. In de voor-en-doormethode blijken teams van deelgenoten een belangrijke succesfactor te zijn. Zij geven de deelgenoot de kans om in een veilige omgeving te leren, en ervaringen uit te wisselen. De supportersgroepen konden op een hele grote, warme en langdurige belangstelling rekenen. Behalve dat zij een uitlaatklep waren en steun gaven, fungeerden ze ook als vormen van intervisie en supervisie.

De inzet van een deelgenoot moet ook bijdragen aan zijn eigen ontplooiing. Een deelnemer brengt niet alleen maar haalt ook. Supporters kregen bij het Supportproject de mogelijkheid om hun gevoel van machteloosheid op te heffen. Dat was voor een groep heel belangrijk. Bovendien kregen zij zelf steun en leerden zij veel, niet in het minst over zichzelf.

Deelgenoten hebben training en begeleiding nodig. Het Supportproject heeft veel energie gestoken in kennisoverdracht aan en training van supporters, zowel op het gebied van psychosociale gevolgen van een ramp als op het gebied van persoonlijke vaardigheden. Supporters waren over het algemeen zeer gretig om te leren, en om wat met de opgedane kennis te doen.

Onder de supporters bevonden zich ook beroepsgroepen die een rol spelen in het dagelijks leven van de getroffenen, zoals onderwijzers en leraren. De leraren hadden de neiging te denken dat zij minder kennis en training nodig hadden, maar ook zij vervullen pas een ondersteunende rol als zij in staat zijn met hun eigen innerlijk proces om te gaan. Dat doen zij niet automatisch (Fiddelaer en Jaspers, 2002).

Mensen uit dit soort beroepsgroepen hebben ook training nodig, ook al hebben zij meer scholing gehad op het terrein van individuele begeleiding.

Het Supportproject had ten onder kunnen gaan aan zijn eigen succes. De meeste supporters wilden in het begin individuele steun bieden, maar er hadden zich meer supporters aangemeld dan dat er direct behoefte bleek aan individuele koppelingen. Het Supportproject had dit niet voorzien, wat in de hectiek van het moment ook moeilijk te voorzien was geweest. Dat was een lastig dilemma. Het Supportproject wilde die supporters graag houden voor de ambassadeursfunctie, maar de supporters hadden die functie niet goed voor ogen. Het Supportproject nam hen heel serieus in hun wensen maar kon hen daarin niet tegemoet komen. Af en toe leidde dit tot de dreiging van desillusie bij een groep supporters, maar het Supportproject slaagde er in de verwachtingen van de supporters zo te managen dat zij zich de ambassadeursfunctie eigen maakten, en eraan mee wilden werken.

Grenzen deelgenoot: geen hulpverlener

De rol van de deelgenoot is om de deelnemer te steunen, te inspireren en te stimuleren in zijn zoektocht naar oplossingen, maar de deelgenoot kan zich het jargon en de cultuur van de organisatie zo eigen maken dat hij aan zijn kennis macht ontleent. Dan slaat het voordeel om in zijn tegendeel.

In het geval van het Supportproject kregen supporters zoveel kennis aangereikt dat zij in de verleiding konden komen om zich in hulpverleningstermen te gaan uitdrukken, en zelfs om een beetje de hulpverlener te gaan spelen. Zij werden bijna paraprofessionals. De professionele hulpverlening was hier ook beducht voor.

Er zijn echter geen aanwijzingen gevonden dat supporters voor de verleiding zijn bezweken. Als dat inderdaad niet is gebeurd, is het dankzij de intensieve begeleiding die supporters er voortdurend op wees dat zij geen hulpverleners waren en dat zij mensen, bij het minste signaal, naar een professionele hulpverlener moesten doorverwijzen. Behalve dat de coach goed oplette, hielden supporters elkaar bovendien in de supportersgroepen goed in de gaten.

Grenzen deelgenoot: belasting

De coaches bewaakten ook dat een supporter wist wat hij deed en niet 'aanmodderde'. Zij bewaakten de belasting van de supporters op het punt van een te grote zorgzwaarte, te grote betrokkenheid of claimend gedrag van de deelnemer. Zij bewaakten ook dat een deelgenoot verder ging dan een deelnemer zou wensen, of dat een te grote afhankelijkheid zou ontstaan. Tegelijkertijd wisten zij dat de supportrelaties op andere wijze bezien moesten worden dan een relatie tussen een professionele hulpverlener en een cliënt. Vriendschap mocht.

De bewaking vond het meest plaats in de groep, doordat supporters alle valkuilen leerden kennen en vrijuit en intensief over hun eigen inzet praatten. De groep zelf speelde ook een rol in de bewaking. Supporters konden elkaar waarschuwen voor mogelijke gevaren en supporters hadden een belangrijke uitlaatklep bij elkaar.

Grenzen deelgenoot: geen professionele voorlichter

Deelgenoten geven soms voorlichting. Hier is een grens aan, want van een deelgenoot mogen geen professionele kennis en voorlichtingsvaardigheden verwacht worden. De supporters kwamen deze grens het meeste tegen in de lotgenotengroepen. Soms werden daar niet alleen ervaringen uitgewisseld maar hadden lotgenoten ook behoefte aan kennis. Supporters geleidden die vraag door en zorgden ervoor dat een professional voorlichting kwam geven. Zij deden dat niet zelf.

Desondanks konden de supporters volgens de professionele hulpverlening in deze groepen wel tegen grenzen aanlopen. Een lotgenotengroep kan soms ongepland een therapeutisch karakter krijgen, en dan is in de ogen van de professionele hulpverlening professionele begeleiding gewenst.

De supporters die de lotgenotengroepen begeleidden, kregen hiervoor geen speciale training of begeleiding. Wel coördineerde een zorgbegeleider de activiteiten van de lotgenotengroepen en zat zij met de supporters om tafel die lotgenotengroepen begeleidden. In 2004 heeft het Supportproject zich gerealiseerd dat wellicht extra begeleiding noodzakelijk was.

De ervaring leerde bovendien dat samenwerking in een lotgenotengroep tussen een niet-professional, de supporter, en een professional die over een psychosociaal probleem kwam vertellen soms tot mooie bijeenkomsten kon leiden. De supporter had al voor een lage drempel en een veilige omgeving gezorgd. De professional bracht kennis en deskundigheid in. Het partnerschap tussen professionals en niet-professionals bleek heel vruchtbaar te kunnen zijn, uiteindelijk een grote winst van alle inspanningen van beiden.

Zelfreflectie, stevigheid en achtergrond

Dat de deelgenoot (mede)eigenaar is van de voor-en-doormethode verplicht de deelgenoot zijn eigen bijdrage altijd kritisch te blijven beschouwen. Supporters moesten in staat zijn om kritisch over zichzelf na te denken en ook hun eigen motieven te durven onderzoeken. Ook moesten zij in staat zijn hun eigen belastbaarheid te bewaken. Door de trainingen voor vaardigheden en persoonlijke effectiviteit stimuleerde het Supportproject de zelfreflectie. Deze trainingen waren echter niet verplicht. Mensen konden supporter zijn zonder aan de deskundigheidsbevordering mee te doen, of trainingen te volgen.

De supportersgroepen vulden de trainingen aan. In de groepen werden supporters bevraagd en gevolgd door medesupporters en coach. Supporters over wie twijfels waren, werden door de coach persoonlijk benaderd. Dit leidde er soms toe dat een supporter werd aangeraden om geen individuele steun te geven, of om een stapje terug te doen. De individuele coaching was geen onderdeel van het Supportproject. Coaches namen sommige supporters af en toe apart als ze daar aanleiding voor zagen.

In aansluiting op het vermogen tot zelfreflectie is het ook nodig dat deelgenoten stevig zijn. Zij moeten hun eigen problemen verwerkt hebben, of kunnen verwerken. Het Supportproject heeft op twee dingen vooraf geselecteerd:
– stevigheid van supporters;
– achtergrond van supporters. Mensen met een alternatieve hulpverleningsachtergrond die dachten op andere wijze hulp te kunnen verlenen dan alleen door sociale steun te geven, konden niet als supporter worden ingezet.

Mensen die niet door de selectie kwamen (slechts één persoon) mochten wel lid zijn van een supportersgroep maar werden niet ingezet voor ondersteuningsactiviteiten. Ook in de supportersgroepen ging de selectie als het ware voort. Coaches volgden de supporters en beoordeelden waar zij wel en niet voor ingezet konden worden. Het feit dat je zelf indirect getroffen was, betekende niet dat je geen supporter kon worden, tenzij je niet in staat was hiermee om te gaan. Indirect getroffenen waren al natuurlijke supporters. Het was goed dat zij daarin werden bijgestaan.

Supportersgroep als vriendenclub

De samenstelling van een supportersgroep bepaalde mede de wijze waarop de groep functioneerde. Voor bijna alle groepen gold echter dat er een hechte band ontstond tussen de groepsleden. Dat is in de voor-en-doormethode geen bezwaar, behalve als het betekent dat de groep in zichzelf keert en de vragen van de deelnemers niet meer centraal staan.

Het feit dat onder de supporters ook indirect getroffenen aanwezig waren, maakte dat de problemen die deze mensen zelf ondervonden ook aandacht in de groep kregen. Dat leidde echter niet af van de aandacht voor problemen van de doelgroep, want zij behoorden in feite tot de doelgroep. Toch moest de coach de tijd en aandacht die individuele supporters in de supportersgroepen kregen bewaken, om iedereen met zijn ervaringen aan bod te laten komen.

De supportersgroepen kregen zo'n hecht karakter dat in een aantal van hen supporters ook steeds meer eigen lief en leed gingen delen. Dat was vooral toen na een aantal jaren de nazorg van de brand in rustiger vaarwater kwam. Supporters hadden al veel besproken en geleerd. Ze kregen in de supportersgroepen meer tijd voor zichzelf. Het Supportproject heeft zichzelf van binnenuit op dit punt bewaakt. Een aantal coaches vond dat ze geen toegevoegde waarde meer had als professional, maar alleen nog maar onderdeel uitmaakte van het vriendschappelijke netwerk dat de groepen ook werden. Het Supportproject pakte dat op als moment om naar het functioneren van de groepen te kijken.

DE ROL VAN DE ORGANISATIE

Coaching

Coaching van vrijwilligers is een ander vak dan hulpverlenen. De coach moet professionele, inhoudelijke kennis combineren met vaardigheden als actief luisteren, stimuleren en faciliteren. De coach is een rolmodel voor de vrijwilligers. Als de coach een luisterend oor kan zijn voor de vrijwilligers, kan de vrijwilliger dat op zijn beurt zijn voor de deelnemers.

Om zich bewust te worden van deze andere benadering hebben de coaches van het Supportproject een training gevolgd bij het Instituut voor Psychotrauma.

De coaches begeleidden de supportersgroepen. De intensiteit waarmee de bijeenkomsten gepaard gingen en de collectieve emoties die speelden waren voor een groot aantal van hen een nieuwe ervaring. In de groepen hadden de coaches een faciliterende en stimulerende rol. Daarnaast bewaakten de coaches de grenzen van de supporters.

Begeleiding

Uit de praktijk van het vrijwilligerswerk blijkt dat begeleiding van vrijwilligers zich niet alleen op de uitvoering van de werkzaamheden richt maar ook op het welzijn van de vrijwilligers zelf (Scholten, 2004). Vinden de vrijwilligers het nog leuk, zijn ze nog gemotiveerd, loopt de samenwerking goed? Het gaat erom doelbewust in te spelen op de motieven van vrijwilligers, hen gemotiveerd te houden en hen dankzij die motivatie laten werken aan het bereiken van de doelen van de organisatie. Begeleiding en aansturing is een voortdurend proces van beïnvloeding van het werk, de werkwijze en de werkomstandigheden, op een zodanige manier dat de vrijwilligers gemotiveerd blijven. Vrijwilligers hebben naast inhoudelijke werkbegeleiding steun en aandacht nodig. Een schouderklopje is heel belangrijk. Dat is ook in het Supportproject gebleken.

Supervisie

De ervaringen in Volendam hebben uitgewezen dat de nazorg na een ramp veel emoties en nieuwe ervaringen met zich meebrengt. De impact was niet alleen groot op de getroffenen maar ook op de hulpverleners, de coaches en anderen die zich met nazorg bezig hielden. Dat dit speciale aandacht voor supervisie nodig maakte, werd de nazorg zich in Volendam pas geleidelijk bewust.

Informele organisatie

De voor-en-doormethode kent de driehoek van partijen: deelnemers, deelgenoten, organisatie. De driehoek in Volendam was die van getroffenen, supporters en een informeel gestarte organisatie. De denktank, coaches en even later de coördinator en zorgmakelaars vormden samen vanuit betrokkenheid bij de doelgroep de organisatiekant, ook al behoorden zij zelf niet direct tot de doelgroep. De informeel gestarte organisatie groeide snel door naar een meer formele organisatie met professionele krachten, maar behield binnen Het Anker zijn eigen informele gezicht. Dit is een succesfactor voor de voor-en-doormethode: behoud van het eigen karakter, van het werken op basis van betrokkenheid van burgers bij elkaar. De bij het Supportproject betrokken professionals, betaalde en niet-betaalde, zorgden daar samen voor. Zij beperkten hun rol voornamelijk tot een faciliterende, en schreven alleen die zaken voor die de valkuilen moesten vermijden.

Zij vormden ook een tegenwicht tegen formele krachten voorzover die het karakter van het Supportproject konden aantasten.

Formele organisatie

Het Anker werd in de loop van de tijd een steeds formelere organisatie. Professionalisering en verschuldigde verantwoording zorgden voor verzakelijking in de vorm van registraties, productafspraken en kengetallen. Deze formalisering paste niet goed bij het informele karakter van het Supportproject als voor-en-doormethode, dat meer een mensgerichte dan resultaatgerichte benadering vroeg. Het leek bovendien ook niet in alle opzichten goed te passen bij het karakter van de nazorg dat lange tijd gekenmerkt bleef door verwarring en improvisatie.

Overigens leek het Supportproject zich gedeeltelijk aan de formalisering te kunnen onttrekken, mede door het feit dat de stijl van leidinggeven binnen Het Anker wel mensgericht bleef. Het Supportproject bleef vooral procesgericht.

Niet alleen voor de voor-en-doormethode maar in het algemeen geldt voor vrijwilligerswerk dat de aantrekkingskracht ervan kan verminderen, als de formalisering zulke vormen aanneemt dat deze haaks staat op de wensen van vrijwilligers die niet in een al te vast stramien willen werken (Scholten, 2004). Een juiste balans is de kunst.

Gedeelde visie

Een succesfactor in de voor-en-door-methode is dat de organisatie een visie heeft op het werken met de methode, en dat deze gedragen wordt door management en bestuur. Het Supportproject had zelf een visie maar deze verdween meer en meer uit de officiële documenten. Bij de overgang van Het Anker naar het Centrum voor Reïntegratie en Nazorg verdween het Supportproject vrijwel geheel uit het bedrijfsplan. De betrokkenheid van de professionals in en rond het Supportproject zorgde ervoor dat de visie voor de supporters duidelijk bleef. Het Supportproject moest vaak zijn positie bevechten, ook bij het bestuur.

Vraaggericht

Een vraaggerichte werkwijze werkt het best in een voor-en-doormethode, maar het was voor Het Anker, en ook voor het Supportproject, een van de moeilijkste dingen om inzicht te krijgen in de behoeften van getroffenen.

De zorgmakelaars waren er om de vraag van alle getroffen jongeren in beeld te krijgen. Zij waren uitgekozen omdat zij dichtbij de doelgroep stonden. Zij konden dit echter niet waarmaken, mede doordat zij in de formele kant van Het Anker werden getrokken en allereerst werden ingezet voor de zorgplannen voor de lichamelijk ernstig getroffen jongeren.

De supporters die dichtbij de doelgroep stonden, hadden vaak nog het beste zicht op de vragen van de verschillende doelgroepen, maar meer individueel. Zij brachten signalen uit de praktijk over. Dat was een belangrijke inbreng, maar soms was het moeilijk om van individuele signalen te beoordelen of die voor een grotere groep golden. De werkwijze van het Supportproject kreeg door deze onduidelijkheid af en toe een chaotisch karakter. Dat had ook te maken met het feit dat Volendammers doeners zijn en het liefst snel iets willen regelen. Soms was er al iets geregeld voordat de behoefte echt duidelijk was.

Eigen budget en voldoende bevoegdheden

Een eigen budget en voldoende bevoegdheden bieden de mogelijkheid flexibel in te spelen op wensen van deelnemers en deelgenoten, dus om vraaggericht te werken.

Het Supportproject had in het begin voldoende budget om activiteiten te organiseren en bevoegdheden om dat te besteden, maar moest dat in de loop van de tijd, met de formalisering van Het Anker, steeds harder bevechten.

Reflectie en flexibiliteit

Succesvolle voorbeelden van de voor-en-doormethode spelen voortdurend in op nieuwe ontwikkelingen. De eigen organisatie is voortdurend onderwerp van reflectie. Het Supportproject heeft zichzelf in de loop van de tijd geregeld onder de loep genomen, en organisatorische wijzigingen aangebracht waar dat nodig was.

Informatievoorziening over en weer

Organisatie en deelgenoten moeten goed op elkaar aangesloten blijven. Hoewel supporters individueel informatie kregen via de nieuwsbrief en de website, is de informatievoorziening tussen Het Anker en de supportersgroepen een heikel punt gebleken. Supporters hadden behoefte aan persoonlijk gebrachte informatie en de mogelijkheid tot uitwisseling. De zorgmakelaars, later zorgbegeleiders, die hierin moesten voorzien, hadden vanaf het begin al een groot takenpakket en kregen dit steeds minder voor elkaar door de toename van hun caseload.

BETROKKENHEID EN DISTANTIE

In de voor-en-doormethode ontwikkelt zich een netwerk van sociaal geaccepteerde verhoudingen tussen deelnemers, deelgenoten en organisatie waarin verschillende soorten banden door elkaar lopen. Uit die smeltkroes ontwikkelt zich betrokkenheid op elkaar. Medemenselijke betrokkenheid is in de methode een voordeel, mits de grenzen worden bewaakt.

In de psychosociale nazorg in Volendam speelde het onderwerp betrokkenheid een belangrijke rol. Er was geen eenduidige visie op de mate waarin betrokkenheid een goede zaak was. Supporters mochten echter betrokken zijn, binnen bepaalde grenzen, en dat waren zij.

Betrokkenheid van vrijwilligers en hulpverleners en professionele distantie hoeven niet tegenover elkaar te staan. De gevolgen van een ramp en de inzet van de eigen gemeenschap brengen onherroepelijk een ander soort betrokkenheid met zich mee dan professionals gewend zijn. In het onderzoek naar rouwverwerking merkt Fiddelaers (2003), op basis van onderzoek naar ervaringen van wezen, op dat professionals de gulden middenweg moeten vinden tussen nabij genoeg zijn om empathisch te kunnen zijn en voldoende afstand hebben om effectief te kunnen helpen.

Betrokkenheid is een middel om de doelgroep te bereiken. Betrokkenheid is in de voor-en-doormethode nodig om vertrouwen en medewerking te verkrijgen van de doelgroep. De ervaringen met de crisis in Nederland rond mond- en klauwzeer (MKZ) in 2002 hebben laten zien hoe belangrijk de menselijke benadering is. Dierenarts De Boer (2002) beschrijft in zijn dagboek dat het voor de betrokken boeren gemakkelijker werd om aan de ruimingen mee te werken en met de gevolgen van de crisis om te gaan als de emoties een plaats kregen en gerespecteerd werden.

Ook binnen de professionele wereld vindt discussie plaats over de noodzaak van de zogenaamde abstinerende (afstand in acht nemende) grondhouding (Bakker 2003). De stromingen in de sector van zorg en welzijn die waarde hechten aan de inzet van de eigen gemeenschap, bieden een kader voor een andere waardering van de professionele betrokkenheid.

De betrokkenheid gaat wel samen met een zekere distantie. Distantie is nodig om kritisch te blijven. Een deelgenoot gaat niet alleen maar mee maar geeft ook informatie, voegt iets toe en kan loslaten.

Het belangrijkste wat supporters aan getroffenen boden was sociale steun, maar ook hier zitten grenzen aan. Soms had een getroffene tegenwicht nodig. Soms vroeg een getroffene teveel van een supporter. Een van de gevaren van onvoldoende distantie is dat deelgenoten de problemen waar zij mee te maken krijgen, niet kunnen loslaten. Zij belasten zichzelf dan teveel.

Het is na een ramp niet vanzelfsprekend dat een gemeenschap betrokken blijft. Er is een korte fase van verbondenheid maar daarna volgt de desillusie en keert de dagelijkse routine terug. In het Supportproject bleef echter de verbondenheid van getroffenen, betrokkenen en de nazorg, met name het Supportproject, centraal staan. Gedurende al die jaren bewaakte het Supportproject de verbondenheid.

In het voorgaande hoofdstuk is een aantal lessen getrokken. Dit hoofdstuk zet deze kort op een rij, in de vorm van aanbevelingen en aandachtspunten. Het begint echter met enkele aandachtspunten voor nader onderzoek. In Volendam deden zich spanningen voor die te maken hadden met visieverschillen op wat slachtoffers na een ramp het meeste nodig hebben. Nader onderzoek zou uit moeten wijzen wat wijsheid is.

12.1 Nader onderzoek

Nader onderzoek is nodig naar hoe in de psychosociale zorg na rampen een balans gevonden kan worden tussen persoonlijke betrokkenheid en professionele distantie. En hoe slachtoffers van rampen hierop reageren, wat zij nodig hebben.
Ook de vraag naar hoe lang de 'warme deken', de stabilisatiefase van een getroffene, mag duren behoeft nader onderzoek. De signalen vanuit de praktijk hierover zijn verschillend.

12.2 Psychosociale nazorg

– Procescoördinatie is belangrijker dan inhoudelijke coördinatie. De procescoördinatie moet een combinatie zijn van kennis van processen na rampen en kennis van de gemeenschap, boven de partijen staan en veel bevoegdheden krijgen. Indien nodig moet de procescoördinatie lang blijven bestaan.
– Neem de uitgangspunten van het Supportproject ter harte:
  · getroffen zijn geen patiënten;
  · alle groepen getroffenen én betrokkenen verdienen vanaf het eerste begin aandacht;
  · geef emoties de ruimte;
  · nazorg en sociale steun is een kwestie van lange adem;

- geef getroffenen de tijd, push hen niet;
- besef dat er allerlei processen gaan spelen, niet alleen in de gemeenschap maar ook in de hulpverlening.

- De nulde lijn, de rol van de eigen gemeenschap, moet als een volwaardig onderdeel in de psychosociale zorgketen worden erkend en gestimuleerd. Partnerschap is nodig tussen professionals, en niet-professionals uit de eigen gemeenschap. Daarbij moet ook de belangrijke rol van de pastorale zorg en van dichtbij getroffen staande instellingen en beroepsgroepen (voor jongeren scholen en leraren) erkend en begeleid worden. Rampenplannen en de handreiking voor een Informatie- en Adviescentrum moeten hierop inspelen.
- De nulde lijn kan een rol spelen in het vasthouden van de verbondenheid van de gemeenschap, het verspreiden van informatie, het bieden van sociale steun en het versterken van het bestaande steunsysteem. Bovendien slaat zij een brug naar de professionele hulpverlening. Zij speelt niet alleen op korte termijn een rol maar kan juist ook op langere termijn een factor van betekenis blijven.
- Een Advies- en Informatiecentrum is heel geschikt als thuishaven voor gemeenschapsinitiatieven, voor de nulde lijn. Dit verlaagt de drempel. De handreiking voor een Informatie- en Adviescentrum (IAC) zou hier rekening mee moeten houden. Het moet een uitdaging zijn voor een Advies- en Informatiecentrum om te fungeren als spil in de gemeenschap en het partnership tussen professionals en niet-professionals te stimuleren en faciliteren. Het is ook belangrijk voor vrijwilligers om een thuishaven te hebben. Daarmee is het mogelijk om hun werk in goede banen te leiden, in een emotionele situatie als na een ramp een noodzaak.
- Het bevordert het partnerschap tussen professionals en niet-professionals als professionals uit verschillende hulpverlenende instellingen, uit de eerste en tweede lijn, betrokken worden bij training en begeleiding van de nulde lijn.
- De procescoördinatie na een ramp moet in staat zijn om op informele wijze te sturen. De organisatie van de nazorg vraagt om een zekere mate van structurering. Registratie van getroffenen is bijvoorbeeld van groot belang. Maar bij het inrichten van de nazorgorganisatie blijft het zaak om een goede balans te vinden tussen formaliseren en improviseren.
- Een totaalbudget voor psychosociale zorg na een ramp, waarvan de allocatie in handen ligt van een zorgverzekeraar, maakt het mogelijk om tot vraaggerichte zorgketens te komen. Informatie over het zorgaanbod en coördinatie van dit aanbod is nodig, om tot een

optimale afstemming te komen tussen vraag een aanbod. Ook ondersteuning van de nulde lijn, als volwaardige partner in de zorgketen, verdient financiering uit dit budget.
- Geef voldoende aandacht aan de materiële zorgen van getroffenen.
- Wees ervan bewust dat de belangen van getroffenen uiteen kunnen
  lopen.
- Heb respect voor de zorgvoorkeur van getroffenen, met inachtne-
  ming van professionele grenzen.
- Zorg zo snel mogelijk voor supervisie van allen die bij de nazorg
  betrokken zijn. Dat geldt voor professionals uit de hulpverlening,
  professionals uit andere beroepsgroepen die betrokken zijn en
  voor vrijwilligers.
- Zoek de goede balans tussen betrokkenheid en distantie.

12.3   Het Supportproject als vorm van nabije hulp

- Deelgenoten (de vrijwilligers) en deelnemers (de getroffenen en
  betrokkenen) moeten voldoende gemeenschappelijks hebben om
  wat aan elkaar te hebben.
- Deelnemers, deelgenoten en organisatie zijn gelijkwaardig. De
  wensen en motieven van deelnemers en deelgenoten moeten serieus genomen worden.
- Werk vraaggericht, zorg voor een eigen budget en bevoegdheden
  om in te spelen op behoeften van deelnemers en deelgenoten.
- Groepen van deelnemers hebben verschillende behoeften. Jongeren bijvoorbeeld hebben minder behoefte aan praatgroepen maar
  zijn activiteitengericht.
- Indirect getroffenen hebben soms ook de behoefte om actief als
  deelgenoot mee te doen, terwijl zij in feite zelf ook (potentiële)
  deelnemers zijn; zij halen zelf steun en steunen anderen. Houd hier
  vooraf rekening mee en bedenk hoe hiermee om te gaan.
- Deelgenoten moeten ervaringen kunnen uitwisselen in teams van
  deelgenoten. Hier is een aparte vorm van professionele coaching
  bij nodig.
- Deelgenoten hebben voorlichting nodig op het gebied van de psychosociale gevolgen na een ramp, en training op het gebied van
  persoonlijke vaardigheden.
- Selecteer deelgenoten en bewaak hun grenzen. Voeg aan het in-
  strument van professionele groepscoaching ook individuele
  coaching toe.
- Inzet van deelgenoten in lotgenotengroepen vraagt om speciale
  training en begeleiding.

- De inzet van een deelgenoot moet ook bijdragen aan zijn eigen ontplooiing.
- Deelgenoten hebben naast inhoudelijke werkbegeleiding vooral ook steun en aandacht, en een schouderklopje nodig.
- Bewaak het karakter van de teams van deelgenoten: zijn zij voldoende extern gericht of worden het teveel vriendenclubs als doel op zich?
- Coachen is wat anders dan hulpverlenen. Coaches moeten hierop getraind zijn of worden. Zij hebben ook speciale supervisie nodig, gelet op het speciale, heftige karakter van een ramp.
- Zorg ervoor dat de organisatie een visie heeft en bestuur en management de nabije zorg dragen. Een visie biedt houvast aan de deelgenoten. Regel een aantal basiszaken, zoals een gedragscode, maar blijf flexibel. Werkendeweg kunnen organisatie en deelgenoten samen leren en op de situatie inspelen.
- Bewaak het informele karakter van de nabije zorg. Zorg voor een goede balans tussen resultaatgericht en mensgericht werken, tussen formeel en informeel.
- Zorg ervoor dat de informatievoorziening tussen organisatie en deelgenoten goed gestroomlijnd is over en weer. Vrijwilligers moeten voldoende informatie krijgen vanuit de moederorganisatie om betrokken te blijven. Signalen vanuit vrijwilligers moeten snel en duidelijk de organisatie bereiken.
- Zorg ervoor dat de vrijwilligers zich onderdeel blijven voelen van de organisatie. Professionals en vrijwilligers moeten zich gezamenlijk verantwoordelijk blijven voelen voor de goede zaak.
- Houd verwachtingspatronen van deelgenoten in de gaten en doe er wat mee. Speel flexibel in op de situatie om de motivatie hoog te houden.

12.4   Elke situatie is anders

Alle eerder genoemde bevindingen zijn leerzaam voor volgende situaties. Bewustzijn vooraf is een eerste stap naar succes. Maar elke situatie, elke ramp is weer anders. Het is de kunst om van ervaringen van anderen te leren en je erdoor te laten inspireren maar niet te kopiëren.

Bijlage 1 Afkortingen, namen en begrippen

Namen

HET ANKER: ADVIES- EN INFORMATIECENTRUM HET ANKER - CENTRUM VOOR REÏNTEGRATIE EN NAZORG HET ANKER (CRN)

Direct na de ramp hebben de gemeente Edam-Volendam en de regionale GGD een officieel advies- en informatiecentrum opgericht, een punt waar Volendammers terecht konden voor informatie en allerhande vragen over de ramp, waar de officiële registratie plaatsvond en van waaruit de psychosociale nazorg werd gecoördineerd.

Dit advies- en informatiecentrum ging na enige tijd samen met de Helpdesk en het Supportproject in Advies- en informatiecentrum Het Anker. Per 2003 ging het over in het Centrum voor Reïntegratie en Nazorg.

SSNV: STICHTING SLACHTOFFERS NIEUWJAARSBRAND VOLENDAM

De SSNV is direct na de ramp door Volendammers opgericht. De stichting verenigt de kennis van veel Volendammers die deze kennis spontaan aanboden. De stichting biedt de breedst mogelijke hulp aan de slachtoffers, niet alleen op de korte termijn maar vooral ook op de lange termijn. In de stichting zijn fondswervende, fiscale, juridische, financiële, medische, politieke en verzekeringstechnische kennis aanwezig. De stichting werft financiers voor daadwerkelijke hulp aan de slachtoffers, daarnaast voor de verzameling van kennis over de nazorg in Volendam.

De SSNV behartigt niet de belangen van de getroffenen, maar helpt hen op alle mogelijke manieren.

BSNV: Belangenvereniging Slachtoffers Nieuwjaarsbrand Volendam

De BSNV is in de loop van januari 2001 opgericht met het doel de
(ouders van) getroffenen een eigen stem te geven. De vereniging vertegenwoordigt de getroffenen en behartigt hun belangen.
De vereniging staat open voor ouders van overleden jongeren en alle
getroffenen met aantoonbare schade (ook psychische schade). Anno
2006 hebben de ouders van overleden jongeren een eigen stichting
opgericht.
De vereniging heeft een vrijwilligersbestuur van ouders van getroffenen. Een aantal van de jongeren neemt actief deel aan de Jongeren
BSNV, een vorm van jongerenbestuur binnen de BSVN.

Helpdesk

Direct na de ramp heeft de SSNV het initiatief genomen om een centraal punt in te richten waar getroffenen en betrokkenen terecht konden met allerhande vragen op praktisch en materieel gebied. Dit punt
stond in de periode los van het officiële advies- en informatiecentrum.

Denktank

Een centraal overleg in het Supportproject dat de lijnen voor het Supportproject uitzet.

Nivo

Nieuw Volendam, een Volendams nieuwsblad.

PWZ Achmea/ZOK

Deze naam duidt de zorgverzekeraar PWZ Achmea (rechtsvoorganger
van Achmea Zorg) en het Zorgkantoor Zaanstreek/Waterland aan.
(OWM Ziekenfonds PWZ u.a. is een van de rechtsvoorgangers van het
huidige Groene Land PWZ Achmea Zorgverzekeringen NV. Deze is
tevens concessiehouder van het Zorgkantoor Zaanstreek/Waterland.
In dit rapport spreken we van PWZ Achmea/ZOK.) Zij speelden een
actieve rol in de zorg voor getroffenen na de nieuwjaarsbrand in
Volendam, in de coördinatie en toewijzing van middelen voor psychosociale zorg.

Slachtofferhulp

Dit is de naam van een landelijke organisatie. Slachtofferhulp leidt
vrijwilligers op om mensen die het slachtoffer of getuige zijn van een
verkeersongeval of een misdrijf, en hun nabestaanden, eerste opvang

te verlenen en een korte periode terzijde te staan. Sinds kort is Slachtofferhulp ook opgenomen in het Orocesplan psychosociale zorg na
rampen. Dat betekent dat Slachtofferhulp ook ingezet kan worden na
een ramp of calamiteit.

Afkortingen professionele hulpinstellingen

GGD Gemeentelijke Geneeskundige Dienst
Riagg Regionale Instelling voor Ambulante Geestelijke Gezondheids-
zorg
SMD Stichting Maatschappelijke Dienstverlening
SPEL Eerste lijns psychologen praktijk
JAG Jongeren Advies Groep

Begrippen

FUNCTIONELE INVALIDITEIT

Blijvende beperking in functioneren op lichamelijk en geestelijk gebied. De mate van functionele invaliditeit is door middel van een keu-
ring vastgesteld en kan variëren.

LEEDHIËRARCHIE

De samenleving gaat bijna als vanzelf het leed van groepen getroffenen vergelijken. Getroffenen denken dat de vergelijking misschien
wel terecht is, en gaan zich er in ieder geval naar gedragen. Het resultaat is dat de ene groep, in de beleving van mensen en zijzelf, op een
hogere trede staat, dus meer leed heeft dan de andere groep.
De wetenschap zegt dat leed niet op deze manier vergeleken kan worden. Leed is voor iedereen verschillend. Wat voor de een gemakkelijk
is, is voor de ander een zware last.

MRSA-BACTERIE

Dit is een ziekenhuisbacterie. In buitenlandse ziekenhuizen komt
deze bacterie regelmatig voor, maar nog niet in Nederlandse ziekenhuizen. De bacterie is gevaarlijk omdat hij resistent is tegen antibioti-
ca. Patiënten die vanuit een buitenlands ziekenhuis in een Nederlands
ziekenhuis komen moeten een tijd in quarantaine blijven totdat duidelijk is dat zij niet besmet zijn met de MRSA-bacterie.

NABIJE HULP

Steun en hulp aan groepen door vrijwilligers die uit die groepen afkomstig zijn of hier dichtbij staan. Zie bij voor-en-doormethode.

POSTTRAUMATISCHE STRESS STOORNIS (PTSS)

Als mensen de normale stressreacties op een ernstige gebeurtenis niet te boven komen, kunnen de symptomen zich verdiepen en ontwikkelen tot een stoornis die alleen professioneel behandeld kan worden. Slechts een klein percentage van de mensen krijgt last van PTTS.

SECUNDAIRE TRAUMATISERING

Na getroffen te zijn door een ramp, opnieuw getroffen worden door gevolgen van de ramp. Dat kan gaan om leed door – in de beleving – onvoldoende materiële compensatie of om leed veroorzaakt door onvoldoende begrip uit de omgeving.

SLACHTOFFERS, GETROFFENEN EN BETROKKENEN

Slachtoffers zijn de overleden jongeren.

Getroffenen zijn de nabestaanden van overleden jongeren, en die jongeren die in het pand waar de brand plaatsvond aanwezig waren en die lichamelijk of geestelijk letsel hebben opgelopen.

Betrokkenen zijn de families van getroffenen en hun omgeving; bovendien al degenen die op de een of andere manier hulp verleenden of aanwezig waren bij de brand.

VICARIOUS TRAUMATIZATION

Last (een trauma) krijgen als gevolg van wat je hoort en ziet van het leed van anderen. Hulpverleners die veel met traumaslachtoffers werken kunnen deze last krijgen.

VOOR-EN-DOORMETHODE

Verzamelnaam voor systematische, informele manieren van elkaar helpen, van nabije hulp.

De voor-en-doormethode kent drie partijen:

1 deelnemers (ofwel klanten), in Volendam zijn dat de getroffenen en betrokkenen;
2 de deelgenoten (ofwel de helpers), in Volendam zijn dat de supporters;
3 de organisatie (de professionals), in Volendam zijn dat de leiding van het Supportproject en Het Anker.

De deelgenoot is een vertegenwoordiger uit een doelgroep. Hij ondersteunt, informeert en/of helpt een of meer anderen uit diezelfde groep, de klant. De klant krijgt de juiste zorg, terwijl de deelgenoot het gevoel heeft van betekenis te zijn door een ander te helpen. De organisatie waar de deelgenoot onder hangt is de derde partij. Dit kan ook een vrijwilligersorganisatie zijn.

Bijlage 2 Materiaalverzameling

Diepgaande gesprekken

Getroffenen en betrokkenen: 7 waarvan vier een rol in de BSNV spelen
Groep getroffen jongeren: 7
Supporters (actieve, stille en oud-supporters): 12
Coördinator en hoofd Supportproject: 2
Denktank Supportproject
Coaches: 7
Zorgmakelaars: 5 waarvan 1 oud-coördinator van de Helpdesk
(Oud)management en overige medewerkers Het Anker: 4
Nazorgteam professionele hulpverlening: 4
Vertegenwoordigers instellingen (professionele) hulpverlening
 – GGD: 2
 – Dijk en Duin: 1
 – Stichting Maatschappelijke Dienstverlening: 1
SSNV: 1
PWZ Achmea: 2
Slachtofferhulp: 1
Amazones: 2

Materiaal

Nieuwsbrieven Supportproject
Jaarverslagen Het Anker
Publicaties Het Anker in het NIVO (Nieuw Volendam)
Verslagen van vergaderingen van het Supportproject en van Het Anker
Evaluaties, beleidsnotities Supportproject
Materiaal deskundigheidsbevordering Supportproject
Krantenartikelen over het Supportproject en Het Anker
Verslagen van bijeenkomsten met Zweedse hulpverleners
Jaarverslagen PWZ Achmea/ZOK over de psychosociale nazorg

Beleidsnotities PWZ Achmea/ZOK over het Regiobudget voor psycho-
sociale nazorg
Evaluaties Het Anker
Video eerste bijeenkomst met de Zweden

Bijgewoond

Diverse lotgenotengroepen
Diverse lotgenotenactiviteiten
Vergaderingen Supportproject en Het Anker
Vergadering coaches

Literatuur

Aarts, P.G.H. & Visser, M.D. (Red.) (1999). *Trauma, Diagnostiek en behandeling*. Houten/Diegem: Bohn Stafleu Van Loghum.

Advies ondersteuning en financiële tegemoetkomingen slachtoffers nieuwjaarsbrand Volendam (juni 2002). Eindrapport Commissie financiële afwikkeling nieuwjaarsbrand Volendam.

Arcares, NIZW & Scholten, C. (2004). *Vrijwilligersbeleid in zorgorganisaties. Een handreiking voor de toekomst*. Utrecht: Lemma.

Bakker, B. (2003). *Te gek om los te lopen, Misverstanden in de psychiatrie*. Amsterdam-Antwerpen: De Arbeiderspers.

Berendsen, S. (2003). *Maatschappelijk werk na rampen en calamiteiten. Praktijkboek*. Instituut voor Psychotrauma, Thema, bedrijfswetenschappelijke en educatieve uitgeverij.

Boer, J. de (2002). *Het ga je goed, lieve Evelien*. MKZ-dagboek van een dierenarts. Naarden: Strengholt.

Boutellier, J.C.J. (2005). *Betoog tijdens Invitational Conference De maatvoering in de psychosociale zorg bij crises en rampen*. Instituut voor Psychotrauma/Kasteel de Essenburgh.

Bride, B.E. (2004). The Impact of Providing Psychosocial Services to Traumatized Populations. *Stress, Trauma and Crisis, 7*: 29-46.

Buijssen, H. (2002). Traumaopvang liever niet door gespecialiseerde hulpverleners. Interview. *Psychopraxis, jaargang 4, nr. 5.*

Cuijpers, P. (2005). Preventie zal instroom in de GGZ niet reduceren. Interview. *Psy nr. 3.*

Dorn, T., Kerssens, J.J., Veen, P.M.H. ten & IJzermans, C.J. (2003). *Gezondheidsproblemen en zorggebruik in Volendam voor en na de Nieuwjaarsbrand, monitoring via de huisarts: tussenrapportage 2000 t/m 2002*. Utrecht: Nivel.

Ernsting, M. (1999). *Tegenstroom, Contouren van een dwars zorgconcept*. Utrecht: NIZW.

Evalueren voor de toekomst, FASE 1. (2004). Evaluatie CRN Het Anker, KPMG.

Felling, A.J.A., Fiselier, A.A.M. & Poel M.G.M. van der (1991). *Primaire relaties en sociale steun. Achtergronden van de behoefte aan steun, de aard en omvang van informele steunverlening en daarbij opgedane ervaringen*. Nijmegen: Instituut voor Toegepaste Sociale Wetenschappen.

Fetherstonhaugh, N. & Cullagh, T.Mc. (2001). *They never came home. The Stardust story*. Dublin: Merling Publishing.

Fiddelaers-Jaspers, R. (2003). *Verhalen van rouw, de betekenis van steun op school voor jongeren met een verlieservaring*. Nijmegen: KU, proefschrift.

Fischer, G. (2004). *Raadgever bij trauma's, Eerste hulp bij ernstige psychische belasting*.
Deventer: Ankh-Hermes.

Galesloot, H. (1999). *Vriendschap voor een vreemde, vijftien jaar buddyzorg aan mensen
met hiv en aids*. Amsterdam: Schorer Boeken.

Geelen, K.R.J. (1999). Lotgenotencontact en zelfhulp na traumatisering. In Petra
G.H. Aarts & M.D. Visser (Red.), *Trauma, Diagnostiek en behandeling*. Houten/
Diegem: Bohn Stafleu Van Loghum.

Gersons, B. (05-11-2003). *Lessons learned and questions from Dutch disaster experiences*.
Amsterdam: Impact (www.impact-kenniscentrum.nl).

Gersons, B.P.R., Huijsman-Rubingh, R.R.R. & Olff, M. (2004). De psychosociale zorg na de vuurwerkramp in Enschede; lessen van de Bijlmer-vliegramp.
Nederlands Tijdschrift Geneeskunde, 17 juli; 148 (29).

Hakvoort, M. (2002). Identiteitsverwarring in een borderline-krachtenveld.
Matty Hakvoort over de ramp in Volendam. *Groeps Psycho Therapie, jaargang 36,
nr. 4.*

Hendrix, H. (1997). *Bouwen aan netwerken. Leer- en werkboek voor het bevorderen van
sociale steun in de hulpverlening*. Soest: H. Nelissen.

Impact (21/25-05-2003). *VIII European Conference on Traumatic Stress Berlijn*. Amsterdam: Impact (www.impact-kenniscentrum.nl).

Impact (29-10-2003). *Geestelijke verzorging na rampen. Knelpunten, Overzicht betrokken
instellingen, Literatuuroverzicht*. Amsterdam: Impact (www.impact-
kenniscentrum.nl).

Impact (29-10-2003). *Lessen leren van rampen*. Amsterdam: Impact (www.impact-
kenniscentrum.nl).

Invitational Conference (13-04-2005). *De maatvoering in de psychosociale zorg bij
crises en rampen*. Instituut voor Psychotrauma/Kasteel de Essenburg.

Jansen, M., Velden, P. van der & Kleber, R. (2002). *Was alles maar weer normaal,
over leven na de brand in Volendam*. Zaltbommel: Instituut voor psychotrauma.

Keijser, A. de (1997). *Sociale steun en professionele begeleiding bij rouw*. Utrecht: Universiteit van Utrecht, proefschrift.

Kingma, J.H. (2003). *Waakzaamheid blijft geboden, een oriënterend onderzoek naar de
hulpverlening bij psychische problemen na de cafébrand in Volendam*. Den Haag: Inspectie voor de Gezondheidszorg, rapport.

Kleber, R.J. (1999). Trauma en verwerking. In Petra G.H. Aarts & M.D. Visser
(Red.), *Trauma, Diagnostiek en behandeling*. Houten/Diegem: Bohn Stafleu Van
Loghum.

Koning, H.M., & Dekovic, M. (2004, July). *Risk factors and occurrence of traumatic
symptoms in adolescents after New Year fire in 2001*. Poster presented at the 25th
International Conference of the Stress and Anxiety Research Society, Amsterdam, The Netherlands.

Laar, N. van de (2003). *De Skrauw, toen Volendam huilde; drie verhalen over die rampza-
lige nieuwjaarsbrand*. Noordbeemster: Lourens Uitgeef.

Landelijk model Procesplan Psychosociale Hulpverlening bij Ongevallen en Rampen (12-02-
2004). Raad van RGF'en (Regionaal Geneeskundig Functionarissen).

Mittendorf, C. & Muller, E. (2000). *Ik ben er kapot van, over psychotrauma en de verwerking van schokkende gebeurtenissen*. Amsterdam: Boom.

Penninx, K. & Prinsen, B. (Red.) (2000). *De voor-en-doormethode, Burgers als helpers
en voorlichters*. Utrecht: Nederlands Instituut voor Zorg en Welzijn (NIZW).

PWZ Achmea/ZOK (2002-2004). *Psychosociale zorg na ramp Volendam, Regiobudget.* Jaarverslagen voor het ministerie van VWS, zorgaanbieders, BSNV en CRN Het Anker. Amsterdam: PWZ Achmea/ZOK.

Renes, L. (2005). *De strijd om leed, Over de rol van psychologen bij leedhiërarchie na rampen.* Doctoraalscriptie klinische psychologie.

Rooze, M. (2004). Een ramp traumatiseert. Leren van slachtoffers, het belang van openheid en disaster preparedness. Interview. *Alert, nr. 4.*

Ruff, O.J. (2002). *De rol van de kerk bij een ramp.* Utrecht: Kerkinactie.

Seynaeve, G.J.R. (Edit.) (2001). *Psycho-social support in situations of mass emergency. A European Policy Paper concerning different aspects of psychological support and social accompaniment for people involved in mayor accidents and disasters.* Brussel: Ministry of Public Health.

Sijm, J. (2004). *Pastorale zorg na rampen, psychosociale en pastorale aspecten van de verwerking van een ramp met bijzondere aandacht voor Volendam.* Tilburg: Universiteit van Tilburg, doctoraalscriptie theologie.

Veerman, E. (2002). *Het verdriet van Volendam.* 's-Gravenhage: BZZTÔH.

Velden, P.G., Eland, J. & Kleber, R.J. (2002). *Handboek voor opvang na rampen en calamiteiten.* Zaltbommel: Instituut voor Psychotrauma.

Wolken boven Volendam, Herdenkingsboek met een selectie van gedichten en brieven aan de slachtoffers en nabestaanden van de Nieuwjaarsbrand (2001). Volendam: Charles Lourens.

Zorg van velen. (2002). Advies van de Commissie Geestelijke Volksgezondheid aan de minister van VWS, naar aanleiding van de door de minister verleende opdracht 'een analyse uit te voeren van de oorzaken die leiden tot een groeiende hulpvraag in de GGZ en aanbevelingen te doen over de wijze waarop zowel door de overheid als maatschappelijke organisaties kan worden bijgedragen aan verbetering van de geestelijke volksgezondheid' (instellingsbesluit 9-11-1999).